万叶文化
ONE PAGE

关于漱石的记忆

［日］夏目镜子—口述

［日］松冈让——笔录

李晓光——译

四川人民出版社

图书在版编目（CIP）数据

关于漱石的记忆/（日）夏目镜子口述；（日）松冈
让笔录；李晓光译. —成都：四川人民出版社，2021.7
ISBN 978-7-220-12027-5

Ⅰ.①关… Ⅱ.①夏… ②松… ③李… Ⅲ.①夏目漱
石（1867-1916）-生平事迹 Ⅳ.①K833.135.6

中国版本图书馆 CIP 数据核字（2020）第 190448 号

GUANYU SHUSHI DE JIYI

关于漱石的记忆

（日）夏目镜子 口述
（日）松冈让 笔录
李晓光 译

责任编辑	熊 韵
封面设计	张 科
版式设计	张迪茗
责任印制	李 剑
出版发行	四川人民出版社（成都市槐树街 2 号）
网 址	http://www.scpph.com
E-mail	scrmcbs@sina.com
新浪微博	@四川人民出版社
微信公众号	四川人民出版社
发行部业务电话	(028) 86259624 86259453
防盗版举报电话	(028) 86259624
照 排	四川胜翔数码印务设计有限公司
印 刷	成都蜀通印务有限责任公司
成品尺寸	145mm×210mm
印 张	12.5
字 数	263 千
版 次	2021 年 7 月第 1 版
印 次	2021 年 7 月第 1 次印刷
书 号	ISBN 978-7-220-12027-5
定 价	65.00 元

目　录

一　松山之行

从何说起呢？就从我们结婚前开始吧。婚前的事情于我而言根本无从知晓，此点自不待言。我就扼要地说一些留在记忆中的事情吧。这些事情既有婚后我从漱石本人那里听说的，也有从其他人士那里听说的，我对比参照着来讲。

当时，夏目家住在牛込①区的喜久井町，据说他以家里嘈杂为由，租住在小石川传通院附近的一个叫法藏院的寺庙里。大概是他大学毕业那年吧。因为患了沙眼，他几乎每天都从寺庙到骏河台的井上眼科去治疗。于是，总能在候诊室遇见一位美丽的年轻女孩。那是一位瓜子脸、身材高挑苗条的美女——我就喜欢那样的女子，这几乎成了他的口头禅。那女孩一看就性情温柔，有一种发自心底的亲切感。一看见摸不清头绪的老奶奶进来，虽然素不相识，也总

---

① 东京都新宿区东部的地名。原为牛込区，住宅、文教区域。

会拉着她们的手带她们到诊室去，为她们做很多事。即使在旁边看着，也真的感觉很舒服。很久以后，漱石还经常说起这个。他毕竟是个大学毕业的学士，在当时可算凤毛麟角，时不时也会有人来给他提亲吧。正因为遇见了这位美女，他似乎就钻了牛角尖，自作主张地想，要是那个女孩的话，就娶她。

但是，那女孩的母亲以前是做艺妓的，性情刁蛮，爱慕虚荣。她到底是如何知道漱石的心思的？这一点我也不清楚。大概一直通过寺庙的尼姑打探漱石的一举一动吧。那母亲让尼姑转告漱石"我可以把女儿嫁给你，但是你若真的那么想娶她，就请放下身段，来给我鞠躬行礼。"于是，夏目也不甘示弱，好歹我也是个男人，你这样强加于人，我才不会傻到向你躬身施礼地说"把女儿嫁给我吧"。如此这般，据说一气之下，他就讨厌起东京来，动了去松山的念头。在当时看来，漱石是年轻有为的学士，在大学期间一直是优等生，根本没必要离开首都东京，辛苦地跑到遥远偏僻的松山去做一个初中教师。反正，总让人觉得有点什么原因，或是出于某种外人不知的深入想法吧。总之，他自己似乎还一直相信，即使到了松山，那位母亲也执着地派人跟踪了他。

就是这件事情发生的时候，漱石的神经开始变得有些不正常了吧。突然有一天，他回到喜久井町的家中，问哥哥："是不是有人来给我提亲了？"哥哥想没人来提亲啊，最重要的是，觉得他眼神异样，就简单回了一句："好像没有呀。""是瞒着我回绝了吧，你们根本不配做父母，不配做哥哥！"漱石气势汹汹地说。哥哥也实在不知如何是好，只好边安慰边问："到底谁来提亲了？"对此，漱石一言不发，只是脸色骤变，气呼呼地离开了家。哥哥非常担心，心想他怎么火气这么大？表情怎么那么奇怪？也许去法藏院问问，就知道原因了吧。于是，哥哥就去了寺庙。谁想到，漱石还是那副不让人接近的、怒气冲天的样子，反复不断地说："你们这些无情的人不配做父母，不配做哥哥！"接着，还极力辩驳道："老爸不近人情也罢，他是父母，我做儿子的无话可说，你这做哥哥的就太不像话了！"哥哥问他提亲的到底是哪一家，他仍然一句也不透露。哥哥也束手无策，只好回家了。往回走时，哥哥顺便向法藏院的尼姑委婉地询问，夏目有没有什么异样？尼姑说，最近哪怕是向他房间那边瞥一眼，被他发现的话，他都会用极其可怕的眼神瞪人。

后来，他留洋回来，我们住在千驮木时——这件事以后我还会详细叙述——他那时对家里的人，尤其是对我，简直蛮横无理至极。我实在苦恼得很，有一天把情况告诉了他哥哥。哥哥听后，想起了过去漱石在法藏院时的情景。"这样一来，我终于明白了。那时候阿金[①]为什么火气那么大？很长时间我都没弄明白。看来，是因为有这种精神上的疾病隐藏在他身上，隔几年就会发作吧。"听哥哥这么一说，我才知道他之前也有过这种情况，才开始意识到这是一种疾病。之后，在请精神科吴医生诊断后，才知道是一种叫作追踪狂的精神疾病。

还有一件关于尼姑的趣事。这是后来听他本人说的。据说，当时寺庙里有好几个尼姑，其中有一个长得特别像他在眼科医院碰见

---

① 夏目漱石本名叫金之助，他的兄长昵称其"金ちゃん"，此处译为阿金。

的那位美女。不管是身材还是脸型，虽然不至于一模一样，反正看到她就会让人想起那个女孩。尼姑名叫祐本（按照发音，我想大概是这两个字）。

一天，祐本感冒发烧。尼姑们可能不太会照顾吧，不见好转。夏目觉得她很可怜，就给她冲了一包退烧药。结果，其他尼姑就总指着夏目的房间，喋喋不休地说："他还想着那个人吧。"不断地暗示说，就因为祐本长得像那个女孩，夏目才会这么关心体贴她。他无意中听到这种说法后，就越发觉得这些尼姑是受了女孩母亲之托，在暗中调查他。这样一来，他才会变得厌倦自己的家，进而厌倦法藏院，最后连整个东京都厌倦了吧。

大概是在他去世的四五年前吧，据说他曾受高浜虚子之邀到九段①观看能剧，在那里见到了他之前喜欢的那位女子。明明是时隔二十年的偶然相见，回来后却对我说："今天我见到她了。"我问："怎么样啊？"他说："没什么变化"，接着，又平静地笑着说："她先生要是知道我这样说，肯定会不高兴吧。"这件事在我听来，既像是真实发生的，也像是虚构的，不得要领不可思议。他哥哥应该知道那位女子的名字，我也曾听说过却忘记了。总之，这是一件莫名其妙的怪事。

似乎就是因为这件事，他才突然决定舍弃东京到松山去。突然冒出这样一桩事情，嘉纳治五郎②先生就不断地劝解挽留他。当时，

---

① 东京都千代田区西部的地名。

② 嘉纳治五郎（1860—1938）。生于日本兵库县。教育家、柔道家。毕业于东京大学，曾任东京高等师范学校校长。

东京又不是找不到工作，他已经在高等师范做了教师，月薪四十元①，同时还在研究生院学习。完全没必要大老远地跑到松山去。嘉纳先生苦心相劝，但他完全不听，像个孩子似的任性胡闹，让人毫无办法。

即使到了松山，就像我刚才说的，他把旅馆的老板娘什么的都看成是那女孩母亲的奸细，似乎并不愉快。

那次发作之后过了几年，虽然又来了次更厉害的，但是总体看来，哪怕是病情严重的时候，他对外人也都异常亲切，对越亲近的人却越蛮横，真让人无可奈何。正因为如此，即使我向别人诉苦，不了解情况的人也都会想"那位严谨的夏目先生"不会这样吧，都不会当真。那我就一件件地说吧。

还有一种说法。据说有人跟他说："那个女孩可是个大美人儿，和你简直是天壤之别，也太不般配了吧。"夏目说："你既然这么说，那我绝对不娶她了。"亲事就此泡了汤。不过，他曾在写给子规②先生的信（注：信的日期为明治 28 年 12 月 18 日）中完全否认这些。信中写道："家人都相信我是因为失恋了才自暴自弃的，这些事请您不要当真。"当时我不在他身边，也没有看到这些，所以也不能说很了解。但是，从那之后发生的很多事情推断，无论如何我都觉得，这一说法虽然不至于全部是事实，但在一定程度上是确实发生过的。

---

① 本书中的货币单位为旧制，一元即一円，一角即五十钱。——编注
② 正冈子规（1867—1902），俳句、和歌诗人。生于爱媛县松山市。夏目漱石好友。

通过他写给子规的信也可以看出，当时家里人确实在为这件事议论纷纷。总之，他那病态的大脑会不断进行各种想象，最后编造出完美的事实。而这所谓的事实，只有他自己清楚，别人并不了解。对于他的这种病态思维，我之后实际经历过很多次，所以，虽然这样说有点不负责任，对于他的否认，我是持怀疑态度的。

据说在松山也有很多人给他提亲。有一位县参事，大概是想把夏目留在当地吧，非常起劲地寻找新娘候选人，百般撮合。其中有一个，参事说见见面如何？他就到参事家中等候。过了一会儿，听到门口传来"嘎啦嘎啦"拖着高齿木屐的声音，一个年轻女孩说着"有人在吗"，走了进来。过了一会儿，女孩过来倒茶，一副自来熟的样子，一点也不害羞。对不值一提的事也会毫无顾忌地哈哈大笑。这就是他当时的相亲对象，他曾说过实在吃不消那女孩的不拘谨没礼貌。

刚到松山时，夏目曾住在一家叫城户屋的当地一流旅馆。没过多久，就租住在位于城山半山腰的一家古董店二楼。最近，那间旧货店的房子被久松家买下，已经被拆掉了。不过，今年春天我去松山的时候，却发现城户屋有一间叫作"少爷之屋"的气派十足的和式房间，很是吃了一惊。可能因为这家旅馆就是小说《少爷》里面的山城屋，于是就取了这个名字吧。此外，在松山，人们好像把夏目和《少爷》中的主人公相结合，制作了各种特产，建了很多景点。

他在城山的古董店大概住了两三个月吧，后来搬到了二号街一对姓上野的老夫妇的房子里。一开始住在临街的八叠①大小的房间，夏天因为子规先生来了，他就搬去了靠里面的两层房子，他自己住二楼，子规先生因为是病人就住在一楼。子规先生好像住了不到两个月，期间经常独自享用着鳗鱼饭，和聚拢来的俳句诗人们大声谈论俳句，举行俳句会等。虽然十分影响主人夏目的学习，但他一点也不在乎。而且，当旅馆的人得知子规先生患有肺病而表现出不满时，夏目仍然毫不在意。每月领工资后，夏目有时似乎还会给子规先生钱，说让他零用。因为这样胡乱地开销，一旦要回东京时，他就会说"没路费了，给我点"，我寄给他后，他又在回东京前参观奈良，把钱都花掉了。

到了熊本以后，他有时也会写信来跟我要钱。

在松山时期，夏目的高工资在当地是很少有的（月薪八十元，据说比初中校长的工资还高），因为他是英国文学学士，在松山实在是凤毛麟角，所以都认为他很聪明能干，除此之外，他给人的印象就是喜欢埋头学习。子规先生的房间几乎每晚都会有俳句会，他也很少下楼，即使偶尔被叫去参加，也几乎从不和大家一起吟诗作句。据说通常只是与子规先生简单交谈几句后，马上就回到二楼。因此，就连当时经常聚集到子规先生那里的俳人，也只记得他曾在子规先生的送别诗会（在中之川的莲福寺举行）上吟诵了如下一句

"您要出发吗？出发吧！饮新酒，赏菊花。"

---

① 一叠：指一张日式榻榻米大小的面积。——编注

相反，子规先生却给人留下了非常清晰的印象，可能因为他原本就是当地人吧。久保赖江女士（现任福冈大学教授久保猪之吉先生的夫人，《杜鹃》①派女俳人，著有《抢亲》）当时是十二三岁的少女，并且是上野夫妇的亲戚，经常到上野家去玩。她对子规先生记得很清楚，却说对夏目没什么印象。大概除了一两位尊敬他的学生和极少数同事外，别人对他的印象都是如此吧。

总之，可以说夏目和松山的关系，之前是因子规先生结缘，之后（直到现在）是因《少爷》结缘吧。松山的一年对于夏目来说，似乎是很不愉快的。

那对老夫妇的房子现在只剩下两间，还是老样子。

---

① 日语为「ホトトギス」，日本俳句杂志。1897 年 1 月创刊。开始为正冈子规的俳句革新阵地，后由高浜虚子将其发展为俳坛的中心杂志。

二　相亲

接下来把话题转到我们结婚的事情上吧，我先简单说一下娘家的情况。

我娘家姓中根，据说世代都曾是福山藩①的武士，我的祖父是从同一个藩的簗田家（现任中外商业新报社长簗田久次郎的家）入赘的女婿。本来就是贫穷的武士，因为明治维新就更落魄了。我还朦胧地记得，在我五六岁的时候，祖父曾做过织袜子、打磨洋伞伞骨的副业。因为家里穷，父亲靠自己的力量是不可能接受大学教育的。他很幸运，作为藩里的优秀人才被选中，上了大学。对那时的大学，我实在弄不明白，据说因为爸爸想学经济学就必须要学德语，要学德语就只能在医科里面学，因此就进了医科。小时候，因为父亲要到新潟的医院任职，我还曾经一起去过。因为当时新潟的医院

_____

① 1868年明治维新政府在旧幕府领地上设置府县后对旧大名领地的称呼，这是最早使用"藩"这一词语。1871年因废藩置县而废除。

正好聘请了一位德国人做院长，父亲一开始被聘为翻译，之后当了副院长。我出生在父亲去新潟任职前后，母亲带着我去那里应该是好几年之后，大概是五岁的时候吧。后来，父亲回到东京做了官员，有人给夏目和我提亲时，父亲任职贵族院①秘书长。我父亲的名字是中根重一，我是他的大女儿。

当时中根家住在牛込的矢来，正好就是现在的新潮社所在地，那里留存着我们深深的回忆。当时父亲薪酬丰厚，祖父也不再做副业（祖母在我15岁时去世了），可以说每天安闲度日。早上，他戴着一副大眼镜仔细地看报纸，下午到附近的围棋会所下围棋，晚饭必定会喝光两瓶酒，然后舒舒服服地睡觉，真是极为优哉游哉。我们有时和他聊天，有时给他斟酒，他特别高兴。

祖父有一位棋友叫小宫山，他经常来找祖父下围棋。小宫山先生在邮局工作，夏目的哥哥正好是他的同事。而且，小宫山先生的夫人竟然与我簗田家的表姑是邻居和朋友。这其中的关系真是奇妙。我们小孩子的房间正好在祖父房间的对面，中间隔着一个小院子。小宫山先生来到祖父的房间后，看到了对面房间里有位正当妙龄的姑娘。他当时也听说了夏目弟弟的情况，于是，不知在怎样的情况下，首先就由小宫山先生的夫人向簗田家的表姑说起此事，然后表姑牵线搭桥告诉了我的父母，没想到很快就了解了彼此的情况。之后，父亲又多方打听夏目的情况，他的口碑非常好。

---

① 日本旧宪法下的帝国议会的一院。相当于两院制的上院。1890年创设，1947年废除。

一天，我和父亲正要乘火车去镰仓，竟然碰见了高田源二郎。之前也有人给我和他说媒，几乎都要谈婚论嫁了，后来因为他爱喝酒，婚事就告吹了。他当时是年轻的法学士，那天正好也去火车站，和父亲老早就认识。我在一旁没吭声，听见父亲问他："文科出身的夏目金之助，你认识吧，他人咋样？""不是很了解，但好像在学校里的口碑很好。""其实吧，是有人给我女儿说媒了。""是吗？那我帮您好好调查一下。小事一桩啦。"

请他调查后发现，夏目确实口碑甚佳。父亲也更起劲了，提议双方先交换一下照片。于是，我在新桥的丸木利阳照相馆拍了照片寄过去，没过几天就收到了对方的照片。

那时我已经十九岁，也到了该嫁人的年龄，所以也有不少来说媒的。虽然不能说多得很，但也看过不少照片。当然，在当时，尤其是像我这样受旧式教育成长起来的女孩，如果父母亲非要让你嫁，即使有点不中意也是没办法的。不过，之前看过的照片中，没有一个让我觉得是可以托付终身的人，父亲好像也没有特别看重的。但是，这次一看照片，就觉得他文雅从容，稳重可靠。看了那么多照片，觉得这一张最满意。

到了这一步，大概彼此都没有什么异议了吧。不管怎么说他还在松山，也是没办法的事情。据说父亲坦率地提出："总之，等到年末夏目休假回来时，双方正式见个面再说吧。到那时，如果对方不满意，请不必客气，回绝即可。我们这边如果不满意，也会不客气地回绝。但是，即使可能会有那样的结果，我们也会为此尽力，也请对方尽力。"于是，对方也说要回东京一趟，今天或者明天就来拜访。因此，我听见父亲对母亲说："那我们就当婚事定下来了，和他聊聊吧。"接着，那一天到了，出乎意料地，他是自己一个人来的。我记得他那天穿的是黑色双排扣长款大衣。那是明治二十八年十二月二十八日。

当时，我们家搬到了虎门的官舍，祖父还住在矢来。那时家里住了很多人，有父母和我们兄弟姐妹六人，包括我、时子、伦、梅子、丰子和壮任。此外还雇有三名寄宿生①、三个女佣和一个车夫。官舍有一幢西式建筑，一幢日式建筑，都装着电灯和电话，电话在当时还很少见。如今看来，那电话就像个古董，要把听筒贴在两个耳朵上，电话机中间有响铃的按钮。我们是在父亲的书房见面的，那是西式建筑二楼一间铺着二十张榻榻米的房间，装有取暖器。

我父亲很书生气，好像把麻烦的、一本正经的客套都省略了，我应该只是默默地端坐在那里听他们交谈。当时他们到底说了什么，我现在竟然一点也不记得。总之，他给我留下了很好的印象，这一点倒是真的。现在只记得相亲时的两个小插曲。

其一是夏目鼻尖上的麻子。这个是有缘由的。夏目的哥哥把相亲的照片送到了媒人那里，特意事先说明："这张照片拍得很好，不过，他是没有麻子的哦。"于是，媒人就把这句话原原本本地和我们说了，我和妹妹时子都觉得这种说法很奇怪，就把这件事深深印在了脑海中。大概夏目的哥哥是说他有点麻子，媒人可能听错了？或者是媒人特意诙谐模仿了他哥哥的口气？反正见面时，我不经意看

---

① 日语为"書生"，指寄宿在别人家中，一边帮忙做家务事一边学习的人。

了他一眼，发现他鼻尖上还真有麻子。心里"哎呀"了一声，但因为是头一次相亲，很害羞，又不能只盯着人家的鼻尖看，心想媒人既然都事先说明过了，现在肯定是自己看错了。不过，当时上贵族女子学校的泼辣的时子也注意到了，她那天帮忙招待客人，将夏目他们送到大门口后，对我说："喂，我说姐姐，夏目先生鼻子上的痘痘，横看竖看都坑坑洼洼的，那不就是麻子吗？""是呀，我也觉得是。"说着，我俩和妈妈三个人感觉终于解放了，开心地笑起来。"不能那样说啊！"父亲轻轻地责怪我们。妹妹时子比我要活泼，她似乎真的一边招待客人，一边上下左右地对夏目进行了仔细端详。

另外还有一个插曲。作为让客人带回家的礼品，我们做了盐烤大鲷鱼，一端上来，夏目突然用筷子在鱼的侧面戳了一个洞，只吃了一口，不知怎么就没再动筷子。我对这个印象特别深，心想到底怎么回事？于是，结婚后就问起这件事。他也记得很清楚，回忆说："麻烦你们将其装在食盒里带回家后，我哥打开盖子问我怎么回事？我说我吃了一口，觉得太大了就没再吃。哥哥训斥我说，哪有动筷子吃礼品的？要被新娘子讨厌的呀！"看来他也觉得很好笑，说着自己也笑了。这事儿也就算了，他哥哥们既好奇又担心的是相亲这件事。于是都聚拢过来问他怎样啊？中意不？他说我牙齿不整齐有点不好看，但我却不在乎，也不刻意掩饰，这一点他很喜欢。于是哥哥们都嘲笑他，说阿金就喜欢奇怪的东西，真是个怪人呐。

新年来临，元旦当天，我和两个妹妹每人乘坐一辆人力车，三辆车前后排成一列，去给住在矢来的祖父拜年。车子途径神乐坂的小剧场，我看到对面过来的一辆人力车上有一位抽香烟的绅士。两车即将擦身而过时，我一看，感觉好像是两三天前才刚刚相过亲的夏目。是不是要向他鞠躬致意呢？因为只见过一面，还记不太清楚他的长相，虽然觉得应该是他，但是万一弄错了怎么办？敏感的少女心思正不知如何是好之际，两车已经平静地擦肩而过，对面车上那位先生神情极为平静，纹丝不动。于是转念一想，果然只是一个碰巧长得像他的人而已。谁知妹妹时子朗声招呼我说："喂喂，姐姐，刚刚那个人就是夏目先生吧？你看见没？""嗯，就是啊。他可真镇静啊。""是啊，镇静得很呢。"

关于这件事，之后我也问过他。他当然也认出我了，但是，他觉得自己先向女孩行礼是缺乏见识的表现，心想反正女孩子会向他致意的，之后再回礼就是了，于是就那样等着我主动行礼。

一月三日，我家举办了只有家人参加的新年宴会，夏目也应邀前来。看到我和妹妹后，他也不说前天在神乐坂碰到我们的事，而是颇有兴致地和大家玩歌留多①和幸运抽签。他玩歌留多的水平很差，让大家高兴得不得了。爸爸对此反而特别满意，在他回去后不停地夸奖说，现在很多年轻人只会玩，根本不中用，像夏目这样玩起来笨拙的，以后一定是有前途的学者。

那天大家玩幸运抽签时，夏目抽到了一条难看的丝质和服细绦带，我抽中了一打男士用的手帕。不过，那手帕好像是什么东西的

① 一种室内纸牌竞技游戏，一般是将"百人一首"中的和歌分为上下句写在绘有图案的纸牌上，竞技双方在听到读牌人念上句时，迅速在双方排列的牌阵中找到下句的纸牌；最终取得纸牌数量多者为胜。——编注

广告，上面染着大大的蓝字"国之光"。母亲一看，对我说："那条丝质细带给夏目先生，很过意不去，要不你用手帕和他换换？"于是，他在另外一个房间休息时，我就走了过去。"我妈妈说给你那条细带子，很对不住你，和我这个换一下吧。""是吗？"他若无其事地和我换了。事后说起来，他竟然不知好歹地说："当时我倒觉得细带子更好呢，你那手帕反而没什么用。大概都给我哥的孩子做尿布了吧。"不过，他的文学才华受世人瞩目，如今成为一个国家的光荣，虽然说起来有点狂妄，但我总觉得他的这种命运，就像是我当时用自己的手暗示了一样。

之后我还听说了一件事。那天的新年宴会快结束时，寄宿生大声叫来夏目先生的随从，只见一个上了年纪、老态龙钟的车夫，拉着一辆脏兮兮的车子出现了。当时我也出去送了，但并没注意到这个。周围的一切都那么干净，只有这辆车太脏了，虽然来的时候他并没觉得那么脏。因此，他十分担心，回家后跟哥哥们一说，大家似乎也都觉得丢面子，惊出一身冷汗。

一月七日，因为他要回松山，我和母亲去新桥送他。当时送行的还有他哥哥、他嫁到高田家的姐姐的丈夫以及三位朋友。那天是少有的好天气。因为是上午八点左右的火车，爱睡懒觉的子规先生没来，之后寄了一张明信片表示歉意，上写：

　天寒与君别，慕君览富士。　子规

最近去松山时，在松山中学看了当时的教务日志。之前从来没有缺勤的夏目，一月十日那天却缺勤了。显然他是因为相亲去了东京，回来晚了。

在他临行前，父亲说，希望他尽量在东京谋个职位，回来后就与我结婚。他说，也不知道能不能如父亲所愿，但他想自己的状况比当下稍微好一些后，再考虑结婚的事。因此，我们虽然有了婚约，但并未确定结婚日期。

总之，父亲在亲眼见到他后，大概更觉得他是理想人选吧。父亲对他寄予厚望，说他将来肯定会成为大人物。还说，他不爱饮酒，生活也比当官的稳定，最主要是为人可靠朴实，年轻女孩就应该找这样的。之后，夏目也写信给他哥哥说了关于结婚之事，他哥哥把信转给了父亲。这样一来，父亲更是夸赞钦佩不已。当时正是当官之风盛行之时，常出入我家的也都是当官的，父亲却决定把女儿嫁给一个不起眼的中学教师之辈，可见父亲还是相当有眼光的。

此后，父亲也在东京想办法帮他寻找合适的工作，却怎么也没找到。这时，经菅虎雄先生介绍，他决定去熊本的高中任教，并且至少要去一年。他来信对父亲说："如果您女儿不想来熊本这种陌生而遥远的地方，那就只好取消婚约了。"父亲说我们不会那样做的，如果近一两年不能回东京的话，也不是非东京不可。而且夏目也不会一辈子待在熊本，工作等结婚之后再慢慢找。于是，父亲决定把我嫁到熊本去。

四月，夏目到熊本任教。松山中学的教务日志上写着：四月九日于讲堂，举行夏目老师欢送仪式。

三　婚礼

接下来，婚约已定，不久我就要到熊本结婚了，于是，父亲拜托他的朋友，当时任内阁养老金管理局长的名叫井上廉的风雅之士来做名义上的媒人。没想到，这位先生精通传统礼法仪式，他效仿古法写了很多礼单和仪式。首先是酒席的装饰、就座顺序以及三献之礼①，然后是新娘更换服装、结婚第三天的庆贺活动，最后写着保胎带在足利将军时期是怎么弄的，等等。用语都是"女婿殿下结缘千金小姐"之类的古文说法，还写着各种典故的出处和故事来历。井上先生寄来了这份清单，于是父亲就把这个原原本本寄给了夏目。夏目一定是大吃一惊，很快来信说："家里目前只有我和女佣两人，要举办这样大规模的婚礼，我无论如何也办不到，请体谅。我希望举办一个最不费力的简单仪式。"父亲本来也没想按照清单上办，于

---

①　日语称"三献"或"式三献"，正式酒宴上的礼仪。搭配不同的菜肴反复祝酒三次。近世以后也指婚礼上的三三九度之杯。

是一笑了之。

另外，因为父亲说，如果房子太脏的话，年轻女孩可能受不了，夏目就说，他会在光琳寺町花费八元租一间房子搬过去。并且说："连作为丈夫的我都可以忍耐，如果妻子不能忍受，我就难办了。"母亲担心地说："再自说自话，夏目要是生镜子的气了，可就麻烦了。"父亲似乎早有预料，平静地说："话说到这份儿上，正合适。"

当时我家这边的嫁妆清单，我还保存着，井上先生列的那个婚礼程序太吓人了。实际的清单是这样的。

一、和服下装费用：贰拾伍元

二、食用鱼：五种

三、柳（柳条箱）：五只

就这么简单。记得夏目家的彩礼清单上写着"和服腰带费用：三十五元"。

很快就要出发去熊本了，在此之前，我去喜久井町的夏目家道别。当时他家就在现在的马场下派出所对面拐角处，如今那一带都是当铺和出租屋，他家的房子很大。夏目家从很久以前就是当地的名主①，喜久井町实际上就是菊井町②，是由夏目家的家徽而来，家

---

① 指町名主。日本江户时代町官吏职位之一。处理町内日常事务，受町年寄统辖。町，日本行政区划上介于市与村之间，相当于区或者镇。

② "菊"和"喜久"的日语发音均为"kiku"。可见，町名借用了另外两个汉字的谐音。

徽是井字中有菊花的菱形图案。当时他家可能已经非常没落了，但院子还是很气派。房子盖在很低的地方，一进院子就有一种被压低的感觉。因为他家曾经遭遇火灾，建房子时把焚烧过的土挖出了三尺。

那天，我和他的父亲、至今还健在的哥嫂，还有现已离世的高田的姐姐、姐夫，都正式地见了面。

记得我从东京出发那天是六月四日。母亲、妹妹们、夏目的亲人们都来送别，父亲和我带着一个有点年纪的女佣离开了东京。途径福冈，家住那里的叔叔到门司港来接我们。但是，见到叔叔才发现我们把东西忘在了渡轮上。叔叔乘着一艘小船去帮我们取了回来。那天海上风浪很大，小船摇晃得像要翻了一样，好容易到了下关岸边才把东西取回来。当时叔叔说的话很古怪，我至今记忆犹新。

叔叔说："小船晃得厉害，好像随时要翻，但我一点也不担心，因为买了生命保险。"父亲说："你自己要是死了，保险还保谁呢?"大家都大笑起来。

八号晚上，我们平安抵达熊本。但是，车站月台上只有TOGIYA旅馆的管家来接我们，一直到检票口也没见到夏目的影子。我们心想他肯定会来的，就在周边到处找，结果发现他一只手拿着报纸，若无其事地从二等候车室走了出来，居然还穿着双排扣长款大衣！一见到我们，他摘下帽子说："火车好像刚刚到吧。"一副满不在乎的样子。接着很轻松地问："现在要不要到家里去呢?"父亲说："噢，还有很多事情要做，今天也累了，改天再……"于是，我们就先在 TOGIYA 住下了。第二天，我们不顾旅途劳累，开始买各种东西。千里迢迢从东京搬东西过来太辛苦了，所以我们从一开始就决定，日常用品等东西都到熊本之后再买齐。而且，本来以为会在寒冷的季节结婚，所以之前准备的礼服也都是冬天穿的，但突然变成夏天结婚了，所带物品中几乎只有一件夏季振袖①和服，其他的夏季用品也没有特别准备。不管怎么简单朴素，到底也是女孩出嫁，还是要花些时间购买各种物品。到了第二个月的十号，好不容易备齐了婚礼必用品。这个婚礼真是堪称"小巷长条屋式"的稀有之物。

位于光琳寺町的房子，总感觉似乎是原来的藩中家老②之类的小妾居住的，有点与众不同。最近去熊本时找了一下，虽然新盖了一些房间，但基本还是老样子。原来的房间布局是这样的。主屋进大门后的第一个房间是十张榻榻米大小，接下来一间是六张大小，客厅兼饭厅是四张大小，还有洗澡间和板壁杂货间。附属房屋分别有六张大小和两张大小的两个房间。结婚仪式是在附属房屋的六张榻榻米房间进行的。

新郎穿的是双排扣长款大衣，我穿的是从东京带去的唯一一件夏季振袖和服，这也还算说得过去。爸爸穿的就是他平常穿的西服套装，根本没有什么手持酒壶的童男童女，不管是媒人还是斟酒，全部都由一个人承担，那就是我们从东京带过去的上了年纪的女佣。

①　袖兜长的袖子，此处指有这种袖子的、未婚女性穿的长身和服礼服。与留袖相对。
②　武家的重臣。主宰家政，统帅家中的人。江户时代，一个藩设置数名，多为世袭。

此外还有一个老妈子和一个车夫在厨房忙乎，偶尔也充当一下客人。因此，我既没有嫁为人妇的兴奋心情，也没有体会到婚礼的隆重。

接下来，女佣要在新郎新娘之间交接杯盏。因为是三三九度之杯①，不知怎么回事，三个一组的杯子竟然少了一组。不过，新郎还是一如既往地平静，非常认真地接过了杯子。

交杯仪式结束后，不懂风雅的父亲连一首和歌也不会吟诵，结婚仪式极其无聊，草草收场。父亲好像早已等不及了，马上站起来说："哎呀，太热了，热死了！"自顾自打开了所有的拉门，脱了外衣还喊热，直到借来夏目的一件碎点花纹浴衣换上，这才算舒服了。新郎刚刚一直穿着冬天的双排扣长款大衣坐在那里，肯定比父亲还要热上一倍。看见父亲一丝不挂地换了衣服，他也不再拘礼，换了便装，不过，外面还披了一件新做的短外褂。那时熊本实在酷热难耐，父亲和我着实吃惊不小。

因为父亲和夏目都不擅饮酒，天南海北地闲谈一番后，父亲看时间差不多了，就回旅馆了。之后，我看了看外卖店的结账单，包括车夫和女佣在内的总费用为七元五角。这就是我们的婚礼花销。

多年以后，由我们夫妇做媒，朋友的妹妹要出嫁了。当时我想起了自己结婚时的情景，就和朋友聊了很多。在一边听着的夏目说："三个一组的杯子，只有两组？这到底是谁家的事啊？"因为他太装糊涂了，我有点生气地回答："就是我们的事呀！""是吗？听起来觉

_____

① 日本婚礼上交杯换盏的仪式。新郎新娘在婚宴上用三只一套的杯子互相交换，各敬酒三次共九次。同前文所说的"三献之礼"。

得太荒唐了，原来是我们的事啊。怪不得我俩总吵架，这下总算知道我们夫妻关系不融洽的原因了。"他反倒饶有兴致地说。

记得在祝贺我们结婚的信件中，有一封是狩野亨吉[1]、松本文三郎[2]、米山天然居士[3]和山川信次郎四位先生联名写的。信写得极为庄重气派，祝词洋洋洒洒。信上说恭贺新婚的贺礼另附清单，只见清单以"鲷鱼海带"开头，几乎涵盖了所有山珍海味。我一边看一边想，送了这么多好东西呀，有这样的朋友真是太难得了。看到最后，有小字写着"路途遥远，贺礼容后奉上。"刚结婚就被大大戏弄了一番。

子规先生寄来了一张诗笺。从熊本搬到东京时，大概有很多这样的东西都撕破扔掉了吧。如今想来实在可惜，但已无处可寻。记得子规先生写了这样的诗句。桃叶蓁蓁，贺君新婚。红白之艳，莫输团扇。后面一句可能有点记错了。

刚一结婚，夏目就向我宣布了如下声明。"我是学者，必须学习。因此，不能为你分心。请知晓。"我父亲虽然是官员，但也是经常读书的，所以我也没把"学者的学习"这件事看得很严重。没想

---

[1] 狩野亨吉（1865—1942）。哲学家、思想家。生于秋田县，京都大学第一任文科大学校长。坚持独特的唯物论和理性主义。是一位百科全书式的思想家。

[2] 松本文三郎（1869—1944）。印度哲学、佛教学学者。金泽市人。东京帝国大学哲学科毕业后，曾执教于早稻田大学、立教大学、东京帝国大学等。

[3] 米山保三郎（1869—1897），与夏目漱石同在东京第一高等学校和东京帝国大学时代就读。是哲学科研究空间论的英才。很早就在镰仓圆觉寺修行，天然之号得自圆觉寺主持、著名禅僧今北洪川。

到，这里的情况与在娘家时完全不一样，我实在招架不住。首先，从前是住在官舍，出来进去的人自然很多，生活也很富裕豪华，突然到了人烟稀少的乡下，简直是天壤之别。并且，虽然在娘家时，我也多少做点家务活儿，但这回做了主妇，既不知该从何处下手，也不知该怎么做。特别是，在娘家时，父亲细心周到，买东西什么的都是父亲去做，母亲只负责吩咐准备一日三餐和照顾孩子。所以，本来我就不知道怎么买东西，到了陌生地方更是六神无主。其次，丈夫又是一个对家务事不管不顾的人，让他帮忙还要说三道四，反而更让人生气。我索性每次出去买东西都带着老女佣，拼命地看样学样。但是，无论看什么都搞不清楚，只会发呆，变得像个傻瓜一样，搞砸了很多事情。

过了两三天，父亲要回东京了，吩咐我买一些带回东京的土特产。到底买什么好呢？出了家门，想了半天也不知如何是好。

还有一件事很让我为难。我从小就爱睡懒觉，晚上睡多晚都没关系，但早上如果很早被叫醒，就会头疼，一整天无精打采。天生就是这种体质，实在烦人。毕竟是新婚，而且丈夫每天都早早起来，在固定的时间去学校，所以我也努力想早起。但也不知道是因为从小养成的习惯还是体质造成的，早起对我来说实在痛苦不堪。家里有年纪大的女佣时，她醒得早，确实帮了大忙。但之后不用女佣时，因为我起不来，丈夫不吃早饭就上班的情况也不在少数。

于是，我想这样下去可不行，就在靠近床边的屋柱下放了一个八角形挂钟。可是，每次都是它响了半个小时，我才大吃一惊地爬起来，极尽滑稽之能事。最终因为睡眠不足和精神疲惫，我很长一段时间都无精打采、精神恍惚，当然也搞砸了很多事情。

夏目经常嘲笑我说："你就是奥坦丁·巴列奥略①呀！"咦？这个英语单词好难啊。我猜无非就是"你是个笨蛋"的意思吧，但还是不明所以。他倒是自得其乐，每每有什么就用这个词来对付我。我想，不就是个难懂的洋文吗，于是，每当他有朋友来的时候，我都会抓住比较熟悉的人问一下。但无论是谁，都只是笑而不答。"奥坦丁·巴列奥略"这个词，虽然我不愿意被这样叫，但越往后，它反而深深藏在了我记忆深处，一直不能忘怀。

从那时起他就说："一起出去的话，被学生看到很麻烦。"所以，一起散步买东西这种事情，几乎没有过。

如此这般，我们的共同生活开始了。当时，夏目三十岁，我二十岁。

---

① 此处日语原文为"オタンチンノパレオロガス"。是漱石自造的俏皮话，将江户俗语中意为"笨蛋"的"オタンチン"和东罗马帝国最后一个皇帝コンスタンチン·パレオロガス（康斯坦丁·巴列奥略）的名字，通过谐音，进行巧妙置换，达到诙谐效果。《我是猫》中也有同样说法。译者参考了《我是猫》（注释195，p568。新潮文库1961年发行，2018年122次印刷）。

四 新家庭

据说他在松山时的月工资是八十元，在熊本是一百元。但当时的国家公务人员必须要支付一笔用于制造军舰或者什么的军事费，由政府从月工资中扣除十分之一。另外，因为他当年是贷款上大学的，所以每月都规规矩矩地返还七元五角的学费。后来听小山温先生说，当时大学的规则并不严格，只要以家庭困难为由交一份申请表，别说贷款了，连听课费都可以免交，所以大家都采取这种方法，而且毕业后也不用还贷款。前不久小山先生还曾经笑着说："夏目先生太老实啦！"他确实一直坚持认真地返还学费。

除了以上两项支出，他还每月寄给他父亲十元、姐姐三元。给他父亲寄钱，感觉似乎和还贷款具有同样的意义。

因有这些必要的支出，到手的月收入也就是七十元，而且每月买书还要花费大概二十元，所以，用于一家生活的费用大约是五十元。不过，当时还没有小孩，日子还算过得去。虽说如此，因为我从小是家庭富裕的小姐，又是刚刚结婚，根本不知道该如何安排家里的收支，哪怕只是凑合着过，每月也几乎剩不下几个钱。两三个月后，我不安地想这样下去可不行啊，决定节俭开支攒点钱。于是每个月就悄悄地拿出五元藏在小文件箱里。这个小箱子是我放习字帖和纸张用的。

一天，我临近晚饭时间从外面回来，赶紧脱下和服换上便装，跑进厨房煮上饭后回到客厅。不知怎么回事，感觉刚才脱下的和服不在原来的地方，最重要的是拉门打开的大小也和刚才不一样。我有一种很不好的直觉，赶紧叫夏目看看四周，发现走廊处有泥脚印，而且刚刚应该还在桌边的小文件箱不见了！就这么轻易地被小偷顺走了！夏目问里面有什么，我说是一套习字用品，他笑着说，估计小偷正在对你的一手破字吃惊呢。我好不容易才攒了点钱，实在万分可惜。心想还是别说吧，但还是把实情告诉了他。"原来你在背着丈夫攒钱啊！"果然，他只是一笑了之。这只是我们家多次失窃事件的开端。不管怎么说，当时我们新婚不久，家里只有四只饭碗，两人相对而坐，只好两只盛饭，用另两只代替汤碗。因此，这二十元被偷，问题相当严重。

新婚时的盛夏终于过去了，一到九月，我们马上去了九州，是之前定好的一周左右的旅行。我们拜访了福冈的叔叔，参拜了筥崎八幡宫、香椎宫和太宰府的天满宫，还去了日奈久温泉。现在可能不会有那种情况了，当时九州的温泉旅馆特别脏，寝具的被头也满是污垢，浴池黏糊糊滑溜溜的，恶心得受不了。因为特别不愉快，吃尽了苦头，之后不管谁约我去九州，我都不想再去了。

从九州回来后，夏目创作了很多与旅行相关的俳句，寄给了子规先生。那时他经常创作俳句，而且会一丝不苟地写在长卷纸①或者半纸②上寄给子规先生。现在家里还有很多当时的俳句原稿，上面有子规先生用红笔做的记号、画的圆圈、写的点评或者修改痕迹。看得出他当时诗兴正浓，不只是创作俳句，他还经常花钱让子规先生帮他买活字印刷的七部集③等俳句书籍，就连吃饭的时候也手不释卷地品读玩味。

一天，他一边看俳句书籍一边赞叹不已。忽然回头看看我，问道："有一俳句云'弱足涉，春水浊'，你可知'弱足'是什么？""是女人吧。"他一听，说道："你这家伙还挺厉害啊，居然知道。"于是问我要不要试着创作俳句。于是，我就尝试着排列十七个音④。但是，无论怎么排列，就是作不出像样的俳句。经常被他嘲笑，实在气恼。有一回，他看着俳句书竟然笑得几乎摔倒，问他有什么可笑的，他说双方均有须，此乃猫之恋这句很可笑。我也想破坏一下他的情绪，就抗议说："因为是猫嘛，当然双方都有胡须呀，一点也不可笑。""所以说你不懂俳句呀。"最终还是遭到了他的鄙视。

不过，当时还有一位和我一样对俳句一窍不通的人。就是同为五高的教授，也是夏目的老朋友菅虎雄先生。不知他是也被当时俳句的流行趋势吸引着开始学习还是怎么，反正经常模仿别人创作俳句。其中有一句是：扑通一声响，桐叶落河川。夏目笑着说："又不

① 把对开横裁的纸横向长长地连着着卷起来的纸。用于写毛笔书信。
② 意为整张纸的一半，长４24—26cm、宽 32—35cm 的日本纸。
③ 芭蕉的"俳谐七部集"的略称。
④ 俳句共十七个音，通常由五、七、五，三个部分组成。

是青蛙，落叶会发出扑通的声音吗?①"可见，这位先生也不具备俳句方面的才华吧。

如上所说，当时夏目对俳句极为热衷，在松山和熊本的大约五年间，是他创作俳句最多的时期，大约占他一生所创作的三分之二。这与他离开中心城市东京，在熊本那样的乡下工作和生活有很大关系吧。在熊本，因为没有和他谈论文学的朋友，他只有在子规先生等人不断的鼓励下，拼命地创作俳句。后来他也创作过汉诗，但热情远不及俳句。

说起俳句，我想起一件事。可能是在那之后吧，他对熊本的新俳坛可谓竭尽全力，特别是对一个叫作"紫暝吟社"的俳句团体提供了很多支持。

因此，他也会偶尔说起子规先生。记得他曾经说过，子规这家伙又懒又脏。我租房子，他与我同住时，到了严冬时节，他就会抱着火盆去厕所反着上，一边烤火一边解决问题。回来后，接着用那个火盆煮什锦火锅吃。他说自己很爱干净，因为从小看着有洁癖的姐姐每天刷木屐齿儿，一天要在走廊晾三四次抹布。

九月中旬左右，旅行回来不久，我们就从光琳寺町搬到了合羽町。光琳寺町的房子原来是小妾住的，虽然很雅致，但房前就是墓地，而且据说这个小妾因为与他人私通被丈夫杀掉了，所以总感觉

---

① 芭蕉有句著名的俳句："寂寂古池旁，青蛙跳入水声响"（古池や蛙とびこむ水の音）。菅虎先生模仿的即是这句。——编注

住着很不舒服，一找到房子就想马上搬走。但是，合羽町的房子刚刚盖成不久，建得很不讲究。不过还是觉得比原来的地方好，就搬过来了。结果发现，对夫妻二人加一个女佣的家庭来说，这里的房间太多了。所以，夏目在五高的同事——历史教师长谷川贞一郎先生，搬来和我们同住。之后，山川信次郎先生也在此住过一段时间。这个房子的租金是十三元。

今年春天，见到了久违的长谷川先生。听他说，当时他每月出五元房租，山川先生出七元。都已经是三十年前的事情了，他还夸赞说房租便宜，饭菜美味。当时我到底做了什么饭菜？一点都不记得了。但自己知道一定是竭尽全力了吧。说起房租，这两位先生当时说哪有白吃白住的道理，夏目说哪有跟朋友收房租的，双方一直争执不下。记得是我从中调停说，那我们就收五元吧，争论才停止。据说，当时我们觉得收山川先生七元钱很过意不去，后来按照每月两元还给了他。这些事情我老早忘得一干二净了。

好多事情我都忘记了，下面的事也是听长谷川先生说的。好像是一天晚饭时，我给他俩每人倒了一小杯酒。长谷川先生一看，怎么只有一杯？他酒量很好，一饮而尽。心想，要给我喝酒，就索性让我喝得痛快点。虽然有点不高兴，也没有表现出来。再看夏目喝那杯酒，像小鸟喝水似的一点一点抿着喝，总也喝不完，还满脸通红。还有，似乎在我把鱼端上来时，因为觉得夏目是主人，打算把鱼尾巴朝向他那边，他却总说："把尾巴冲着长谷川"，一再强调他要对着鱼头那一边。说起来，关于鱼这件事，我倒有点模糊的印象。

还有，夏目通常吃完饭就要洗澡。但是，一旦和长谷川聊起来，不管提醒多少次也不去洗。我实在受不了，就说："那不好意思，我可要先洗了。"他就会说："不行，再等一会儿，马上洗。"他说的一会儿，基本就是一个小时，甚至更长时间。

与我们不同，长谷川先生善于交际，经常有客人来找他。第二年，我们迎来了建立新家庭之后的第一个新年，我虽然还是厨艺不精，但自认为已经竭尽全力，准备了相当多的饭菜。出乎意料的是，四五位客人和五六个学生蜂拥而至，先是金团很快被吃光，后来的客人连饭菜都没有了，当时只有一个女佣帮忙，平时常来常往的店家也不知怎么搞的，说自家也要过新年，连外卖都不送。结果弄得很不像样，夏目直冲我发火。长谷川先生觉得过意不去，从中劝解，但我也气不过，索性穿着新和服，系着围裙，为了做金团，从天黑一直忙到了半夜十二点。人太多了，不管你做多少，一拿过去就被学生抢光了，所以要一直不停地做。那天我忙得都想哭，夏目显然也不堪其苦，于是他决定新年时再也不待在家里。从次年的新年开始，他基本在除夕前后就去旅行。

不过，他心情不好也就是当时那一会儿，新年的第二天或者第三天，他就会穿上我的新年家徽礼服，边走边搞怪。他自己其实是一个非常注重外表的人，却很喜欢穿女人的漂亮和服。经常会把我脱下来的和服披在身上，提着裙摆在家里走来走去。

我很喜欢吃安倍川年糕①，每次做都会叫长谷川先生一起吃，

① 日语为「安倍川餅」。将烤过的年糕泡在开水里，洒满黄豆面的点心。静冈县安倍川特产。

他好像也很喜欢吃。但他可能觉得光是我俩吃不太好吧，就大声喊道："喂，夏目，你不吃安倍川年糕吗？很好吃啊！"夏目回应道："我才不吃那种幼稚的东西呢。"一副根本瞧不起的语气。这是他的坏毛病，只要是自己不喜欢的东西，他就会用这种腔调贬低一下。比如，他不喜欢青背鱼①类，看到别人吃，他就会用教训的口气说："青背鱼这种东西啊，过去都是仆役男佣之类才吃的。"

说起吃的，当时夏目的饭量可是相当大呢（但一到夏天就有点胃不舒服）。虽然他后来得了胃病，最后也是因为胃不好才去世的。他比较喜欢吃味浓油腻的肉类，觉得鱼腥，不喜欢吃。大概因为他当时刚过三十岁，已经知晓何为美味，也很想吃美味的东西吧。而我当时年纪还轻，一直坚持自己如禅僧般顽固的想法，认为人只要肚子饿，吃什么都好吃。所以，不管好吃难吃，基本不在乎。如今想来，觉得自己太粗枝大叶了，深感特别对不住夏目。那年夏天，我们回东京时，我还总用这个想法对付夏目，母亲听到后，狠狠地训斥我说："哪有那样对丈夫说话的？"

此外，总体来说，夏目的喜好是江户儿②气质的，具有"下町"③风格。相反，我的成长环境使我充满了所谓的"山手"④气质。因此，我们在兴趣爱好等方面经常会有一些小冲突，过了一年

---

① 背部带有青绿色的鱼，如沙丁鱼类、青花鱼类、竹荚鱼类等。
② 日语为「江戸っ子」。江户时代指在江户出生长大的人，后也指在东京出生长大的人。
③ 城市城区中位于低地的地区，多为工商业者集中居住的街区。在东京指靠近东京湾一侧的下谷、浅草、神田、日本桥、深川等区域。与"山手"相对。
④ 日本东京都西部地势高的地区。以江户时代武士阶层众多的住宅街为中心形成并扩展的住宅区。四谷、青山、市谷、小石川、本乡一带。与"下町"相对。

多我才渐渐了解他的脾气。不过，我的父亲可说是家里的暴君，脾气特别急躁，妈妈等人经常叫苦不迭。和父亲相比，夏目性格温和，不紧不慢，对所有的事都能公平对待，不像父亲动不动就自以为是，无故发火。对夏目这一点我还是很佩服的，不过充其量只是想，做老师的确实有教养啊。

但是，女佣一旦外出，他就总怀疑人家是去见情夫了。我这个人脾气直，实在不理解他为什么会这么想，怎么能说这种怪话。

就像前面所说的，可能因为很多人住在我们家，感觉自从搬过来，这里就像变成了出租屋。时隔三十年我再去熊本时，发现那个房子真的变成了出租屋，顿时有种奇妙的感觉。

记得就在那前后，也并非出于文学兴趣，而是因为我的朋友，头本元贞先生（时任伊藤首相的秘书）的夫人师从佐佐木信纲①学习和歌，受她影响，我也开始看一些文艺杂志。

一天，夏目拿起一本我看的《文艺俱乐部》，仔细端详着卷首的短诗。那是《文艺俱乐部》的一本临时旧增刊，那一期可称作闺秀小说号，卷首有石板印刷的三首和歌，作者分别为三宅花圃②、大塚楠绪子③和藤岛雪子（佐佐木信纲夫人）。

---

① 佐佐木信纲（1872—1963）。和歌诗人，文学家。生于三重县，东京大学毕业。歌风温雅清新，代表歌集有《思草》《丰旗云》，对《万叶集》的研究亦有建树。
② 三宅花圃（1868—1943）。和歌诗人，小说家。生于东京本所，毕业于东京女子高等学校。师从中岛歌子，是樋口一叶的师姐。
③ 大塚楠绪子（1875—1910）。小说家，和歌诗人。生于东京。美学家大塚保治之妻。曾师从夏目漱石。

三宅女士的和歌是：夜半月朦胧，山樱香愈浓。

　　大塚女士的和歌是：思君不在侧，日暮庭院里，嫩叶生樱花落。

　　藤岛女士的和歌是：榊冈春日黄昏里，云雀鸣啭声声脆。

　　三首和歌都是用漂亮的平假名书写，三宅女士的尤为出色，令夏目钦佩赞叹不已。对于大塚女士的和歌，他评价道："这首和歌饱含深情。大概因为大塚先生不在身边，才会写出这样的诗歌吧。大塚也是个幸福的男人啊。"问过之后才知，原来楠绪子女士的丈夫大塚保治是夏目的朋友，当时在德国留学。关于楠绪子女士的传闻，我曾多次从头本先生的夫人那里听说，并且，有关她结婚时美好浪漫的故事，当时我们这些年轻人几乎无人不晓。但是，她的丈夫是夏目的朋友这一点，我却是第一次知道。据夏目说，当年大塚保治到兴津的松涛园避暑，在那里第一次见到正在画画的楠绪子。于是他拜托当时在大学被称为著名媒人的清水舍监牵线，没想到婚事很快就敲定了。大塚夫妇的婚宴在星冈饭店举行，夏目应邀出席，当时穿的和服下装是借了哥哥的仙台平纹绸袴。除了这些，夏目当时还告诉我一句多余的话，说楠绪子女士是他理想中的美人。

　　就是在那个时候，夏目大学时代的朋友米山天然居士去世了。在那之前，我就经常听夏目说起米山先生，说他是文科大学有史以来的第一个怪才。他特别任性，几乎和每个朋友都吵过架。在大学时，有一次历史考试，好像是箕作先生的课，考试时间结束了，他还在那里无动于衷地写答案。因为不知道他什么时候才交卷，箕作先生等得不耐烦了，就留下米山一个人在那，自己先回去了。第二天早晨，校工去打扫卫生，发现电灯还开着，米山还在那里泰然自若地答题。看来，他在当时真不是一般的豪杰啊。

从预科要进入本科时，天然居士问夏目："将来要做什么来立足于社会呢？"夏目回答："进工科，学建筑，赚很多钱。"米山先生忠告他："傻瓜！在这么穷的国家，能盖多少宏伟建筑？不是一目了然吗？还是学文学，将杰作流芳百世吧。"虽然夏目不一定是因这句话才转向文学创作的，但他确实曾经亲口告诉我，最初他是想学建筑的。

夏目和米山先生有一张合影，是在大学时代穿着学生制服照的。后来，夏目把这张照片中的米山先生上半身放大成四开印相纸，在上面题了一首悼亡诗。

题于研究空间哲学的天然居士肖像：

巍巍春之塔，空余铜铃音。　　漱石

五　夏目父亲去世

这一年夏天，夏目本来说想去耶马溪^①探险。但是，六月二十九日，他父亲去世，享年八十四岁。于是，他赶紧给学生考了试。一到七月，我俩就回到东京，住在娘家位于虎门的官舍。

总体而言，夏目对他父母家，可以说基本没什么感情，只有轻蔑和反感。但他是一个重感情的人，从未做过亏欠家人的事。不过，谁要是"阿金、阿金"地讨好或奉承他，反而会让他更加反感。我夹在中间既苦恼又为难，觉得很对不住他的哥哥们。他处事极为黑白分明，讨厌谁喜欢谁，一概直说。不管别人怎么说，除非让他心服口服，否则他就坚持己见，毫不动摇，实在让人无可奈何。不过，这其中有两个人例外，直到很久以后，他还一直夸赞和怀念他们。一位是他早已去世的大哥大助先生（一开始叫大一，后来改名为大

----

① 大分县西北部，山国川上中游的溪谷。由熔岩台地和集块岩山地的侵蚀而形成的风景胜地。

助），一位是他母亲（也早已去世）。

　　关于母亲，他自己也曾在《玻璃门内》寄托思念之情。他母亲长期在富贵人家帮佣，二十七岁时嫁到夏目家做了续弦，夏目父亲的前妻留下了两个女儿。据说因为他母亲太好了，她帮佣的那家主人明石家一直舍不得她，以致耽误了婚期。他母亲嫁过来时，带了很多漂亮考究的和服发梳等。每说起这些，夏目都会像口头禅似地说："居然嫁给了老爷子那样的人！"相反，他对父亲似乎毫无好感。据传他父亲也是一位相当了不起的人物，但在夏目眼中却并非如此。

　　"你说做学问，到底要搞什么？"

　　"文学。"

　　"什么？军学？"

　　夏目出生时，他父亲已经五十三四岁，算是老年得子。他打算从事父亲所谓的"gungaku"时，父亲已年近八旬，已经听不清楚是文学还是军学①了。尽管如此，夏目还是不客气地说："他就是这种不明事理之人，令人讨厌。"他还曾笑着说："老爸是个吝啬鬼，奇怪的是，他却攒不住钱。"不知真假，我还听说当时他父亲要自己决定三餐食谱。到了要准备饭菜时，女佣来问："老东家，今晚您吃什么？""煮茄子吧。"据说煮茄子几乎成了他的口头禅，女佣在去问之前，已经在厨房挖苦地说："今晚还是茄子吧。"从当时来看，一分钱能买五十根茄子。老人还经常独自坐在两张榻榻米的房间中，

---

　　① "文学"和"军学"的日语发音分别为"bunngaku"和"gunngaku"。老年人可能因耳聋分不清。

背对着碗柜，不停地从里面拿点心，吧唧吧唧地吃。

不过，这位夏目看不惯的父亲，年轻时却非常能干。夏目的祖父嗜酒如命，败掉了家产，是他父亲重振家风，成了当时大名鼎鼎的名主。下面一种说法可能过于夸张，不太可信。据说，谁家里的孩子一哭，如果跟他说"出了城门，往牛込方向走一步，那位马场下的名主大人就在那里哦"，孩子就会吓得不敢哭了。由此可见他父亲当时的威风。还有，因为要和其他名主交往，他父亲有时也会去花街柳巷。其他名主都会拿出当时的三百元巨款，盖在被子上，大肆挥霍并以此为荣。夏目的父亲却从不这样，而是瞅准时机，偷偷走开，心想反正这钱是用来玩的，就买些东西吧，因此收集了很多书画。将自家宅邸前的坡道命名为夏目坂，取家徽的谐音，将町名叫作喜久井町，大概都是他父亲的功劳吧。

在《玻璃门内》一文中，夏目曾写过家里进强盗的事，时间是明治维新开始前。这件事是他从哥哥那里听说的。那天，一帮持刀的夜贼闯入夏目家，哥哥那时和妈妈一起睡，吓坏了。据说姐姐的惨叫和哀号让哥哥很久之后还心有余悸。好像是流浪武士来抢钱做军费，父亲带他们到了土窑仓库，那里有很多钱箱，但都是空的。自那以后，为防夜贼，父亲在屋柱中挖洞，将钱放在里面。自己从壁橱到屋顶架个梯子，在屋顶阁楼搭个蚊帐睡觉。

如此这般辛辛苦苦才攒下的钱，用现在的说法就是以公司的名义被敲诈了。大概是对方引诱说他们要建一个向陆军输送军粮的公司，他父亲觉得能大赚一笔，就非常起劲地出了钱，并盖了章。后来，始作俑者逃之夭夭，他父亲的出资不仅连本带利都打了水漂，还被迫要支付盖了章的那部分钱。结果，他不得不卖掉青山和新宿一带的土地，好不容易守住的家产消失殆尽。因此，自从夏目懂事开始，他家就一直时运不济，所谓的"名主全胜时代"，对他而言只是听说而已，他从没有享受过实际的好处。

他的大哥名叫大一，据说上过大学，很有学问，长得也帅。只可惜因身患肺病，大学也中途退学了。当时他父亲从政府机关调到了警视厅，樋口一叶①女士的父亲就是他的一位下属。当时，夏目父亲年纪也大了，虽说原来是名主，很能干，但因为没什么学问，工作上一旦有些小麻烦就心烦意乱。樋口先生不仅有学问，而且做事认真勤恳，夏目父亲非常赏识他，有时还借钱给他。一叶女士的贫穷众所周知，似乎她父亲在世时生活就不宽裕。不管怎样，因为一叶的父亲工作努力，可以说是成了夏目父亲的得力助手，所以只要他开口，夏目父亲就借钱给他，但他从不还钱。

当时，樋口先生家住在山下町的政府机关宿舍，大一哥哥因父亲的关照在那边做翻译，也住在那里。只有父亲每天从牛込的家里去那边上班。大一哥哥当时在上班，身体应该还没什么问题吧。他正当婚龄，长得又帅，而且还是名主的大公子，简直无可挑剔。樋口先生的女儿不仅字写得好，还创作和歌，是不可多得的才女。于是，就有人跟夏目父亲说，将樋口的女儿许配给大一公子如何？不过，父亲考虑再三，心中盘算着，现在樋口还只是我的下属，就已

_____

① 樋口一叶（1872—1896）。小说家，诗人。本名奈津，生于东京。曾入中岛歌子的舍塾学习，受到半井桃水和《文学界》同人影响。代表作《浊江》《十三夜》《青梅竹马》等着力描写明治女性的哀愁。其《日记》亦有很高的文学价值。

经跟我借了这么多钱，若是他女儿嫁过来，岂不是借得更多？因此，这个话题就此结束，可惜夏目家没能迎娶一叶女士进门。

后来，大一哥哥去世。不久，二哥荣之助也去世了。荣之助哥哥很会享乐，是个浪荡公子，据说曾被逐出家门，足见其性情刚烈。这两位哥哥都是年纪轻轻，还没成家就去世了。在他俩之后，夏目家好像还生了一个女儿，但是他母亲心想，丈夫的前妻留下了两个女儿，自己生了男孩倒也没关系，如果生了女儿，恐怕会疼爱自己的女儿多一些，那怎么对得起那位前妻呢？于是，依照母亲的意愿，夏目的那个姐姐一出生就被送人了。他母亲实在是用心良苦。

三哥叫直矩，现在住在矢来，当时大家都叫他和三郎。三哥还在母亲肚子里时，母亲觉得孩子太多了，想流掉。于是，就不断地尝试当时的节育方法，吃黑鲷鱼呀，吃鱿鱼干啊，不管不顾地想把孩子打下来。但是，最终还是生下来了。可能和节育斗争得太累了，和三郎生下来时皮肤黝黑，瘦小不堪。母亲觉得都是自己的罪过，就加倍溺爱他。父亲也认为这孩子老实憨厚，不像后来的金之助那样脾气暴躁，也特别喜欢他。再加上之前的两个儿子相继去世，就更加疼爱这个儿子。这位三哥至今喜欢戏剧，据说小时候经常被父母领着去猿若座①看戏。当时，他从头到尾都安静老实地坐在那里看戏，一动不动，深得父母喜爱。

接下来要说的，大概是这位哥哥结婚之后的事情吧。每天天一

---

① 江户的歌舞伎剧场。公认的三大歌舞伎剧场江户三座（中村座、市村座、森田座）之首中村座的前身。

黑，父亲立刻就上床睡觉，十二点左右肯定会睁开眼睛，大声问："和三郎回来没?"好像哥哥当时经常晚上出去玩，嫂子就说"是的"之类，适当敷衍过去。接着父亲又问："现在几点?"嫂子也早有准备，干脆地回答："九点啊。"于是，父亲马上就放心地一直安睡到早上。

父亲前妻有两个女儿，一个是嫁到新宿经营妓院的伊豆桥，一个就是嫁给高田家的姐姐，也是一直与我们很亲近的姐姐。这些后面应该还有机会细说。

这就是我听闻的夏目父亲和哥哥们的大致情况。父亲去世时，夏目家已经衰败不堪。父亲名叫直克。

六　回到东京

此次我俩回东京，距离上次回来已经过去一年了。我娘家有一个惯例，每年夏天都会租借位于镰仓材木座的大木伯别墅，住上一阵子。这个夏天，妹妹们也都去了，恰好家里空无一人，我俩就留下来看家。不过，只有我们两个人，实在很寂寞，又没什么可玩的，夏目就让我教他唱歌。于是，我就做起了老师，教他唱当时军人们经常唱的"敌人虽有数万，尽是乌合之众"这种狂野歌曲。但是，不论怎么教，他总是跑调，怎么也唱不对。他一唱我就觉得好笑，经常捧腹大笑。

正好在那时，我怀孕了。但是，可能因为长途旅行太过劳累，不幸流产。本来打算这个夏天一直在东京看家，但我的健康状况堪忧，于是也加入妹妹们，到镰仓疗养。夏目也在东京和镰仓之间多次往返。

有一天，他说去圆觉寺拜访了宗演禅师，借来一本感觉很难懂的汉文书籍，不断研读。次年夏天，他经常一个人在客厅正中坐禅。

好像是大学时代或者刚毕业的时候，他曾跟着菅虎雄先生在宗演禅师处参禅。据说那里的僧人还曾经劝他说："做禅僧如何？"

那正好是夏目从镰仓回到虎门官舍时发生的事情。因为陛下要从这里经过，所有人都要关上二楼的门窗（这是当时官舍的规矩），排列在大门口，恭迎恭送陛下。夏目当时也和大家排在一起，但不知何时突然不见了，我的大妹妹发现后问道："咦？夏目姐夫呢？"母亲说："他讨厌古板的仪式，可能躲起来了吧。"刚说完，只见夏目穿着单层和服，外加一条褪了色的仙台平纹绸袴，以非常郑重的形象出现了。

"哇，姐夫，怎么回事？怎么还穿上袴了？"妹妹吃惊得瞪大眼睛问。夏目若无其事地说："因为在熊本那样的偏僻乡村，是没有机会见到陛下驾临的。"

据说他一丝不苟地恭迎恭送了陛下。之后，妹妹说起这件事时，说道："姐夫真是个有趣的人啊！"

在东京时，夏目似乎经常探望病中的子规先生。马上快到九月了，学校即将开学，夏目必须要回去。他说可以的话，希望两个人一起回去。但是，医生检查后，建议我仍需静养一段时间，只能他一个人先回去。当时，红叶山人①的《金色夜叉》正在《读卖新闻》连载，在东京这段时间，他一直在看。临走时，他吩咐我说："熊本

---

① 即尾崎红叶（1867—1903）。小说家，俳句诗人。本名德太郎。东京大学中途退学。创立砚友社，创刊《我乐多文库》，始创口语文体。代表作《三人妻》《多情多恨》《金色夜叉》。

那样的乡下地方，没有《读卖新闻》，你每天从东京寄给我吧。"可是，每天寄的话，太琐碎了，反而容易偷懒。所以，我就把三天的或者四天的一起寄去，曾经惹得他在信中跟我发火。当时红叶山人很受欢迎，但他似乎对《金色夜叉》并不怎么钦佩。

他钦佩的是一叶女士的作品。他买来一叶全集，横躺在官舍二楼，不停地阅读。尤其对《青梅竹马》等感叹不已，说即使是男人也写不出这样的作品。这些是听我弟弟说的。我记得他对广津柳浪①的《今户情死》很佩服。

我回到熊本之前，一到九月，夏目就把家搬到了位于大江村（现在市内的大江町）的落合东郭（汉诗诗人，现为侍奉天皇的官员）先生家。落合先生在东京就职，家里无人，于是就租了他的房子。十月，我身体已经康复，想回到熊本去。碰巧落合先生的母亲、落合夫人娘家的元田永孚先生（明治天皇侍讲）的公子夫妇也要回熊本。而且，元田先生家就在我们租住的落合先生家隔壁，我就正好拜托他们带我一起过去。十月二十五日左右，我们到达了熊本。

到新住处一看，风景很美。房前是一片田野，再往远处是一望无际的桑树园。熊本郊外被称为森林之都，秋天的景色格外美丽。但是，一到冬天就特别冷，从没见过的巨大冰柱挂在水车周围，要持续很长时间。

田野里经常有一位农民老伯在干活。夏目和他渐渐熟悉了，见

---

① 广津柳浪（1861—1928）：小说家。本名直人。出生于长崎。砚友社同人。以《残菊》确立文坛地位，《黑蜥蜴》《今户情死》等大都描写社会底层的黑暗面。

面互相问候，有时也会闲谈几句。一天，他一边吃午饭一边说："那位老伯比我有钱多了，听说有六十元的存款呢。"因为他说得严肃认真，女佣就说老爷您怎能乱说呢。于是夏目就哈哈大笑。这女佣名叫阿照，大约二十七八岁，皮肤有点黑。她工作起来很老实勤快，就是爱睡懒觉，不逊于我。据说，我不在家时，她因为早上起不来，很多次夏目都是没吃早饭就去学校了。因此，她总觉得对不住老爷，夏目回家后，她总要等到夏目吃完饭才会动筷子。

院子里有个小祠堂，阿照经常给那里的神灵上香敬烛，不停祭拜。因为她十分虔诚，夏目就开玩笑地问她，是不是在向神祈求找到一个好丈夫。她说是在祈祷能让她早起，真是精神可嘉。

夏目一贯洗冷水澡，但一到冬天，他一浸到水里就乱闹腾。因为水太凉，嘴里一边"呼呼"地喊着，一边上蹿下跳，弄得周围水花四溅。阿照在旁边笑着说："老爷蹦蹦跳跳的，像条小鲷鱼。"夏目也很喜爱她的朴实直率，经常说笑话逗我们笑。一天，他好像是想吃点甜的，就突然走到厨房来，切了一片羊羹，边吃边面向阿照，故意逗她说："也给你来点？"哪知阿照平静地答道："我已经认真地试吃验毒了。"夏目也甘拜下风，笑着说："都说'厨师不空手'，果真如此啊。"

我从东京回到这里的新居后，发现多了一位之前没有的寄宿生。他就是股野义郎先生，传说就是《我是猫》中搞笑的多多罗三平。不久，土屋忠治先生也来了，寄宿生就成了两名。他俩都是五高的学生，大概当时是高三吧。土屋先生很严谨，股野先生可没少让我生气，却也留下了很多笑料。

这位三平君饭量特别大。不只是特别能吃饭，喝酱汤也很厉害，能吃几碗米饭就能同时喝光几碗酱汤，着实让人吃惊。而且，他简直就像个小孩子，一边吃一边掉饭粒儿，实在吃不消。

　　让他带便当盒饭到学校，他从来都不知道带回来，不管女佣怎么发牢骚，第二天他还是空着手回来。实在没办法，女佣就只好做一只大如娃娃头的夹梅干大饭团让他带去，这才算免去了饭盒的麻烦。三平君还经常喝酒至半夜十二点左右才回来。在冬天寒冷的夜晚，我或者女佣，必须有个人要等他回来后才锁门，实在很痛苦。他却毫不在意，一回来很快就把烧水壶里的热水喝个精光，把空壶放在火盆上完事儿。他就是这样一位先生。

　　和主屋稍微隔开的另一栋小房子，是寄宿生的住处。三平先生说他们那里闹老鼠，没办法只能借猫一用，于是就把猫带过去了。只听他回房"啪嗒"关上拉门后，一会儿就"球球、球球"地喊起了猫的名字。本来他把猫抱过去，应该是关在房间里逮老鼠的，不知从何时开始，那只猫竟然在厨房，一边在阿照脚上摩挲后背，一边喵喵地叫，那样子简直呆傻至极。

　　这个新居的房租是七元五角。夏目父亲去世了，就省去了原来要寄的十元，大学的贷学金也偿还完毕，那时候在经济上多少宽裕些了。但是，稍微轻松些，夏目却把更多的钱花在买书上，或者帮助困难学生了。

　　记得就是那一年的新年。夏目辗转打听到了朋友安藤真人的下落。安藤先生是夏目从小学时就认识的朋友，与夏目关系很好，因为家庭原因中途退学。夏目终于得知，安藤当时住在熊本郡属的一个叫岛崎的地方，在济济黉高中做老师。夏目前去拜访，还写了一篇访友记。我忘记这篇文章有几页了，但记得他曾读给长谷川贞一郎先生听。这篇文章好像既没在杂志上发表，家里也没有草稿，也没有收录到全集里。到底哪里去了呢？不知道是不是他自己撕了扔掉了。在那期间，除了俳句，我好像就记得这篇文章。据说他和这位安藤先生非常要好，经常给安藤先生寄《日本新闻》。夏目因父亲去世回东京时，还特意写信给安藤，说自己暂时没办法给他寄报纸了。这些是我从安藤先生的外甥，五高教授野野口胜太郎先生那里听说的。据说夏目还曾把这位野野口先生的汉诗介绍给《日本新闻》。

七 做养子的经历

大概就是那段时间的事吧。夏目之前的养父盐原的前妻寄来了一封长信。与盐原之间错综复杂的关系，他自己在自传小说《路边草》中有所描述，我就不在此详谈了。我把夏目通过这封信告诉我的一些事情，按时间顺序稍微说一下。盐原就是《路边草》中的岛田。

夏目出生于庆应①三年（1867）正月五日，在时辰上相当于申日申刻。古话说，这个时辰出生的人会成为江洋大盗，只要取个带金字的名字就能避免。相反，如果走正道，一定会特别出人头地。于是家里就给他取名金之助。

不过，他出生的时候，父亲已经五十四岁，这么大年纪又有了孩子，不仅在外人看来不大体面，最主要的是母亲还没有奶水。因此，当听说家里女佣的姐姐在四谷开旧家具店，而且有奶水时，就

①　庆应（1865.4.7—1868.9.8）。日本孝明、明治天皇时代的年号。

把他送去寄养了。其实，这个旧家具店并没有什么像样的店面，天气好的话，每晚都在四谷的大街上摆摊，只不过是个摊贩而已。

一天晚上，夏目的姐姐（后来嫁到高田家的）走在四谷的街上，忽然看到大街上的旧家具摊边，有个婴儿在竹篓里睡着了，昏暗灯光下的小脸，十分可爱。靠近一看，千真万确，竟然就是前些日子被送走的弟弟"阿金"！怎么能把他放进竹篓里，就这样让他睡在露天的室外呢？太过分了！姐姐觉得他太可怜，马上就抱着他回家了。不过，姐姐只是一时可怜他，一下子就把他带回来了，没想着家里本来就没有奶水，饿得夏目从晚上一直哭到天亮。结果，姐姐被父亲狠狠骂了一顿，只好把夏目又送回了旧家具店。一直到断奶，夏目都被寄养在那里。

其实，父亲本来就没打算把夏目留在家里，有机会的话，是想把他送给别人当养子的吧。这时，正好有人提出想收养，他们就是没有孩子的盐原夫妇。

盐原昌之助原是夏目家的寄宿生，是个有眼光的男人，借助名主的权势地位，渐渐得到提拔重用，当时已经是浅草的区长。盐原的妻子安姨，当时在夏目家帮佣，两人结了婚，但是没有孩子。他们正在物色养子时，第一个看中的就是夏目家无足轻重的小儿子。既是恩人的孩子，又是男孩，可谓天遂人愿。夏目家也觉得，如果送人还是知根知底的好。结果，夏目就做了盐原家的养子，那时他三岁。

一开始，夫妇俩特别疼爱夏目。尤其是盐原的妻子安姨，夏目想要什么就给买什么，喜欢得就像自己亲生的一样。不久以后，夫妻俩就昼夜只顾吵架，丢开孩子不管了。安姨好像是个特别爱吃醋的人，但是因为吃醋吵架肯定也是有原因的。据说，浅草某个地方有个孤零零的寡妇，好像手头有一些地皮和财产，因为盐原是做区长的，就帮她处理了很多事情。于是，这个寡妇就逐渐特别依赖盐原，最后两人有了私情。安姨越是吃醋，盐原越固执己见，寡妇越发盛气凌人，最后，寡妇居然冲进盐原家，把安姨赶走了。每天只顾忙着吵架的家里，什么厄运都可能降临到孩子身上。于是，夏目的大哥大一特别同情夏目，说反正自己病恹恹的，也不可能娶妻生子，我就把"阿金"当养子，让他继承家业吧。大一哥哥就这样领回了夏目，那一年他七岁。

虽然夏目在七岁时就回到了自己家，但户籍上还是写的盐原金之助，养父盐原怎么也不肯给他过户。似乎盐原是想等夏目长大以后，让他到政府机关做个小工，当时这个很热门。而且，若是要把夏目送回去，多少还是有些不舍，因此才不肯让他过户吧。据说，他一直长到很大都是姓盐原的。好像是在明治二十一年（1888），因为大一哥哥去世，他才终于以大一哥哥准养子^①的名义恢复了夏目家的户籍。据说，夏目家答应支付盐原养育费、笔墨费等合计二百四十元，才终于达成协议。于是，夏目家先支付了定金一百七十元，其余的金额按每月三元支付，直到明治二十三年才将约定钱款全部付清。这个收据至今还保存着。虽然当时养父子关系就此断绝，但

---

① 本书原文为「準養子」，可能为笔误，一般应写「順養子」。在日本江户时代，哥哥将胞弟作为养子，让其继承家业。

是夏目给盐原写了一张字据。大意是今后绝对不会做不诚实、不近人情的事情。夏目成名之后，正是这张字据给他惹了祸。在此附上字据的复印件。

盐原昌之助　阁下

今本人与贵姓脱离养父子关系，阁下已从本人生父处收取养育费二百四十元。本人于今日恢复本姓夏目。唯愿今后彼此不做不诚实、不近人情之事。

金之助

顺便提一下，据说从那时起，过了四五年之后，夏目的户籍曾经转到北海道后志国岩内郡岩内村的浅岗仁三郎家，有一段时间成为北海道平民。那是为了免除兵役。

总之，几番周折之后，夏目在养父母家终归是个养子，并未得到像亲生父母那样的疼爱。虽然回到了自己家，但本来就是被父亲送给人做养子的，如今回来反倒成了累赘。如此这般，在家里他就像个孤儿一样，吃尽了苦头。

不久，因为大一哥哥去世，必须要决定继承人。于是，现在住在矢来的哥哥就想到了准养子的事，问夏目要不要继承家业。夏目一口回绝说："做这种家的继承人？我才不要呢！"

很快，盐原家的养母安姨就被那个寡妇扫地出门了。

这位安姨千里迢迢地写信寄到了熊本。信上写了她离开盐原家之后的情况，还有夏目小时候的事情等，信写得很长。

　　离开盐原家后，安姨到一个经营酒类的店里做了继室。不久丈夫去世，她也成了寡妇。之前的妻子留下一个女儿，招赘女婿上门，生意很好。女儿女婿都对她很好，安姨过了一段幸福的日子。但是，好景不长，战争开始后，女婿死在了战场上。没了重要的男劳力，生意难以为继，只能将店面转让他人，住进一间小房子，依靠战争遗属的抚恤金勉强度日。女儿虽然不是自己辛苦养大的，在艰难时期仍然十分善待于她。但是，自己辛辛苦苦养大的夏目，如今大学毕业，成了月入百元的杰出人物，却完全对自己不管不顾。夏目小时候出天花，她是如何彻夜看护的；五岁时，夏目小便时，从走廊上摔下去，腰骨脱臼，她又是怎样细心照顾的；那时怎样，这时怎样，列举了很多她当时为养育夏目付出的辛苦，十分絮叨冗长，最后终于闪烁其词地说出了"生活困难，想要点钱"的意思。夏目好像委婉地回信如下："您若是特别困难，我也不会不给。但是，我在被领回亲生父母家时，夏目家已经付过钱给你们，我们的关系已经彻底了断。如今您再向我开口，就没有止境了。"

　　自那以后过了几年，夏目在修善寺得了重病，安姨曾经来到我家。此后，好像每年都会来一次。每次来我们都会给她一些零花钱。之后，因为我们总给她钱，她反而不好意思来了。她晚年好像因为患风湿病，手脚都不大灵活了。

后来，安姨成了秋田雨雀①的养母，于六七年前去世。在她生前，有一次我去杂司谷②扫墓，回来的路上，经过供奉鬼子母神的寺院，碰巧遇见了拄着拐杖的安姨。那是我最后一次见到她。

　　之后，养父盐原利欲熏心。夏目留洋回来之后，应该是我们家最艰苦的时候。但是，这位养父却无视之前的协议，以夏目写的那张"不做不诚实、不近人情的事"的字据为挡箭牌，不断地派出"三百代言"③式的人物，冠冕堂皇地敲诈夏目。说什么"你曾经的养父如此艰难，听说你这个养子成了大学老师，收入颇丰。不要不近人情了，快帮帮他吧"。最终，虽然在情面上并无出钱的必要，但因为有亲戚从中调解，夏目还是给了他一百元，他保证以后再不纠缠。这件事在《路边草》中有详细描述，事实如此。幼年时期，夏目实在命运坎坷。二百四十元的养育费在当时是一大笔钱，濒临没落的夏目家并没有这笔多余的储蓄，是从别人那里借钱支付的。总之，他家是世家，又是需要重振门户的时候，本来就很艰难却又增加了这笔开销。再加上大哥去世，接着二哥也去世，家里有人去世也是一大笔开销。真是屋漏偏逢连夜雨，据说夏目那时万分艰难。

　　就这样，我们的明治三十一（1898）年也快结束了。

---

　　① 秋田雨雀（1883—1962）：剧作家、童话作家。生于青森县，毕业于早稻田大学。本名德三。以戏剧为中心，广泛活跃于社会主义文化运动。著有剧本《被埋没的春天》《国境之夜》等。

　　② 杂司谷：东京都丰岛区东南部地名。有法明寺的鬼子母神和杂司谷灵园。

　　③ 三百代言：源自明治时期蔑称无资格代言人（律师）的说法。意为无执照的代言人、辩护人。

八　《草枕》的素材

因为去年新年家里太闹腾，夏目实在吃不消了。所以，接下来的新年，他就不想在家里过了。一到这年的除夕，他就和山川信次郎先生一起到小天去了。我没有和他们同去。多多罗三平，也就是股野义郎先生，带了几个学校的朋友到家里来，我就和他们一起玩玩歌留多什么的。这样反而不用担心被夏目埋怨，过得倒也悠闲自在。

小天这个地方，似乎在《草枕》出版后变得有名起来。听说还保留着一间漱石住过的房间，五高学生什么的，直到现在还会去探访。在当年，这里也应该是比较适合短期旅行的地方吧，似乎五高的老师和学生们经常去。小天在熊本的西北方向，距离熊本只有十四公里，有山有海，非常温暖，盛产柑橘。据说站在高处能看见有明山和温泉山，有时还能看见夜晚海面上闪烁的神秘火光。他们住的是一位叫作前田的乡士①的别墅，通常被称为汤之浦，也就是出现在《草枕》中的那古井温泉。据说在塑造《草枕》的女主人公形象时，夏目从前田先生的姐姐（因我们与前田乡士同父异母的小弟弟，现为东京高等工业学校教师的前田利镰先生非常熟悉，所以就习惯地这样称呼了）那里得到了启发，因此我曾经向这位姐姐问过许多当时的事情。结婚那年的夏天，我初次去九州旅行，因为当时感觉很不愉快，就没有和夏目一起去小天，对当时的情况毫不知晓。我就将前田姐姐所说的情况在此转达一下，仅供参考。如今，前田先生住在东京池袋，大概六十岁或者六十一岁，想来也应该是这个年龄了。记得夏目说过，他第一次还是第二次去小天时，正好赶上前田先生最小的弟弟利镰出生不久，婴儿小脸通红，夏目为之一惊。现在利镰先生也快三十岁了吧。

前田先生的父亲案山子先生，从明治初期开始投身政治运动，后进入帝国议会，为故乡亦竭尽全力。据说他蓄着漂亮的胡须，与河野广中、铃木充实一起被誉为"议会三美髯"。他还是赫赫有名的剑士，被称为"九州第一枪"。关于这一点还流传着十分有趣的奇闻逸事。明治十年（1877），政府军困守熊本城②时，案山子先生是玉名乡的乡长，他将乡里的储备金全部拿出来，保存在位于小天的自己家中。因为他知道，一旦政府军想要这笔巨款，西乡军也会一样，于是在危急之中出此下策。此外，案山子先生与西乡军的池边吉十

---

① 江户时代居住在农村的武士，亦指名门世家或者享有武士待遇的农民。
② 指 1877 年的日本"西南战争"。以西乡隆盛为核心的鹿儿岛士族发生叛乱，被政府军镇压，西乡等领导者多自杀而亡。

郎（池边三山居士的父亲）是多年故交，他当时将池边先生家的老人和孩子（三山先生当时在西乡军中）都接到了自己家避难。但是，池边先生本人并不知道此事，还派使者威胁案山子先生说："马上到我方营中，否则将派兵至此。"毫无疑问，目的就是储备金。案山子先生心想："西乡军要钱，我不能给；不给，他们就一定会杀我"。于是，他怀着赴死的决心，只身前往西乡军营。不出所料，他们果然是为了钱。因为案山子先生临去前已做好赴死的准备，到那里后马上一口回绝。没想到，西乡军竟然把他投进了牢房，说让他仔细考虑一个晚上。

不久，受到保护的池边先生家的老人孩子得知了恩人被叫到西乡军营之事，他们心想这岂不是恩将仇报吗？绝不能耽误时间。于是当天晚上就回到西乡军营，将前田先生对他们的恩情逐一告诉了吉十郎。三山居士的父亲握住前田先生的手，真诚地道了歉。

案山子先生与中江兆民等人也有交往，因这些政界名士经常来此居住，明治十一年（1878）左右，案山子先生把自己在村庄共有温泉所拥有的一百平米左右土地进行了整治。砍掉竹林，建造别墅，欢迎名士到来。不过，因为平时大都闲置，实在非常可惜。后来，逐渐有人提出想在此留宿，十分难得，于是又陆续扩建了多栋房屋，最终成了温泉旅馆的形式。据说刚开始时，如果客人给小费，他们不知如何是好，跟在客人后追出好几百米，一定要归还。

明治三十年（1897）十一月左右，五高的老师们第一次去汤之浦旅馆。当时是久我先生和山川先生，他们二位住了一晚就回来了。于是那一年的除夕，受山川先生之邀，夏目与他同去。当时，前田先生的姐姐因为离了婚，一年前就回到了温泉，当时三十一岁。

因为山川先生之前来过一次，与前田先生的家人都非常熟悉，而且他能说会道，风趣幽默，经常模仿落语表演，逗大家笑。相反，夏目却总是少言寡语。基本上所有的话都让山川先生说了，他自己只偶尔插上三言两语。前田先生的姐姐说，不管怎么看，总觉得山川先生长相秀气，个性温和，就像"夫人"似的。夏目先生擅长安排，颇具男子汉气，是所谓的"老爷"范儿。两人事事都给人这种感觉。当时，他们住的房间是三号，是该旅馆最高级的房间。于是，前田家的人都将他俩称为"三号的尊夫妇"。

这个三号房间，是将前田家主屋的一个房间移建至此，主要用于政界名士来访时居住。房间内饰相当考究，就像《草枕》所描述的，壁龛处挂着若冲①所绘的《鹤》，房屋正中放着紫檀木方桌，上置帆形竹制茶具架。夏目十分喜爱这个茶具架，赞赏不已。山川先生说："既然你那么想要，我去给你说说。"于是，前田家也承诺说送给夏目先生也无妨。不过最终大家也只是口头那么一说。因了这个缘故，有一次夏目说："这房子里稀奇玩意儿不少啊。"前田姐姐问他："您喜欢古董?"夏目说特别喜欢。姐姐说那好办，于是每天请夏目到她父亲的客厅喝茶，挂上不同的挂轴让他欣赏。

当时女服务员人手不足，前田姐姐经常来三号房间，给他们端

---

① 指伊藤若冲（1716—1800），江户中期画家，京都人。曾学习狩野派、琳派，在此基础上融入中国明清画的笔意，在动植物画上开辟独特画境，尤擅画鸡。代表作《花鸟鱼贝图三十幅》《群鸡图》。

茶，还会将羊羹盛在青瓷碗中送过来。《草枕》中的相关描述，确有其事。

某日深夜，前田家的姐姐忙完一天的工作想赶紧洗澡睡觉。去女浴室一看，浴池里的水太温了，不能洗。不知道男浴室如何？于是掀开门帘往里看了看，只见热气升腾，好像空无一人，于是就放心地脱了和服。正要踩着石阶下去，突然听见浴池中响起"咕咚"一声。咦？明明应该没人呀。她站在那里一边纳闷一边仔细盯着浴池看。结果，确实听见有人在"扑哧"地笑。吃惊之余，定睛一看，那不是夏目和山川吗？两人像顽皮的孩子一样，只把头露出水面，躲在灯光照不到的一角，正不停地强忍笑意。前田姐姐满脸通红，马上跑了出去。这时，女服务员也正要脱掉衣服，见前田姐姐如此慌张，吃惊地问怎么回事？姐姐难堪不已，一言不发，迅速穿上和服，逃也似的离开了。这就是《草枕》中所写的女人到男浴室洗澡那一场景的原型。

因为那幢房子建在山上，夏目觉得很有意思，曾说："还以为有三层楼，其实就一层。"因为第二天夏目他们要回熊本，前田姐姐就想给他们带些涩柿子作土特产。有一天，她见四周无人，爬上了大门前的柿子树，谁知竟被散步回来的夏目和山川看见了。据说夏目对她开玩笑说："你简直就像猴子的亲戚。"

有一次，夏目说有点事儿，请前田姐姐过去一下，她就去了三号房间。至于是什么事，姐姐说记不清了。当时，恰好前田姐姐剥了橘子正要吃，她想反正是一会儿的事，就一只手拿着橘子皮，去了三号房间。谁知夏目却说个没完没了，等到她终于脱身，橘子皮都干得发硬了。

即将启程归来时，两人给旅馆包了五元小费。另外，请姐姐转交女服务员一元，给姐姐包了三元零花钱。姐姐从不曾从客人处收过这个，就红着脸非要还给他们。夏目气吼吼地说："人家好不容易给的，岂能归还？"

据说，当时旅馆送客人是用马驮着行李的。之后，前田姐姐也经常派人送蜜柑之类的过来。

四月左右，山川先生又自己去了一趟小天，还说夏目先生因为夫人唠叨不能来了。不久到了养蚕季节，一天，狩野亨吉、山川、奥太一郎、木村四位先生加上夏目一共五人，一大早就去了小天。他们在汤之浦别墅吃完中饭，说想去看看前田家的主屋，姐姐就带他们去了。主屋位于半山腰，和汤之浦别墅有一段距离。外观为白色，远看就像一座城堡。据说从好几公里外就能看见，想必相当壮观。当时的山下田野里，夏日的蜜柑已经成熟，姐姐就给他们每人折了一枝。狩野先生是教导主任，大家就把自己那份都送给狩野先生了。据说，姐姐曾经扛着狩野先生那份蜜柑，走了六公里路，一直送他们到河内湖。

此后，一行人游览了岩户观音，据说宫本武藏曾经在此闭关，撰写兵法《五轮之书》。此外，他们还去了鼓之瀑。总之是把周边的名胜都看了一遍，于当天回到了熊本。

前田先生的姐姐在当时是十分新潮的女性，之后也历经坎坷。

可能因了之前的缘分，听说她曾去过山川先生在熊本的家。

今年春天，我第一次去了小天。虽然因为去年的盐害①显得荒芜，但仍能感到那里是个好地方。过去的温泉旅馆仍然保留着，从门口看确实像三层建筑，但是绕到后面的庭院一看，原来的三层楼反而变成了平房，真是颇有趣味。如今房子换了主人，曾经有一段时间，此处是名为"漱石馆"的温泉旅馆，后来也歇业了。庭院和房子都非常美观，让人不禁想，离城市再近一点多好。

在过去被称为三号的房间，以及夏目当时每天被邀请去喝茶的前田先生父亲的房间，我听本地的老人们谈了很多往事。位于山口的茶馆如今换了位置啦，当年拉新娘马车的马夫还健在啦，听到了很多趣闻。就像在松山大热的《少爷》，此处的《草枕》热也非同一般，着实让我吃惊。

房后微微凸起的地方，有一座前田案山子碑。去拜谒之时，只见橘花盛开，漫山遍野，香气扑鼻，不可言喻。

回东京后，得知小天将长久保存此处遗迹，甚感欣慰。

但是，人们似乎不满足于这种素昧平生的偶然相逢，而总是将事实与小说混为一谈，甚至添油加醋地创作夸张的情节。今年春天，《妇人俱乐部》杂志也积极加入其中，大张旗鼓地刊载了一篇题为"漱石的初恋"的文章，说什么前田先生的姐姐玩弄了夏目。这种谣

---

① 天旱时海水从地下渗入，或者海水向江河倒流以及高潮等使海水渗入，致使土壤盐分增高，对农作物造成损害。

言，不仅对前田姐姐是极大的麻烦和冒犯，对夏目而言，即使他已离世，也是一种困扰。如果两人之间真的有什么，哪怕是一点点起因或者苗头倒还好，如此不负责任、毫无顾忌地随意捏造，诓骗读者，谣言惑众，实在非常过分。前田先生的姐姐非常气愤，也在情理之中。

自那之后，夏目经常和山川先生一起去旅行。旅行归来后，山川先生经常说："夏目这家伙，旅行时总是愁眉苦脸的。结婚成家真的有那么好吗？"不知何故，山川先生还没有成家，一直租房子住，雇了一个专职女佣。来我们家时，他经常说他房东做的酱菜太难吃，酱菜本来就应该像我家这样腌。讲一通大道理后，说酱菜好吃，就打包带回去。有一天，他正开心地吃着带回去的酱菜，发现剩下的最后一片居然被女佣吃掉了，因此大发雷霆。实在滑稽之至。

山川先生刚到五高任职时，暂时住在我家。某天早晨他要发表就职致辞，需要正装出席。他说虽然从来没穿过西装，倒是从东京带了一套。但是，他既不会打领带，衬衫居然还没钉扣子，可说毫无准备。其他人平常也不早起，但是当天都赶紧做好了准备。正要出门时，发现重要人物山川先生还没准备好。当时正好长谷川贞一郎先生也在，夏目和我，加上长谷川先生，我们三人忙着帮山川先生钉扣子、穿西裤、拿领圈、系领带，一通手忙脚乱。夏目气急败坏地说："这些都应该昨天晚上就准备好呀！"山川先生说："哎呀，今天麻烦了，要被这老头子骂上一整天了！"

当天，山川先生顺利归来。次日，三人一起出门，却分头回来了。夏目和长谷川先生都回来了，早下班的山川先生却迟迟不归。原来当天他认为自己能记住回来的路，就一个人往回走，结果迷了路，来来回回走了大半个镇子。

九　寄宿生

　　当时，我们住的大江村居然有老鼠出没，正发愁怎么办呢，碰巧女佣的姐姐路过我们家，就说："那这样，我家的三毛猫很会抓老鼠，给你们用用吧。不过，它特别机灵，以后如果不需要，再还给我吧。"我们把这只猫带来一看，果然善抓老鼠。不过，如果它只是抓老鼠也就罢了，麻烦的是，它还抓我们的饭吃，必须要一直盯着它。有好几次，它居然把招待客人的小鲷鱼叼走，实在让人头疼。最后，大家都对它讨厌至极，气愤地一致决定要把它扔掉。负责扔掉它的是寄宿生土屋君。他说这好办，于是就把猫扔在了去学校的路上。结果，这只猫很快又回来了，一如既往地叼我们的食物。原来，土屋君在扔它的时候，没遮住它的眼睛，那显然行不通。一天，三毛猫原来的主人正在厨房门口和我说话，土屋君左顾右盼地走进来找猫，边说："在哪儿呢？哦哦哦，原来在这儿啊。"当土屋君发现那只猫蜷曲在过去主人的膝头时，突然从怀中掏出旧袜子，一下子套住猫的头，带了出去，嘴里得意地说："这下子可好了！"我们都惊出一身冷汗，之后也不好意思说要扔掉这只猫了，简直太尴尬了。前些日子拿出一些旧照片看，有一张是在檐廊①的合影。夏目和我围着火炉坐在檐廊，他左边是土屋君，我右边是女佣阿照。一只小狗和夏目坐在同一块坐垫上，刚才说的三毛猫坐在阿照的膝头，耳朵竖成三角形，神情机敏警惕。它就是曾经被土屋君套在旧袜子里的那只猫吗？想来十分可笑。

　　三月，房主落合东郭先生从东京回到熊本就职，我们必须归还房子。于是在井川渊找到一间小房子暂时居住。房子靠近河边，明午桥就在不远处。房间比较少，虽是临时救急而住，但也没什么不方便。因为房间少，晚上只能让土屋和股野两位寄宿生睡在客厅里。土屋君倒还好，做事认真谨慎，股野君就不同了，既爱睡懒觉又爱偷懒，连自己的被褥都让土屋君叠。打扫卫生也总是拖拖拉拉，着实令人头疼。但他十分聪明，能说会道，根本不听我们的。

　　一天早上，他和往常一样睡懒觉，运气不好，被夏目逮住了。

　　"股野，快起来！你要睡到什么时候？"

　　夏目也知道我们早已对股野极为不满，于是就突然大声狠狠训斥了他。厚脸皮的股野也被这当头棒喝吓着了。嘴里说着"好的好的"，像弹簧似的跳了起来。哪知这位三平君，不管春夏秋冬都有裸睡的习惯，他大吃一惊，虽然掀开被子起来了，但有些摸不着头脑。

---

　　① 日语为"缘侧"，日式住宅中，作为走廊或进出口，在房间外周铺设狭长木板的部分。有装窗户与外界隔开的，也有露天式的。

夏目也只好忍着笑，继续大声呵斥："快点自己把被褥叠起来！"

三平君不知如何是好，只好无奈地向土屋君求援，喊道："喂，土屋！"他那样子实在可笑，最终大家都忍不住笑出声来。这时，土屋君帮他把和服拿过来，他才把床铺收拾好，滑稽至极。总之，这位股野君懒惰至极，丝毫不顾及别人的感受，当时我们也还年轻，没少生他的气，但最终也只能无可奈何地滑稽收场。不过，到了七月份，他俩都毕业了，不久都去了东京。土屋君经我们介绍，在我的娘家中根家做了寄宿生。土屋君家境贫寒，始终辛苦地半工半读。他俩都是学法律的，大学毕业后，土屋君做了法官，股野君去了大连，成了一名实业家。

这一年春天，狩野亨吉先生来到五高做教导主任。这样一来，狩野先生、菅先生、山川先生等，过去的老朋友都聚到了一起。秋天，狩野先生住的内坪井街的房子空出来了，我们就赶紧搬了过去。这房子是我们在熊本住过的所有房子中最好的，即使现在看来，也相当气派。建筑面积大概有五六百坪①，有桑园和宽敞的院子。虽然住的房子不是很大，但另外还有一栋房子做库房，而且库房面积很大。据说原来的房主是军人，这里曾经是马厩和马夫住的地方，后来才改做库房。这栋房子很坚固气派。

当时，寺田寅彦先生是五高的学生，他请求夏目一定要让他做寄宿生。夏目说自己家根本没办法留寄宿生，最主要是房间太少。

---

① 表示土地和建筑面积的单位。一坪约为 3.306 平方米。

于是寺田先生说住库房也可以，看他那执着劲儿，我就带他看了库房。当时我想还真有怪人啊，不过，后来他也没再提做寄宿生的事。

那时，寺田先生好像经常来我们家，但我没怎么见过。要说对他当时的印象，只记得我去东唐人街的劝工厂时，曾经见过戴着五高学生帽的寺田先生。他看上去像个公子哥儿，总感觉有点糊里糊涂的。现任东大工学部部长的内丸最一郎先生，也曾经是五高的学生。

最近见到寺田寅彦先生时，说起那间库房的事，我问他是否记得当时那栋房子的房间布局以及库房的位置，他说大致还记得。

十　长女出生

这一年秋天我怀孕了。强烈的妊娠反应让我痛苦不堪，从九月一直持续到十一月，最严重的时候，别说食物药物了，连水都喝不下，身体日渐衰弱。事到如今又不能做流产手术，只好听天由命了。最终靠滋养灌肠才勉强保住了性命。

暮秋夜寒灯光闪，病弱吾妻卧房眠。　漱石

当时夏目看护病中的我，曾经吟过如上一些句子。

到了年末，我的妊娠反应终于平稳了，夏目如往年一样，元旦当天就和同校的奥太一郎先生，踏上了期待已久的耶马溪之旅。旅行到底如何，我不得而知。据说在他回家的前一天，或者再之前一天，在丰后日田附近的山口处，他被马踢了一下，摔倒在雪地上。记得他回家时愁眉苦脸、闷闷不乐。而且，因为走路太多，脚上起了水泡。在山里旅行，吃的东西也很奇怪，说是鸟类，吃起来感觉却像是兔子肉，让他很郁闷。不过，还是和往常一样，旅行归来后，他写了很多俳句，寄给子规先生。

夏目和奥太一郎先生交往密切。夏目那时开始学习谣曲①，奥先生也有此爱好，他俩经常在谣曲聚会上碰头。夏目的谣曲老师是在五高担任工学部长的樱井房记先生。他来自金泽，十分擅长加贺宝生流②谣曲。夏目曾向他请教宝生流节拍和能剧《红叶狩》③。樱井先生曾称赞夏目很有天赋，夏目就经常得意地大声吟唱。不过，我一点也不觉得他唱得好听，就不客气地说："樱井老师夸奖你，恐怕只是恭维吧，你根本没达到那个水平。"这样说，我感觉出了口恶气，因为他总是说我坏话。谁知他却说："你觉得我唱得不好，可以去听听奥的。他那声音就像是洗澡水中漂浮的屁，朦胧细弱。"一副不服输的架势。我也故意气他，回敬道："奥先生是奥先生，你是你，不管怎样，谁也不能夸耀自己的声音。"一天，奥先生来了，开始吟唱谣曲。当时，我正好在洗澡，他那边一唱，我这边就麻烦了。那声音实在稀奇古怪，又想起不久前夏目对他的粗俗评价，就更忍俊不禁，实在忍不住地笑出声来。为了不被听见，我就在浴盆中用毛巾捂着嘴笑。女佣们也在厨房忍着，尽量不笑出声来。我们都笑得停不下来，还要尽量憋着，实在吃不消。

五月末，大女儿出生。因为我写字不好看，夏目希望这个孩子

---

① 能剧的脚本。配上曲调能单独吟唱。
② 加贺宝生，指石川县传统曲艺宝生流能乐。为金泽市非物质文化遗产。
③ 能剧剧目之一，作者观世小次郎信光。内容为户隐山上扮成贵妇人的女鬼现出本性袭击平维茂，结果反受平维茂惩罚。

起码字要写得好看些，于是就按照他的意思，给女儿取名"笔"。讽刺的是，大女儿写字比我还难看，取名字的事沦为笑柄。如今，每提及这个话题，当事人笔子就说："不能取贪心的名字，就因为取了这个名字，我的字才会写得难看。"她反而在怨恨我们了。到底是儿女不知父母心，还是父母不知儿女心呢？总之，这个名字确实成了笑料。

因为大女儿是我们的第一个孩子，而且是结婚满三年后才出生的，夏目十分疼爱，经常抱着她。他还说："据说谁经常抱孩子，孩子就长得像谁，女佣阿照皮肤那么黑，女儿要是被阿照影响可就麻烦了。"他于是极力排斥阿照抱女儿。这样一来，我在家倒也罢了，一旦我要出去买东西，留女儿在家里的话，没多久，本来睡得很香的婴儿，就会突然醒来，一醒就会哭。越是哄她逗她，她越哭得厉害。夏目实在没办法，只好"阿照，阿照"地喊女佣帮忙。这下女佣马上得意地说："我皮肤黑怎么啦？没有我能行吗？"反驳夏目一句，抱起女儿。说来也怪，只要她一抱，婴儿立刻就不哭了，所以阿照特别喜欢大女儿。山川先生来家里玩时，经常和夏目开玩笑："因为是你的女儿，长大后肯定要结交美男子的，到时候我来介绍啊。"

不久，山川先生回到了东京。我们去东京时，也经常带着笔子。

夏目常常把笔子放到自己膝盖上，仔细端详女儿的脸庞，像是自言自语地说："再过十七年，这孩子十八岁，我就五十岁啦。"多么偶然的巧合，夏目就是在笔子十八岁那年，他五十岁时去世的。想到这个，总觉得不可思议。

次年，笔子第一次过女儿节①时，子规先生寄来了三女官偶人。虽然不是什么高级偶人，大女儿至今都作为纪念珍藏着。

大概就是那一年夏天的暑假，有个五高的学生每天都来学习英语。夏目在客厅辅导他，两个小时内，他几乎一直被夏目劈头盖脸地批评。因为是夏天，门都敞开着，所有房间都听得清清楚楚。要是我被那么粗暴地训斥，第二天恐怕就不会来了。谁知这个学生很有毅力，每天都坚持来接受批评。我和女佣十分同情他，有一天我问夏目："你在学校也那么唠唠叨叨地训斥学生吗？""没有呀，在学校我不会这么严厉的。不过，我这样在家里免费教他，是难得的好事呀。"他若无其事，回答得轻松自在。我说这样学生太可怜了，可是第二天学生还是继续来学习。我听夏目对学生说："因为我批评你太严厉，我妻子都同情你了。""是吗？我没觉得严厉呀。"学生自己倒不以挨批为苦，我的恻隐之心反而显得很愚蠢。后来又增加了一名学生，对这个学生，夏目好像没什么不满。不久，我发现夏目对前一名学生也批评得越来越少了，就问道："一定是我的同情奏效了吧？"夏目笑着说："最近他的英语进步很大，可以不用批评了。"记得其中一个学生名叫长曾我部，另一个的名字却忘记了。

① 在日本，阳历三月三日为女儿节。有女孩的人家搭设坛架，摆上偶人及其用具，供上菱形年糕、白酒、桃花等，意在祝愿女儿健康幸福。

十一　姐姐

　　八月末至九月初，夏目和山川信次郎先生一起登阿苏山，时间正好是二百十日①前后。短篇《二百十日》的素材概出于此。那一阵子，夏目家兄弟之间围绕嫁到高田家的姐姐，似乎有些小纠纷。

　　这位姐姐，与夏目同父异母，就是嫁到新宿的大姐的妹妹。大姐嫁往的人家是经营妓院的。最近，听夏目哥哥说起，我也略微了解了一些大姐的情况，会顺便提及。

　　大姐名叫阿泽，据说长得非常漂亮，而且相当聪明。曾经在尾张家②的府邸做侍女。她带着仆从回家时，邻居们纷纷说她像阿轻③，还十分伶俐。有一位商业街的镇长之类的大人物，在位于喜久町的夏目家见到大姐后，恳求夏目父亲一定将大姐许配给他的儿

---

　　①　从立春算起的第 210 天，即 9 月 1 日前后。多台风。
　　②　德川御三家之一。德川家康第 9 子义直为其先祖。领地有尾张、美浓和信浓的一部分。俸禄 62 万石。
　　③　《假名手本忠臣藏》中的人物。为了丈夫卖身于祇园，替丈夫刺杀通敌者。

子，父亲当时不好推辞，便答应了。可是大姐却说自己有喜欢的人，说什么也不嫁。事到如今再说不嫁，做父亲的也没面子。争执之下，只好决定哪怕是三天也好，反正先嫁过去，如果实在不喜欢，再回来就是了。说起来确实像胡闹一样，但还是硬着头皮嫁了过去。那位女婿家的确非常有钱有势，但无奈的是，女婿一直过着公子哥儿的生活，而且愚钝低能，大姐更不会中意了。所以，嫁是嫁过去了，但大姐一直固执己见，绝不让女婿近身，让陪她出嫁的女佣们束手无策。结果，大概是嫁过去后的第三天或第四天，大姐就真的像之前说好的那样，回了娘家。大姐是丙午年生人，真是位了不起的女子。之后，她去了自己喜欢的那位男子家，就是在新宿经营妓院的，叫作"伊豆桥"。明治维新以后，那个镇长家也没落了，据说在偶人街附近开了一间小店，卖咸味薄脆饼干。

经营"伊豆桥"的这家人是夏目母亲的亲戚，别人和母亲提亲的时候，正好也有人和父亲提亲，那一家顾及父亲的面子，也就没再坚持。这样一来就不必顾及任何人了，大姐就嫁了过去。这位姐夫是一个好男人，在夏目父母的眼中，也是一位正经的商人，曾经在一家叫作IWASHI的药店见习。不过，最后还是继承了父母的家业，接手了"伊豆桥"。据说这位姐夫也是丙午年生人，两人属相相同，性情相投，因此才会走到一起吧。

说起妓院，现在听来，确实是令人讨厌的字眼。实际上，当时的经营者完全就像将军大名一样，所有生意都交由管家负责，过着奢侈自在的日子。充其量也就是痴迷于一些艺术活动，比如听听净琉璃，学学插花或者茶道。手头的琐事一概不用自己插手，这正好符合姐姐的个性，据说姐夫还经常骑马兜风。不过，明治维新以后，世风日益开放，姐夫家就关了妓院，让妓女们各谋出路。时代不同了，不可能再做那种老套生意。大姐夫妇没有孩子，在父亲的关照下，将喜久町联排房屋中的一间修缮一新，搬了过去。大姐在33岁时离世，一生享尽奢华。

当年，有一个叫阿代的裁缝婆婆，相当于夏目父亲的小妾，她经常带着大姐出入曲艺场和戏剧后台，给演员们小费，出手相当大方。夏目的二姐，也就是阿房，因为经常看到婆婆给小费，花钱自然也大手大脚。据说当年她定做木屐，非要做三元一双的不可。总之，生活十分阔绰。

二姐虽然也不笨，但几乎什么都做不好。让她练字也觉得麻烦，最后只会写歪歪扭扭的假名。家里有阿代婆婆教她针线活，可她还是连一件单层和服都不会缝。当时特别流行"常盘津调"①净琉璃，她跟随一位来自根来的名师小浦先生学习，却连三弦也不会弹。但是，她特别喜欢给别人盘发髻，打扫房间什么的，而且还特别会恭维人。我打扫房间比较马虎，夏目就经常拿他二姐做例子批评我。据说下过雨后，二姐那打扫的架势简直像发了疯似的。

大姐聪明是聪明，但二姐脾气更好，所以，母亲等人嘴里总是"阿房，阿房"地，很喜欢她。无奈毕竟她无甚特长，让父亲格外担心。心想别人恐怕不会娶这样的女孩吧，思考再三，想到自己有个

① 净琉璃流派之一，丰后调的分支。1747年常盘津文字太夫在江户开创。其曲风是在说唱故事中加入歌谣的要素，主要作为歌舞伎中舞剧的伴奏音乐延续至今。

弟弟叫高田，是筑土的镇长。自己也曾有恩于他的长子庄吉，让女儿嫁给庄吉不是正合适吗？就这样，一对堂兄妹成了夫妻。因为二姐能说会道，有人曾说她很适合做酒馆老板娘。乍一看，她的长相确实像个聪明人，实际上却什么都不会做，也有人对此感到不可思议。

出嫁以后，二姐善于交际的才华得以尽情发挥，成了一位能干的好主妇。不过，有客人来时，即使对不属于赠送对象的客人，她也总让人家免费吃荞麦面和寿司。左邻右舍带孩子或婴儿来，她都会拿出点心或是给人家梳头发。遇到有人家里经济困难，她哪怕是把自己的和服拿到当铺去，也要设法接济。她总是这样扮演慈善家的角色，当然不善持家。但是，说来也巧，庄吉姐夫却是个特别吝啬的人，连姐姐必需的东西都不给，更别提不需要的东西了。因此，只能拜托父亲帮她收拾残局。

父亲也知道，如果到二姐那里去，二姐肯定会跟他要钱。不过，只要二姐一奉承他，他就不由得心中欢喜，虽然每天嘴里唠叨着"今天又被她要去一元两元啦"，但每天还是会去二姐家。

二姐生性热情好客，对弟弟们自然也很好，他们经常去位于行愿寺境内的高田家玩。高田家对面有一个叫作"东屋"的艺妓屋，那里的艺妓，如小妻、咲松、鹤吉也经常到高田家来玩。比住在矢来的哥哥还大一点的荣之助哥哥，是他们兄弟之中最会消遣娱乐的。他曾经把家里的书画古董偷偷拿出去变卖，用那些钱来潇洒娱乐，受到父亲的责罚。据说，他嘴上说是去位于芝的电信学校上学了，实际上就是去这家艺妓屋，和艺妓们玩耍。

不过，缘分确实不可思议。这家"东屋"艺妓屋的主人峰吉，是那里的头牌艺妓，她后来居然和夏目的大姐夫做了夫妻。大姐阿泽去世后，大姐夫与峰吉结婚，搬到"东屋"一起生活。于是，神乐坂行愿寺境内的一角，一时间几乎成了夏目家族的聚会场所。据说峰吉在最近的大地震中去世了。关于"东屋"，夏目曾在《玻璃门内》有所提及。

据说当时，应该是夏目就读东京大学预科时，他很喜欢"义太夫调"①，经常和哥哥一起去曲艺场听相生太夫、朝太夫和落语讲解。在高田家，只要大家有机会聚到一起，他们就会模仿落语，说俏皮话。

二姐家日趋衰败。虽然也曾一时好转，但最终变得落魄穷困。父亲去世后，二姐经常到夏目那里讨药品和零用钱。稍微身体不舒服，她就回到夏目的哥哥家，并且要些零花钱。但庄吉姐夫却若无其事，既不给姐姐钱，也不因给夏目的哥哥添麻烦而表示谢意。庄吉真是个十足的自私鬼，最终，夏目对此气愤不已。甚至说："还不如和他离婚回家来呢。照顾自己的妻子，难道不是丈夫应该做的吗？"姐姐写来的让人心烦、只为自己着想的书信，庄吉姐夫的利己主义，着实让夏目烦恼不已。

而且，姐姐这个人说起话来，想说就说，没完没了，完全不顾别人的感受。夏目十分苦恼，但不管他怎么皱眉蹙眼，显得不愉快，姐姐还是无动于衷，说个没完。很久以后，夏目在修善寺得了一场

---

① 日本传统音乐之一。与偶人戏相结合发展起来的净琉璃，由竹本义太夫首创。

大病，病好后回到东京，住在内幸町的长与医生的胃肠医院。虽然按规定是谢绝探视的，但姐姐还是去了。护士也认识她，就让她进了病房。她一进病房，立刻就像往常一样喋喋不休起来。夏目心想"又开始了，烦死人了"，于是紧锁眉头，表情严峻，一声不吭地扭过脸去，完全不理姐姐。当时，现任松本高中校长的森卷吉先生正陪着夏目，他并不知道探病者是夏目的姐姐，大概就很同情吧，觉得夏目太不近人情，实在看不过去，就说："病情已经大大好转了，只是老师不善表达……"不断向姐姐道歉。可姐姐还是说个没完，等她的话终于告一段落后，就像什么也没发生一样，满不在乎地回去了。姐姐走后不久，我就过去了，夏目笑着跟我说："高田的姐姐刚刚来了，又和往常一样喋喋不休，我一言不发，紧锁眉头，森这家伙还一个劲地向她道歉，太好笑了。"后来说起这件事，森先生还难为情地挠着头说："老师真是的，那只是个出乎意料的笑话罢了。"

高田的姐姐就是这样一个人，还有一件她年轻时的事。当时将军或大名家的女佣经常进行"守候丑时"的仪式。据说新年的丑日丑时，在空无一物、连壁龛都没有的八叠大的四方形房间的四个角点上一百支蜡烛，提前一天清洁身体，披着洗好的头发坐在梳妆镜前，镜子里就会映出丑时之后自己的命运；可见，这种仪式很流行。高田的姐姐想必是从大姐那里听说的吧，她在家里八叠大的房间中"守候丑时"，结果镜子里映出了小巷里的狭长房屋。据说她当时嘴里一直喊"讨厌啊讨厌"，但最终真的不幸应验了。她就是在一间脏兮兮的背街长屋中去世的，位于神乐坂入口处，现在的"川铁"鸡肉铺后面。

说起这些旧事和神乐坂，我又想起了现在神乐坂毘沙门的大理发店。据说，那儿的上代或是上上代的老板娘曾经做过夏目的乳母，那么，现在的老板和夏目就是吃过同一位母亲乳汁的兄弟。

十二 狗的故事

明治三十三年（1900 年）七月，我们离开了居住很久、已经习惯了的熊本。不过，在那之前的四月，我们又搬了一次家，是我嫁到此处之后的第六次。搬到的地方叫北千反畑。

住在内坪井町时，我们养了一只大狗，是别人送的。这只狗总是冲人乱叫，只要一看见人影就叫个不停，实在烦人。家人都说这样的狗才能看家护院呢，但给过路行人带来了很大麻烦。我家对面是个杂货铺，店主甚至抱怨说，就因为我家的狗叫得太厉害，他家的客流量都减少了。可是，夏目非常宠爱这只狗，女佣阿照更是喜欢得不行。当时有一位寄宿生叫行德二郎，他每天一手用婴儿车推着笔子，一手用绳子牵着这只狗去附近的藤崎八幡宫。这只狗很受家人喜爱，却成了附近邻居们的眼中钉。

有一次，不知怎么回事，这只狗居然咬了一位过路人，被咬的人非常气愤地报了警。我们出来向那位路人道了歉，当天晚上巡警就来了。夏目和巡警在门口的对话实在可笑。我一开始就说过多次，养狗虽然有维护家里安全的作用，但它总是乱叫，对过路人就不公平了。如果自己在开心地散步时，突然从旁边蹿出一只狗乱叫，自己肯定也会不高兴。终于发生了这件事之后我想，毕竟自家的狗确实咬了人，夏目也一定无话可说，应该道个歉就罢了。没想到他竟然说："狗是非常聪明的动物，它见到可疑的人才会叫。对家人和面善的人，是根本不会叫的。被狗咬的人往往是凶相，或是对狗抱有敌意的人。不应该只责怪狗。"他几乎就要说是被咬的人不好了。女佣阿照也出来帮腔，为狗辩护，双方争论不休。巡警说："不管你们找什么借口，反正狗不能咬人，人肯定比狗重要。再说，它若是有狂犬病，情况就更严重了。"说完，警察让女佣把狗牵过来，当天就把它带走了。那天晚上，我们都很牵挂那只狗，还好第二天一早就被送回来了。经检查，它没有狂犬病。但是，如果它再咬人就会被打死，所以我们必须保证一直拴着它。

于是，从内坪井町搬到北千反畑时，我们把这只不安分的狗也一起带来了。丈夫喜欢，女佣也喜欢，对于狗来说，再也没有比这更放心的了。它还是和原来一样，经常乱叫扰邻。

晚上，为了家里安全，我们给狗松开绳子，让它看家护院，早上再给它系上绳子。但是，一天早晨，阿照还没给它拴绳子，就打开了院门。那只狗活蹦乱跳地叫着，一溜烟跑出了院门。阿照想，这下糟了，又是吹口哨又是呼唤狗的名字，但为时已晚。它已经在家门口的空地上咬伤了一位夫人。而且，这位夫人还不是一般的过路人，就是住在附近的，之前那位巡警的妻子。看来，这下情况没那么简单了。夏目和女佣都很为难，我说："看看，不幸被我言中了吧。"

　　果然，巡警上门来抗议了。夏目仍然搬出和上次同样的借口，怎么也不向巡警低头，因为夏目内心也有个小算盘。实际上，阿照早晨打开院门时，总看见门前的空地上有垃圾，后来得知是巡警妻子扔的。夏目听说后十分生气。心想："趁人不注意，偷偷摸摸往人家门口扔垃圾，这种勾当简直畜生不如。看来，这只狗也是觉得她可疑才去咬她的，就是要惩罚她一下。"不过，巡警这次的态度和上次大相径庭，毕竟被咬伤的是自己的妻子，他才不会轻易服输。狗又被警察带走了，不过因为没得狂犬病，又被带回来了。阿照说："你看看，怎样啊?"高兴地不得了。

　　还有一天晚上，夜深人静时，夏目参加完谣曲聚会回到家。院门一开，狗就不停地叫，然后房门开了。我出来迎他，只见他面色苍白，和服袖子和裤都被撕破了。我吃惊地问他怎么回事，他却一言不发。之后再反复问他，他才说是被自家的狗咬了。我笑着说，这就是养虎为患的结果，他也无奈地苦笑。

　　我们离开熊本时，有人收养了这只狗，说因为它机灵爱叫。这个世界还真是不缺少奇人怪人啊。

十三　留洋

刚好在那时，中川元校长调任仙台，工学部长樱井房记就任校长，夏目做代理教务主任。当时，留洋的事也逐渐提上了日程。高中老师被选派出国还是头一回，同时被选中的还有藤代祯辅先生和芳贺矢一先生。

终于基本确定是和这两位先生一起出国时，我记得是夏初，大塚保治先生从德国回来了。七月，我们从熊本回东京途中，不巧刚刚发过一场大洪水，所到之处火车都停运了，有的站点之间还是走着去的。而且，当时我还怀着孕。因为路途遥远，我们不可能把生活用具都带回东京，就把家具作为临别礼物送给了关系亲密的人。其中有一张书桌，是在松山时买的，送给了熊本的浅井先生。据说他现在是细川家族的管家。那张书桌的桌面和桌腿都是竹制的，不知如今怎样了。

这一年四月，我祖父去世，之后不久，父亲也辞了官职，隐居在矢来的一处住宅中。正好祖父原来住的一间独栋房屋空了出来，而且整个夏天全家都在大矶海水浴场度假，我们就负责看家。

八月中旬，我妹妹在大矶患痢疾而死，之后我母亲也得了痢疾，一时全家人慌乱不堪。还好在夏目出发留洋之前，母亲好歹挺过了这一关，能在家门口为他送行。

我们到横滨为夏目送行，他乘的轮船叫"普鲁士号"，是一艘外国船，日本乘客只有芳贺先生、藤代先生和夏目三人。那天是九月八日。出发前，夏目在诗笺纸上写下一首俳句。

海上秋风起，唯吹吾一人。　漱石

可是，留洋回来后，他一进我的房间，就取下挂在壁龛旁写有这首俳句的诗笺纸，哗啦几下撕碎扔掉了。

他出发去英国前，子规先生、虚子先生都寄来了赠别俳句，也是写在诗笺纸上的。

送漱石
今秋与君别，来年恨荻芒①。　规

送别
秋雨勿湿君行囊，风寒莫侵君身上。　升

————————

① 荻，即胡枝子，与芒草同属秋之七草。

花开秋之野，路分两条行。　虚子

　　前两首是子规先生所作，如今再读，感慨万千。夏目回国时，子规先生已经辞世，夏目再也没能与他相见。

　　以这次留洋为转折点，我们一家的生活被蒙上了一层阴影。

十四　笔子成长日记

　　夏目乘上"普鲁士号"出发后，以后的事情只能通过他偶尔的来信得知一二，不可能从任何人那里听说什么，所以对于他在旅途以及国外的生活情况，我不大了解。当时，在兄弟姐妹排行中，紧接在我后面的妹妹时子嫁给了建筑家铃木祯次先生，在大阪有了自己的家。轮船抵达神户时，时子夫妇去迎接夏目，并赠送了一支钢笔为他饯行。如今看来，钢笔没什么稀奇的，连酒馆的学徒工都有，但在当时还是很金贵的东西。好像是轮船行驶在印度洋附近时，夏目在运动器械上锻炼身体时，因为口袋里装着那支钢笔，竟然把笔折断了。于是，他还曾写信让我替他向时子道歉。旅途中，他经常写信来，到伦敦后也曾写信说起时子的逸事。时子曾经跟他说："请给我寄大约二十元的伦敦明信片来。"所以，夏目在信中说，时子还是一如既往的大小姐做派啊。

　　说起写信，我本来就不爱动笔，再加上家里经济拮据，还要养孩子，到了新年又生了二女儿恒子，忙得不可开交。上午要看孩子，下午要做针线活，不知不觉就忙到了天黑。一到晚上就又累又困，虽然想写信也根本没时间。但是，夏目好像很期待家信，曾经在信中说："你怎么从来不给我写信啊？怎么了？不管多忙，偶尔写封信的时间还是有的吧。"被他这么一说，我也不甘示弱。"虽然你这么说，但实在是这呀那的事情太多，没空写信。你最近不是也没怎么写信吗？"这样一来，夏目回信的语气就更激烈了："我学习很忙，没时间经常写信，这一点我不是老早就说过了吗？而你呢？没有提前告知就不写信。事先说过的和没有事先说过的，这之间有很大区别。还有，你说的'这呀那的'，到底是什么？请一一列举出来。"既然如此，我也认真考虑了一下。但是，信不是那么快就能写出来的，我就想到了"笔子成长日记"。

笔子，是我们的大女儿，每天临睡前，我都要记录她从起床到睡觉之间的情况。当然，这只是些极其无聊、不得要领的记录。早起后阿姨带她去哪儿啦，怎么淘气啦，哭了笑了，牙齿怎么样啦，感冒啦，等等。这些旁人看来无聊透顶的事情，我都耐心地、一件不落地写了下来。一个月记录下来，字数相当可观，我就把它寄到了伦敦。收到后，夏目特别高兴，说非常有趣。之后我每次寄去，他都很感激。

我坚持写这个日记一年有余，不记得是因何停笔的，也许是不知不觉间就中断了吧。夏目回国时，把日记全部放在皮包中带了回来，但之后也不知去向了。

从他之后的来信可以看出，本来在家里他并不怎么在意的事情，到了那边却很介意。经常提及我掉头发啦，牙齿不齐啦，开始时每次来信都说这些。还说："头发掉得太多可不行啊，不要再梳圆髻了。可以涂抹一种叫作奥德纪韧①的发油。"最终，他居然在《我是猫》中也写了关于我掉头发的事情，可见他确实非常介意。

此外，他还始终唠叨我牙齿不齐。"到西洋一看，根本没有像你那么牙齿不齐的人。哪怕是从你父亲那里借钱，也最好趁我不在时矫正一下为好。"可是，我们当时的财政状况根本不允许我糊里糊涂地反复去看牙医，哪怕只是稍微去一下也需借钱。此后，每次来信他还一定会对我睡懒觉发牢骚。我爱睡懒觉，这一点之前也曾说过。他语气严厉地教训我说："睡到上午十点的女人，不就像小妾或者娼妓吗？"可是，不管怎么尝试，一旦早起，我就头昏脑胀，只好再接着睡。因此，我们之间总是重复这样的对话。

"就说你的贪睡吧，实在不合算。最主要是太不体面了！"

"但是，让我多睡两个小时，我一天都能开心地做事。这不是比勉强早起心情糟糕合算多了吗？"

夏目接着说："又在找借口说三道四，你这样的妻子，就因为只需照顾丈夫一个人，还能勉强胜任，要是有婆婆在，你打算怎么办？我看你根本招架不住。"

"车到山前必有路，我会从其他方面好好补偿，让她一刻也离不开我。"

我也不甘示弱。夏目又说："你可能觉得挺好。但是，最主要的是，因为你睡懒觉，我浪费了多少时间啊。我比你早一个小时就醒

---

① 音译，原文为"オッドキニーン"，查无此品牌。——编注

了，但丈夫比妻子早起，不免有失体面。所以，在你起来前，我就要一直躺着。长期累积下来，损失重大！"

虽然他牢骚不断，但我依然继续睡懒觉，直到他去世，也没能改掉这个毛病。

十五　留守家中的生活

夏目留洋时，我和女儿们住在娘家，但住的不是主屋，而是附属的另外一栋独立房屋。门厅两叠大小，套间四叠半，客厅八叠，有两间三叠大小的女佣房间。我带着孩子住在这里当然足够大了。这里和主屋就隔着一个院子，而且主屋还有个后门，出入极为方便。最感恩的是父亲的厚爱，我不用交一分钱房租。一般的厨房用具也都齐备，我就这样一个人撑起了一个家。这间房子现在还在，就位于新潮社后面。似乎经过了一番修理和扩建，还有人住在那里。

我们当时真是一文不名。离开熊本的路费等花销，自己的钱根本不够，从我父亲那里借了六十还是一百元才得以回到东京。虽说夏目要去留洋了，但是除了从文部省领到的留学经费和路费，没有一分多余的属于自己的钱。而且，留在家中的我，手里也是没有半分积蓄。

当时我的生活费，只有夏目停职的月薪二十五元，而且还要从中扣除例行缴纳的两元五角的制舰费。虽然当时物价便宜，但我还是心里没底，特别不安。所以，稍微有一些临时开支，就要超出这二十二元五角的范围了。还好没有房租这笔开销，加上两个孩子和一个女佣，四个人靠这点钱算是勉强熬过来了，但确实非常艰苦。

艰苦归艰苦，但是，有收入就是有收入。当我向税务署老老实实地申报年收入三百元时，税务人员居然呵斥道："怎么月薪突然变这么低？"我只好苦笑，但每年都按规定上缴三元所得税。

本来，夏目留洋之事敲定时，用月二十五元的工资来负担家庭生活，无论如何我们都觉得心里没底。也曾想拜托有关方面，能否在夏目出国期间给家里一些补贴，等他回国时再想办法归还。我们还很乐观地认为，这点小事父亲肯定能帮到我们。哪里想得到，屋漏偏逢连阴雨，父亲当时辞去了书记官，已经赋闲在家。而且偏偏不知何故，他可能因为想赚一笔钱，瞒着家人投资了股票，结果反而赔了不少。我们当然不了解这期间的变故，还向父亲求助，结果父亲也不能帮到我们什么。无奈之下，夏目只能依靠那点留学经费出国，也拜托我暂时用他停职的那点工资忍耐一下。

所以，我也只好如此，过起了穷得几乎见不得人的生活。首先，别说做新和服了，不知不觉间，平常在家里穿的衣服都穿坏了，光是自己的衣服都不够穿，只好把夏目仅有的一件大岛绵绸和服改一改，重新缝制一下。不管怎样，只要平常有衣服穿就行，总比买新的合算。重新缝制的衣服乍看还不错，实际上，缝制是颇费工夫的。穿上这件后，又没有替换的了，虽然十分可惜，但还是穿坏了。被褥也是如此，想重新缝一下，但又没有替换的，也不舍得花钱去弹棉花，所以全都破破烂烂的。两年半后，夏目回国时，我们的生活简直惨不忍睹。现有的和服几乎都穿破了，没有一件整洁得可以穿出门的。我自己倒还好对付，两个孩子因为没有别人的旧衣服可以穿，换季时必须要买新的，实在是伤透了脑筋。

父亲因何辞官不做，其中缘故我不得而知。据说曾经有一批贵族院书记长官，在之前的大隈内阁尽职尽责。他们一贯主张即使内阁变更，自己也不能因政变而被更换。结果，在继续留任后，新内阁却因为他们忠于前内阁而不予重用，对他们进行了各种迫害，或是除名，或是降职为地方知事。因此，当时的议长近卫先生提醒父亲，还是暂时引退为好，父亲这才辞职的。之后，父亲暂时赋闲在家，投资股市大概也是在这个时候。过了一阵，父亲又被任命为行政法院的评定官。此官职似乎是终身制，正好适合父亲辞官后的隐居生活，父亲也非常喜欢。但是，后来末松谦澄先生担任内务大臣时，盛情邀请父亲去做地区局长。父亲虽然很想在行政法院做到老，但是很久以前就曾承蒙末松先生照顾，在情义上难以推辞，就接受了这份需要辗转各处的工作。这份工作父亲做了一年到一年半，末松先生一辞职，父亲也就辞了职，回归赋闲状态。当时，父亲好像也对这份辗转奔波的官职心有余悸了。

之后，父亲的运气也并没有变好。不仅没有工作，还有之前在股市的损失。因为必须要设法挽回损失，就再次投资，结果越投资越失败，父亲因此越发心焦气躁。我不知道一开始父亲曾经有多少钱，不过后来的情况我很清楚，哪怕是一小笔钱，父亲也已经借不出，非常可怜。还好之后都想方设法补救过来了。

当时，我贫困至极，父亲也境况凄惨，夏目又如何呢？当时他的留学经费是每年一千八百元，也就是每月一百五十元，就因为是英国，这笔钱还算多的，德国等国家就更少了。据说他找了一间像贫民窟一样的便宜房间，因为正式地去学校要花钱，而且浪费时间，他就闷在家里买书看，或有时去老师处请教。在来信中，他经常为那些到英国嫖妓的日本人感到可惜，说那些钱要是给他多好。他削减所有开支，都用来买书学习。他也说过，如果自己不买书，也能住稍微高级一点的房子。但他怕回国后因为某些事情的牵绊而不能好好学习，就节俭再节俭，拼命学习。他自己也曾回忆说，他一生中学习最认真的就是留学时期。值得佩服的是，他当时买了很多书。据说换住处时，因为他带来的书太多了，房东都大吃一惊。

记得曾经听人说过，在国外生活，如果语言不过关，或者不接近女人，迟早会神经衰弱。不过，夏目的英语能力，在他赴英的轮船上就已得到英国人夸奖，所以应该没问题。而且，别人对他的评价都是品行极为端正。总之，因为他生活太节俭，加上学习太刻苦，使大脑受到了损害。关于这一点，我想后面再说。

我妹妹梅子一心想好好激励夏目，曾经写信到伦敦。她在信中说："姐夫，您回来时一定要成为博士，成了不起的人，我们期待着。"不久后，夏目在来信中以这样的语气说："梅子说希望我回国时成为一名博士，她等着这一天。但我绝不会做什么博士的。博士就了不起吗？这种想法大错特错。博士这种人，对于自己正在做的可能有所了解，此外却一无所知，是个极其不光彩的称号。因此，不管别人怎么说，因为你是我妻子，千万不要做什么无聊的博士梦，也不要误以为博士有什么了不起。"于是，本来是出于好意，却被发了一通牢骚，妹妹也十分生气。满脸怒气地说："我只说希望他成为博士，又没说姐夫要成为博士才了不起。"

　　反正，他身在国外，我也管不了，对我而言他怎样都无所谓。只要刚出生的婴儿安然无虞，我就会不管不顾地做些家务活。可是，婴儿很快就会哭起来。我弟弟住得近，我们的窗户面对面，只要他听到婴儿哭，不管白天黑夜，马上就会跑过来帮我哄，或是抱到他家里去。当时弟媳也在，夫妻俩经常帮我照看婴儿。

　　弟弟夫妻帮我照看的时候，我和婴儿都很幸运，但也会有例外的无奈之时。那时，婴儿就会像猴子一样，被系在衣柜的拉手上，我趁机赶紧去准备吃的，心想她肯定很乖吧，谁想到她却反复揉搓或舔那个拉手，简直狼狈不堪。总之，当有了两个孩子，丈夫又不在家，似乎便没什么事情做，话虽如此却每天忙得不可开交。两年半的时间，几乎就是在照顾孩子中一天天过去的。

十六　空白的报告

可能因为伦敦的坏天气，不知为何，夏目的头脑变得非常混乱。记得是在他快回来的那年春天，他在信中十分悲观地写道："照这样下去，我这脑子会不会一辈子都不能用了。"我倒很冷静，没想得那么严重，也没太放在心上。不过，连他自己都这样抱怨了，恐怕身边的人觉得奇怪也是情理之中。当时，据说"夏目精神失常"作为头版传言被传到了日本，我却全然不知。后来我才知道，事情的缘由是这样的。

原来，作为留学生，有义务每年必须向文部省提交一份研究报告。夏目一直在努力学习，但在研究方面还没什么眉目。所以，他就死心眼地认为自己没什么可报告的。但是，文部省又一直在催。他就越发意气用事，竟然寄去了一份空白的报告。文部省的人正在吃惊之际，一位和夏目一样，为研究英国文学而到伦敦的日本人碰巧遇到了夏目，看到他的样子，马上觉得事情非同小可。一问房东才知道，夏目已经连续多日憋在家中，常在漆黑的房间里伤心落泪。

这位先生想，这下糟了，肯定是精神失常了。因为担心夏目可能会自杀，这位先生接连五天都陪在他身边。可是，夏目的情况依然如故，越看越让人觉得怪异。某一天，这种情况可能通过电报或是书信传到了文部省，夏目精神失常一事就被传开了。夏目有位在一高①工作的朋友得知了此事，而且不知怎的，妹妹时子和她的丈夫铃木，还有其他一些人也知道了。铃木当时想，反正是传言，也不知是真是假，等到夏目回来就一清二楚了，到时再随机应变也不迟，如果现在说出来，恐怕只能让家里人担心。所以，他们一直都没告诉我这件事。

不久，夏目在英国的情况便广为人知。一天，我见到了当时的一高教授菅虎雄先生。我对他说，最近接到了夏目从伦敦的来信，信中说他不知怎的，因为生病损伤了大脑，恐怕这辈子也治不好了。菅先生一听，问了我一些莫名其妙的问题。

"是吗？他没写其他有什么地方不好吧？"

我并不知道他是话里有话，就答道："其他没写什么。"

菅先生接着问："那封信是他自己写的吗？"他的问题越来越奇怪，但我还是平静地、不带任何怀疑地说："对，是他自己的笔迹。"

菅先生点点头，像是自言自语地说："还能自己写信的话，应该没问题啊。"接着还刨根问底地问了很多，比如"只要身体没其他异样就行，信里没什么奇怪的地方吗？"等等。后来一想，菅先生一定

---

① "东京第一高等学校"的简称。现在东京大学教养学部以及千叶大学医学部、药学部的前身。

是已经听说了夏目精神异常的传闻，之所以百般追问，是担忧远在异国的朋友的命运。而我却是眼不见心不烦，甚至都没觉得他那些莫名其妙的问题有什么奇怪。

自己的情况曾经引起那么大的轰动，夏目好像也是很久之后才知道。不过，他曾说过，大家把他当成疯子，这让他深感意外，可见他也并非完全没有察觉。总之，既然旁人如此断言，他当时的状态应该非同寻常吧。

他的房东是一对主妇姐妹，表面上待他很亲切，但背地里总说他坏话。她们曾经评价他，一说点什么就流眼泪，而且是假装流泪。而且，她们就像侦探一样，不断地监视跟踪他。夏目回忆当时的情况时，曾说："她们太讨厌了"。但是，在房东看来，夏目一连几日憋在屋里不出来，还动不动就哭，她们自然会担心他有什么不好的情况。她们的担心，反而让夏目生气了。也就是好意反而成了恨意，到了最后，最亲近的人总是变成最可恨的对象。大概当时也是这样一种情况吧。

后来，我曾听他本人说过当时的状况。大脑的状态一旦慢慢变得奇怪，他就想，这下不好了，这样下去可不行，自己又焦虑又害怕，进而变得小心翼翼，渐渐失去自信。因此，他时刻提醒自己，尽可能小心谨慎，不与别人接触。把自己关在房间里，进行自我保护。这正是他大脑出现问题的第一阶段。接着，他又想，自己都这么小心翼翼老老实实了，别人还是不体谅他，仍然要来欺负他。自己都这么老实了，你们还那样。于是就固执己见，不分青红皂白地生气发火。因此，病情越发严重。据说他当时的心情是这样的。"所有英国人都看不起我，都在欺负我一个人。我这么老实还不够吗？还要欺负我吗？那我也有自己的想法。我再也不会这么老实了。"这种情况在之后也出现过很多次，因此，病情一旦发作，最亲近的人最为难。但是，最初我并不知道这是一种病。这一点容后再说。

因此，夏目特别讨厌房东姐妹。不过，有一位医生对他特别好，经常来看他，并带他乘马车去医院。夏目本人也说过，这位医生非常尽心地照顾他。

这种情况让他自己也痛苦不堪。正当他想要把注意力转移到外面之际，医生和房东也不断建议他做些户外运动。于是，他下定决心暂时抛开学习，接受房东的建议，练习骑自行车。他经常摔下来，擦破手皮，有时还在坡路上撞到婴儿车，被人训斥以后，他就小心一些，好不容易才会骑了。之后，他经常在行人稀少的郊外慢悠悠地骑车兜风，骑着骑着，心情似乎渐渐变得开朗了，精神状态也开始好转起来。我完全想象不出，夏目骑着自行车兜风是怎样一幅画面。回到日本后，他说起这件事，我就说在这里也可以骑呀。他却说，东京和伦敦不同，道路又糟糕又狭窄，所以他一次也没骑过。他将此事写在了《自行车日记》中，寄到了《杜鹃》杂志社。

当时，犬塚武夫先生跟随小笠原伯爵去伦敦，有一段时间曾经与夏目住在同一家出租屋。两年的留学时间很快即将结束，眼看夏目就要回日本了，他一拿到路费就一个劲儿地买书。犬塚先生在一旁看着他那蛮干的样子，十分担心。怕这样下去，路费都要被他换成书了。犬塚先生灵机一动，去了轮船公司，先从夏目的路费中拿出部分支付了船费，事先把船票帮他取好了。可见，那时夏目的头脑多少还是有点问题吧。犬塚先生是小宫丰隆先生的舅舅，后来小宫先生上大学时，夏目还受犬塚先生之托，给他做了担保人。自那以后，小宫先生一直来拜访夏目。

十七　回国

明治三十五年（1902）九月，子规先生去世。在他去世前，我曾带礼物去探望。当时子规先生的母亲和妹妹在旁照看。

记得我那次去是在子规先生去世那一年的春末，当时他的脸颊和嘴唇简直苍白如纸，呼吸急促，看上去十分痛苦。先生一直卧病在床，因为我来了，才稍微抬起头说了几句话，不禁让人感叹他顽强的毅力。回到家两三天后，眼前不断浮现出子规先生的样子，我难过不已，连饭都吃不下。

我写信到伦敦，把子规先生的情况告知了夏目。在信中说："子规先生实在太可怜了。我只看一眼就难过不已，你每次去看望他，竟然能坐上半天，和他平静地聊天，实在了不起。"夏目回信说："谢谢你去探望，你做得很好。"子规先生葬礼那天，土屋忠治先生对我说："家里有小孩的还是不要去为好，我会作为代理人安排好一切。"于是，土屋先生承担了致悼词等所有事宜。

我去看望子规先生时，他穿着丝质白汗衫，看起来很清爽，那形象依然历历在目。前些日子，去了一趟久违的根岸①，子规先生住过的房子依然是老样子，只是进门处稍微有点变化，十分令人怀念。

转眼间，夏目的留洋生活即将结束。不过，我只是听说他快回来了，但具体哪天回来，乘什么船回来，却毫无音信。后来，有人从报纸上看到了一个回国人员名单，夏目也名列其中，上面说他们将于某日乘轮船抵达神户港。这样一来，我想他大概会在一月下旬到达神户，就到轮船公司确认了时间，然后在家等待消息。记得是一月二十八号，夏目发来电报，告知现已登陆神户，将乘几点的火车。父亲就带着我到国府津②去接他。一起乘船回来的有青山脑科医院的斋藤先生（斋藤茂吉先生的养父）以及另外两三位医生。夏目和出国前没什么两样，只是他那高高竖起的双层领西服让我们觉得很稀罕。那是明治三十六年（1903）一月末。

后来才知道，到新桥时，也有其他亲戚朋友迎接他，但是有人内心忐忑不安，担心他是不是像传闻一样精神失常，不知现在状态如何。

一回来，他就踏进了我们位于矢来那间破烂房子。这房子三年都没有更换过榻榻米，丝毫没有修缮过，它只是夏目不在家时给我们挡风遮雨的地方。一开始的两三天，可能因为刚回来感觉新奇吧，

---

① 根岸，东京都台东区地名。有正冈子规的旧宅和书法博物馆等。
② 国府津，神奈川县小田原东部的地名。为东海道干线与御殿场线（旧东海道干线）的分岔点。

夏目表现得十分安静。但是，到了第三四天，就发生了意想不到的事情。那天，大女儿坐在火盆对面，不知怎么回事，火盆扁平的边缘上居然放着五厘①钱。这钱既不是笔子拿过来的，她也没拿着它玩耍，可是夏目一看到，马上就说"这孩子学坏了"什么的，突然啪的一声，动手打了笔子，让人摸不着头脑。笔子哭了，我也完全不明所以，反复问过之后才知道，这与夏目在伦敦的遭遇有关。一天，他在街上散步，一个乞丐很可怜地向他讨钱，他就给了乞丐一枚铜币。谁知，他回到住处上厕所时，发现窗台上竟然也有一枚铜币，与他给乞丐的一模一样，好像正得意扬扬地看着他。他原本就觉得房东经常像侦探一样跟踪他，看来果然如他所料，自己的行动都被她一事不漏地盯着呢，这个铜币肯定就是她耍的小聪明。而且，她似乎还在炫耀自己的功劳，洋洋自得地将铜币摆在他能看见的地方，这可恶的老太婆！他气愤不已，认为房东实在太不像话。因此，当他看见火盆边缘有一枚同样的铜币，而且似乎在向他炫耀时，马上就认为笔子是在愚弄他，太过分了。他说自己被戳到了痛处。真令人奇怪，我听了也感觉莫名其妙。不过，还好类似情况就发生过那一次。其实，他的病虽然在伦敦通过骑自行车有所好转，但在回国的船上又一点点地回到了原来的状态。这一点我后来才知道。

他留洋的事是在熊本五高工作时定下来的，因此，回国后必须再次回到五高。并且，因为留洋两年，出于义务，他必须继续任教四年。可是，他再也不想去熊本了。过去的老朋友也大都在东京，

①　厘，日本货币单位。円（一元）的千分之一。

他就更想留在东京了。幸运的是，他留学期间，狩野先生正好当了东京一高的校长，当时他就拜托过狩野先生。但是，熊本五高的樱井校长也不想放手，叮嘱夏目一定要回去。回国后，他为这件事颇费了些周折。最终，还是多亏狩野先生多方努力，他才总算留在了东京。

十八　黑板上的肖像画

　　正如之前所说，夏目不在家时，我和女儿们的和服、被褥都已穿破用破，眼看他马上要回国了，我必须置办一些新的。但是，父亲当时也很艰难，我不能再给他添麻烦。最后只能麻烦妹夫铃木帮忙，借给了我一百元，才算勉强做好了迎接夏目回国的准备。回来的夏目也几乎身无分文，我们根本不可能在东京拥有自己的房子。但即便如此，也不能一直住在娘家的那栋小房子里。因此，夏目每天都出去找出租房。本乡、小石川、牛込、四谷、赤坂、山手等，他几乎都走遍了，每次回来都说今天去了哪里。他经常是和菅虎雄先生一起去的。

　　结果，非常幸运地找到了位于本乡驹込千驮木町五十七号的斋藤阿具先生家。当时，斋藤先生在仙台第二高中任教，他家的房子正好空着。我们说想租住，房屋代管人表示同意，而且夏目和斋藤先生从大学时就认识，我们就决定尽快搬家。但是，因为离开熊本时，家庭生活用具一样都没带回来，必须要一件件购买齐全，而且还要付搬家费。可我们手头几乎没有现钱，从大塚博士的存款中借了一百还是一百五十元，才算在新家安顿下来。

正是忙的时候，我却在一月份感冒了，可能因为人手太少，过于劳累。本以为感冒好了，结果却发起烧来，头晕目眩，走路摇摇晃晃。各种生活用具的购置，搬家事宜的安排，都是夏目自己完成的。记得搬家那天是三月三日。

多亏了狩野先生和大塚先生的关照，夏目如愿不必再回熊本，做了东京一高的教师。但是，只靠这一份教职还不足以维持一家的生活，他还同时担任了文科大学讲师。正好是在小泉八云先生离开文科大学之后，他接受了这个工作。至于为何如此，我并不清楚当时的情况。夏目本人好像对此极为不满，向狩野和大塚两位先生提出了抗议。他似乎抱怨道："小泉先生是英国文学研究界的泰斗，而且是享誉世界的文豪，而我只是初出茅庐的一介书生。即使接任小泉先生的课，我也根本不可能讲得出色，学生们也不会满意。如果当初知道自己将作为大学讲师讲授英国文学，我在英国就会为此学习和准备。但是，我一直以来研究的是完全不同的领域。"最后，经狩野先生等人劝慰后，他才接受了这份工作。

接着，他去见了文科大学校长。回来后，他说，校长问他月薪多少能维持一家的生活，他回答说一百元。夏目不在家的两年半，我们母女仅仅依靠二十五元的月薪也勉强维持下来了，所以我说，一百元不是不能过活，但肯定比较艰苦。当时，他两个工作加起来的月薪大约是一百二十元。因为之前借了钱，经常要还一部分，所以真正到手的也没多少。后来，大塚先生家有小孩去世，必须要归还他之前替我们垫付的钱，这笔钱还是拜托山川先生替我们还掉的。

新学期开始的四月，他去学校任职。大学的课每周六小时，一高每周二十小时，他工作非常勤奋，总是认真地准备讲课笔记。不过，他好像一点也不喜欢学校，一直想写在国外就计划好的书稿。但事已至此，进退两难，此外也别无赚取生活费的途径，只好硬着头皮去学校。虽然嘴上总说不想干，但他骨子里是个责任感极强的人，几乎从不休息或迟到。再加上他在国外患上的神经衰弱没有痊愈，他更觉得万事无聊至极。

最近，我听帝国大学医科的真锅嘉一郎先生谈了一些往事。真锅先生是夏目在松山中学任教时的高年级学生，当时他听说从东京来了位刚刚毕业的英语教师，就想欺负一下。他事先查了两本英语字典，心想这下夏目肯定会不知所措，就偷偷地计划给他来个措手不及。终于等到了合适的时机，他在课上指出夏目讲得不对，说某某词典和某某词典上都是这样说的，摆出一副了不起的博学模样。没想到，夏目镇静地说："那两本词典的解释都错了，你把它改正过来吧。"一看这架势，真锅先生也只好败下阵来，意识到夏目不好欺负。在东京一高时，也有学生企图让夏目难堪，结果反而被他出了一些意想不到的难题，或者被他用留洋学来的、语速极快的流利英语数落一通，学生们都吓得胆战心惊。对学生的这些把戏，夏目都了然于心。一天，他从学校回来，笑着对我说："今天我一进教室，就看到黑板上画着一幅我的画像。穿着双层领，高高昂着头。"我问："你怎么应对的？"他回答："没办法，我只好默默地擦掉了。"

当时，夏目非常时髦，经常穿着尖头皮鞋，在楼道里"嚓嚓"地走过，很洋派。他虽然比较高傲，却很注意形象。后来听说，恶作剧画画的学生就是野上丰一郎先生那一届。

十九　分居

　　在此之前，情况还算过得去。但是，从六月的梅雨季节开始，他的精神状态又突然变坏了，七月以后更加严重。半夜无故生气，乱发脾气，不管枕头还是什么，随手拿起来就乱扔。孩子一哭，他就生气，有时完全没有原因，他就自己发起火来，还拿周围的人出气。实在拿他没办法。

　　那时我正怀着孕，妊娠反应很厉害。而且，新年时得的感冒一直没治好，还在发烧。后来才知道，是因为得了胸膜炎才发烧。因此，我也基本上是卧病在床的状态。不过，夏目总这样反常地乱发脾气，让我实在摸不着头脑。他以前不是胡乱生气发火的人，是不是因为学习太累了，以致身体和头脑都有些异常了？毕竟他突然之间像是完全变了一个人，我又疑惑又担心，就和当时一直来给我问诊的尼子四郎医生说了这件事。我非常想让医生好好给他诊断一下，但看他当时的状态，肯定不会老老实实配合，就想了一个折中方案。我再找个时间请尼子医生来给我看病，趁机说夏目脸色不好，请医生好好给他看一下。尼子医生了解详情后，接受了我的请求。

四五天后，尼子医生来了，两人好像谈得不错，夏目接受了诊断。我问医生夏目到底是怎么回事？医生疑惑地说，看起来似乎不是一般的神经衰弱，但只是他一人的诊断很难断定，建议我请吴博士再诊断一下。既然如此别无选择，我越发担心起来，就把这件事拜托给尼子医生，请他帮忙联系吴博士。

听了尼子医生的诊断，再重新观察一下夏目，更觉得他的所作所为不同寻常。他总是无缘无故生气，居然还把女佣赶走了。对我发脾气也更加厉害。家里没有女佣了，我又因为生病浑身无力，只好硬着头皮做事。可是，夏目好像事事不中意，经常指桑骂槐，我实在受不了，也受不了他那焦躁不安的样子。他几次三番面对面对我说"回娘家去吧"，我也就有了这个念头。看来，这样下去的话，他的精神只会更加焦躁，弄不好还会伤害到孩子。可能我带着孩子暂时离开一阵子，他眼前没人打搅了，反而会平静下来。于是我就想暂时离开一阵，静观其变。我把想法和父亲商量后，决定带着孩子先离开一段时间，反正不能和生病的人对着干。因此，在七月份回到了我父母家。当时，尼子医生亲切地说："夏目的病就交给我吧，不用担心。如果有什么情况，我会打电话的。"

不久，尼子医生如约请吴医生给夏目做了诊察，我到吴医生处询问病情，他说，这种病一辈子也不能痊愈。有时感觉治好了，也只是暂时的平静，之后一定还会发作的。听了吴医生的详细说明，我恍然大悟，并且下定了决心。既然是生病，那就要治病，有了这种思想准备，我也就放下心来。心里惦记他，有时就去看看他，但每次他都是一脸的不高兴。我心里纳闷，他到底是怎么了？我们之间如果总这样下去，毕竟也不是办法。结果，夏目的哥哥可能从传统观念出发，认为我这样离开家，可能真有一天会和夏目离婚的。就劝我说，为了夏目，也为了自己，别生气，也别说什么分手，默默回到夏目身边去。我呢？一是并没生气，二是也没想过夫妻就此分手。虽说受了些委屈，但毕竟他是自己的丈夫，我也不想为此给别人添麻烦。不过，以他那种精神状态，小孩一旦吵闹，他就连打带骂，首先对小孩也不好。而且，这无疑会让他更加焦躁不安。因此，我才暂时远离他，分居了一段时间。既然这样也毫无效果，我只能再搬回去。于是就拜托夏目哥哥从中调停，告诉夏目说我想道个歉，然后回去。据他哥哥讲，当时夏目说："我们两个都神经衰弱。既然她说想回来，那就回来吧。不过，总的来说，中根家太溺爱，把孩子都培养得太任性。所以镜子她们姐妹才这么任性，总是想干什么就干什么。"他哥哥说："不管其他姐妹怎样，难道镜子小姐不是你的夫人吗？既然是自己的老婆，她固执也好任性也罢，你自己好好教育一下不就行了？"于是，我就劳烦母亲，代我向夏目道歉。据说夏目也没跟我母亲不客气地发牢骚。因此，我终于又回到了千驮木的家。当时就下定决心，以后不论发生什么事，我都不会动摇。那时是九月份，此事就暂且告一段落。

二十　小把戏

　　自那之后两个月左右，夏目的精神状态都不错。我也很高兴，觉得这样安排比较妥当，我搬回来也算有了意义。十月末，三女儿荣子出生。到了十一月，夏目先是愁眉不展，之后越发严重，精神状态比先前还要糟糕。

　　因为刚刚生完孩子，我还在卧床休息。虽说有心理准备，但还是不断发生让我胆战心惊的事。不知何故，他似乎把我当成了眼中钉，总想让我为难，让我痛苦。总之，他的言行似乎都在指责我是个蛮不讲理的家伙。后来，他竟然来到我的产房门口，躲在屏风后面说："你生完小孩天天躺着，再过段时间就回娘家去吧！"我心想，他这是又要开始发作了，但一声没吭，毕竟有护士和女佣在，很不好办。好在当时孩子还小，不管被他怎么为难，我还能对付过去。多年之后，他再次发病时，女儿们也都长大了，很多时候都让我实在难以应付。为什么会这样呢？因为他不断在脑海中创作各种各样的事情，包括我们根本没说的话，他都能听到。然后，再把新事旧事联系到一起，眼前出现幻觉。到底如何应对这种情况，我完全没有头绪。这种情况一旦出现，他就把什么都看作是恶意的。我不管说什么做什么，说也好不说也罢，在他看来都是为了欺负他，为了让他痛苦。因此，他发火时就会突然走到屏风后面，大声责骂说："你其实根本不愿意待在这个家，你就是为了让我焦躁不安，才坚持留下来的吧。"而且，夏目好像觉得，尽管我在卧床休息，却驯服了女佣等人，进行各种指挥和策划，目的就是让他痛苦不堪。一天，他从学校回来，叫女佣过去，把一个生锈的小刀递给她说："把这个拿到夫人那里去，就说让她用这个小刀做些工艺品①。"女佣不知如何是好，被夏目奇怪的神情吓坏了，战战兢兢地说："夫人，好可怕啊。"我接过小刀，藏在了枕头下面。很显然，他认为我无论做什么，都是在玩把戏耍花招，就是要让他痛苦。他这是在讽刺挖苦我，意思是说："你要耍花招，尽管耍吧。"之后回想起来，发现他一旦发病，就会把完全不着边际的事情联系起来，并且不断把事情往各个方面进行想象。比如，我一开始说过的，夏目在井上眼科医院初次见到的那个女孩，他居然还认为女孩的妈妈仍然在派人暗中监视他。而且，越是他身边的人，他就越怀疑，实在让人为难。

二女儿恒子将满三岁，正好家里又添了新生儿，她就不能总待在我身边，于是经常哭个不停。当然，孩子哭也确实烦人，夏目十分生气，经常半夜教训恒子。感觉他好像是在借恒子捉弄我，有时

---

① 此处原文为"细工"，意为"工艺品"或者"花招，把戏"。在本节中，漱石所言可谓一语双关。

会发疯般地欺负她。

但是，正如我之前所说，我已经有了心理准备，而且我还在产后恢复中，既不能多动也不能忧心，否则于身体不利。因此，我竭尽全力让自己保持平静，至少在产后的二十一天内，不管怎样被他臭骂，也稳坐如泰山不动摇。所以，对于自己房间之外发生的事情，我全然不知。就在那时，我偶然看到了父亲给夏目的一封信。一看才知道，原来夏目曾写信给我父亲，让他把我带回娘家去，这就是父亲给他的回信。信中说："虽然你反复说让她回家，但她现在千真万确是因为刚刚生了小孩，还在产后恢复中，需要卧床休息。"看过此信，我非常生气，于是派人把母亲请了过来。夏目白天在学校，趁此时商量为好。

我再次就此事当面询问母亲，母亲先说了一句"其实啊"做开场白，然后将事情经过一五一十地告诉了我。在我产后期间，夏目果然曾经反复写信给我父亲，说要把我送还给娘家，让父亲接我回去。父亲每次都回信说，因为我现在产后卧床，等恢复好了，问问我的想法后再商量。并且，母亲说因为正是产后休息期间，不管夏目说什么，他们因为怕影响我恢复，就一直瞒着没告诉我。母亲还说，父亲对我在夏目家的去留并没发表意见，只说最终由我自己决定。总之，父母亲想等我身体恢复后再慢慢商量。但是，亲戚们都非常担心，甚至有点小题大做地说："怎么能担惊受怕地把女儿和外孙女放在夏目这样一个精神病男人身边呢？这样下去，谁能保证不出大事？还是尽快接回来为好。"

"既然如此，请您回去转告大家。夏目如果确实是精神病人，我就更不能离开这个家了。我并没有背叛他或者怎样，也就是说，我并没有什么过失。的确，如果我一个人回娘家去，我自己可能安全了，但是，孩子们和丈夫会怎么样？既然他生病了，留在他身边，竭尽全力去照顾他，不正是妻子应该做的吗？不过，如果夏目讨厌我，只要我离开，他的精神就会恢复正常的话，此事另当别论。但是，若是我因为他的病而离开他，即便他之后再娶一个妻子，如果也被他那么欺负，谁能忍耐呢？恐怕连一个月都受不了就逃回娘家去了。反正事已至此，我已经无所谓了。只要我在，不管他对我是打是骂，起码在紧要关头，我能为大家做点什么。相反，正因为我一个人安全了，大家可能会更加艰难。因此，我一步也不会离开这里，无论如何我都会待在这里。所以，请亲人们默默支持我就行了。如果夏目的病一辈子都治不好，那是我的不幸；如果能治好，我还会成为幸福之人。我深知其中的危险，也会特别留意孩子们的安全。所以，请您转告娘家的亲人们，不必插手此事……"

我流着眼泪再三拜托母亲，表明了我的决心。母亲见我如此坚决，也欣然应允。如今，回想当年，反而感觉十分后怕，自己怎么会留在那个是非之地？当时的我，似乎真的处在生死边缘，自己完全豁出命去了。我的战友只有年幼无知的孩子们，连说句体贴话的人都没有。偶尔听到一些这样的话，也都像我娘家的亲戚一样，只担心我一个人的安危，一点也不考虑夏目的身体状况。虽然看起来很亲切，实际上十分苛刻无情。母亲对我非常同情，安慰我说："别太担心了啊。"我打起精神送她出门，对她说："既然已经决定留在这个家，我就不会哭哭啼啼、闷闷不乐，那样不仅于事无补，而且只会伤身害体。所以请您放心。"

　　夏目的哥哥也十分同情我，不断安慰和鼓励我说："他也没坏到不给你饭吃，反倒是，如果你不在他身边，真不知会变成什么样子。"就是在那段时间，我觉得夏目不能总闷在家里学习，就拜托寺田寅彦先生和高浜虚子先生，尽量带他出去玩玩。夏目对这两位非常友好，但对待土屋先生就不一样了。我们在熊本时，土屋先生曾是我家的寄宿生，夏目认为他和我是一伙的。因此，每次土屋先生来，夏目都一脸不高兴，我哪敢拜托他带夏目去散步啊。

二十一 离婚信

　　那段时间，他早上要去学校时，如果我打算帮他穿西装，他就会劈头盖脸地大声斥责我，让我走开。于是，我就事先在头天晚上准备好领圈和领带，一到早上便悄悄放到房间里。他会自己一声不响地穿好，然后去学校。等他出门了，我才拿着笤帚走进书房，开始打扫。

　　他一分钱也不给我，当然更不会给我零花钱。购买日用品我都是先记账，到了月末给他看账单，还好他没说不想付钱。但我手头一点零花钱也没有，实在没办法。他所做的一切，可能就是要让我为难吧。但我也确实需要零花钱，不能就此忍气吞声，所以后来曾不顾一切地一天找他好几次，跟他说这次要买什么，请给我多少钱。我老是跟他要，他可能也觉得烦了，曾经突然把一张一元纸币扔到我脚边。有一次他叫我，我刚打开房间的纸隔扇，他就一边说没香烟了，一边猛地把烟灰缸扔了过来。每当他的怀表不走了，也是一下子扔给我。因为他不给我钱，香烟抽完了，当然没人给他买。总之，不管做什么，他总是那种态度，让人实在受不了。

　　但是，无论他对我怎样，我都毫不动摇，因此，他又让父亲把我带回娘家去。夏目三番五次来这一招，父亲就想放任不管。但转念一想，不管不顾的话，只会让夏目变本加厉，就到我家来拜托夏目说："请不要这样说，就让她留在这里吧。"结果，夏目说："她这个人总是耍花招，实在靠不住。既然你求我，那就暂且实验性地让她待一段时间吧。"父亲也不和他较真，就说："实验也好，什么也好，反正先让她留下来吧。"说完就匆忙回家了。父亲走后，夏目气势汹汹地对我说："你爸爸太不近人情了，对我的话心不在焉，大概觉得我是个疯子，根本没把我当回事儿吧。太不像话了！"接着，他又说："既然你爸爸都来求我了，我决定暂时实验性地把你留下来，但我还是不喜欢你，过段时间还是请你回去吧。如果你不乖乖地回去，我就把你赶出去。"被他这样说，我也不甘示弱，反驳道："我并没有做坏事，你没有理由赶走我。况且，我怎么能丢下孩子不管，满不在乎地离开呢？我自己有脚，就是你赶走我，我也会再回来的。"说完，就走出了书房。过了一会儿，他给我父亲写了一封信，说让我送到娘家去。我料想肯定是一封离婚信，就说："要寄信的话，贴上三分钱邮票，寄出去不就行了吗？"因为我无论如何也不上他的当，后来他又说去送岁暮礼吧，去拜个年吧，或是哄骗或是命令，不断给我设圈套。总之，他老觉得我碍事，一心想把我赶回娘家去。我也不服输，不吃他那一套，坚决不动摇，总是一口回绝说："我不去送什么岁暮礼"，"即使不去娘家拜年也没关系"。

这一时期，他似乎老觉得有人跟踪或者威胁他，所以大脑总是处于异常兴奋的状态，半夜好像经常睡不着。他会突然在深夜起来，打开防雨门，跑到冰冷的院子里。我因为不知道他要干什么，就想跟着他出去，但是一旦如此，反而被他误解，最重要的是，如果被他大声呵斥，在周围邻居面前也实在没面子。于是我只好屏息装睡，竖起耳朵听外面的动静。还好，一会儿他就回来了，什么事也没发生。有时候，深更半夜地，书房里还会响起"咚咚""吧嗒""嘎达嘎达"等特别吵闹的声音。无奈，我也只能忍着不去看，过一阵也就安静下来了。终于，等到第二天一早他去学校了，我走进书房一看，简直目不忍睹。煤油灯的玻璃灯罩被砸得粉碎，榻榻米上布满了火盆的炭灰，烧水壶的盖子被拿下来乱扔，滚落在完全意想不到的地方。我赶紧趁他不在家时打扫干净。可是，他回来时，还是一脸若无其事地走进去。

千驮木的房子里，有很多老鼠。一天半夜，老鼠闹得很凶，从厨房那边传来什么东西掉下来的声响。夏目马上就醒了，恶狠狠地说："刚才嘎达嘎达的声音，是你吗？"实际上，我也因为那响声惊醒了，但是他要是知道我醒了，肯定又要说三道四。我就假装睡眼惺忪，轻描淡写地说："是老鼠吧。"我这样说也让他很恼火，因为如果是老鼠，他的火气就无从发泄了。他就一本正经地大声说："那你去把老鼠抓来！"真让人无可奈何。

一天晚上，大概是深夜两点左右，他突然拍起手来。我过去一看，他居然说要吃饭，真是给人出难题。天气寒冷，又是大半夜的，我不好意思叫醒女佣，只好自己动手，利用现成的食材，赶紧给他弄点吃的端了过去。可第二天早上一看，他根本没动过筷子。他总是给我找这种麻烦。

自那以后，他虽然并不摆弄刀子什么的，但行为也越发带有危险性。有一次，我外出买东西，他把两个女佣都赶走了。我回来时，家里一片漆黑，孩子们在黑暗中哭作一团，谁也不去点灯。

在那里抚养三个孩子，其中一个还完全是个婴儿，什么事都要我一个人做，根本忙不过来。我觉得他实在可恼，有时就干脆不做早饭，直接买来面包放在饭桌上。孩子们蘸着糖吃，他也只好和孩子们一样，啃完干巴巴的面包，就到学校去了，十分滑稽可笑。不过，天无绝人之路，被他赶走的女佣深知家中情况，十分同情我和孩子，就会估算好时间，趁夏目去学校时，偷偷从后门进来帮忙。洗衣服、收拾房间、照顾孩子，等到傍晚夏目快回来时，再悄悄回去，十分贴心。从那以后我们也经常吃面包，叫外卖，或者吃盒饭。

说得夸张点，他又开始挑战了。因为我总是不吭声，不还嘴不顶撞，他就十分恼火。几次三番地厉声说："你这家伙，以为不吭声就没事了吗？"不过，除了沉默，我实在不知如何是好。

一天，他正在吃晚饭，孩子们唱起歌来。他嫌烦，一下子掀翻饭桌，进了书房。因为实在太过分，孩子们都被吓哭了，我也十分恼火。过一会儿心想不知他怎么样了？就从书房的门缝往里看。只见他把胳膊肘放在书桌上，手掌托着腮，看起来很平静。方才，他自己也是刚刚开始吃饭，不过神经一旦亢奋，好像肚子也不饿了。

隔壁有一家人力车行，老板娘喜欢唠唠叨叨说个不停。夏目非常讨厌她，还把这个写进了《我是猫》或者其他小说中。不过，最奇怪的还是他对一个寄宿生的态度，这个学生住我家对面的出租屋。全集中有一篇日记也写了这件事，说是书生在背后议论夏目，其实纯属子虚乌有。事有凑巧，这个学生的房间在二楼，从他的房间正好可以俯视夏目的书房。学生每晚都开着灯，在窗口高声朗读。这好像是他的习惯，只要他坐在窗口学习，必会朗声读书。某天，有朋友来找学生玩，聊天的声音非常大。于是，在夏目那反应异常的耳朵里，听起来就是对自己不恰当的传言和坏话。他认为学生始终在高处监视自己，对此十分在意。而且，所有学校上课的时间都大致相同，夏目要出门时，学生也在做出发的准备，基本都是跟在夏目的后边走。于是，夏目就自作主张地认为，这个青年只是扮成学生模样，其实是跟踪自己的侦探。这位学生才真是有苦难言呢。

因此，早上起床后，洗完脸要吃饭时，他先要站到书房的窗台上，对着寄宿生的房间，故意大声喊："喂！侦探君！今天几点去学校啊？""侦探君，今天几点出门啊？"他可能想戏弄一下对方，也可能是想告诉对方，你不用那么偷偷摸摸地跟着，我大大方方地告诉你不就行了，这样他就感觉自己占了上风。夏目每天早晨都这样，学生也一定觉得他是个奇怪的疯癫大叔吧。反正，他每天都一本正经地向学生打过招呼后，才开始吃早饭。真是莫名其妙。

一天下午，我正在公共浴池洗澡，女佣突然跑进来说："夫人，大事不好了。"我吃惊地问发生了什么事？原来，在我家门前的路上，有个初中生玩投球，不小心把球投进了我家院子。夏目就说太不像话了，抓住那个要逃跑的孩子，说是要找他家去算账，把他带到根津权现①神社去了。夏目一旦冲动，很可能酿成大祸，万一伤害了人家的孩子怎么办？我十分担心，但如果我马上追上去，肯定会和他在路上吵起来，这种情况下去叫医生又不合适。因此，我先到尼子医生那里商量该怎么办。医生说："哎呀，我想他应该不会干什么出格儿的事，一旦有什么，我去跟对方道歉，好好说清楚。"于是，我就忐忑不安地在家等着。没想到，一会儿他就若无其事地回来了。事后我还担心对方家里会不会来抗议，结果却相安无事。据说那孩子住在根津神社附近，家里相当有势力，是位阔少爷。此事的根源在于，我家后面郁文馆中学的学生，经常把球投进我家院子里，这孩子因此遭受了意外之灾。

类似情况还有很多很多，在此不再一一列举。当时，他在那样的精神状态下还写了很多日记，现在都找不到了。因为他经常是写了就撕破扔掉，估计这些也被扔掉了。有一次，我在书房的书桌上看见一张纸上写着黑漆漆的一行字，大意是："余四周皆疯子。故余不得已亦装疯。待周围疯人皆痊愈，余停止假装不迟。"这简直太可怕了。

当时，他又给我父亲写了信，说要让我回娘家，请父亲接我回去。如前所说，类似情况已经发生多次，每次父亲都没把这当回事，只随便敷衍几句。但总是这样，岂不没完没了？我又不是他的临时妻子，总是被他这样说，岂不进退两难？一直这样糊里糊涂地拖延

---

① 日本东京都文京区的根津神社。权现，佛为拯救众生而以神、人等暂时的姿态出现在人世间。亦指其化身的神、人。

下去，我实在受不了。于是我拜托父亲，就算是最后一次，一定要跟夏目说清楚。因此，父亲最终在回信中如此写道："镜子说她不能接受无缘无故的离婚，我也同意她的意见。最重要的是，夫妻离婚这个问题，如果双方意见不一致，法律是不允许的。但是，如果你无论如何都不喜欢镜子，非要离婚的话，那就请法院来进行正式裁决。因此，若你坚持己见，请向法院提交申请。"父亲这封回信的内容，我一清二楚，也知道夏目肯定看了这封信。但是，夏目却一直装作若无其事，总是一副根本没收到回信的表情，也不再有"你父亲太不像话"这类说辞了。

二十二　病情略有好转

还好情况有所好转，从第二年，即明治三十七年（1904）四五月份开始，夏目的身体大有好转，渐渐不再做蛮不讲理之事了。不过，之前家里日子就过得紧巴巴的，这一年更加拮据，实在不知如何是好。于是，从秋天开始，夏目除了帝国大学和一高的课程之外，还每周到明治大学任课两小时。就是这二十、三十元，对我们当时的生活也是一大笔补贴。但是，日子过得还是不轻松。夏目虽然经常说不想在大学干了，但还是每天认认真真地准时上班。

从明治三十六年（1903）年末开始，他就经常画些什么。他画画这件事，我觉得最不可思议。

十一月，是他的精神状态最不稳定的时期。他当时自己买来了颜料，经常画水彩画。在我们看来，他当时画得实在不怎么样，有很多完全看不出画的什么，但好像画了不少。他的画好像没有大幅的，多是小画，最多的就是画在明信片上的。他似乎一直和桥口贡先生交换明信片，上面都有他们自己的画作。不久前，我从桥口先生那里借来那些明信片画册，对其数量之多，甚为吃惊。

　　一直到去世，他都很喜欢画画。虽然有时也因为兴致不高或者很忙，时断时续的。不可思议的是，他一旦精神状态不稳定，就会画画。我觉得这一点十分耐人寻味。他可能觉得万事无趣，想通过画画来解闷吧。家中现存的一幅南画①工笔画，他当时花了数日才完成。他一旦专注画画，白天黑夜都不离手，甚至把画纸都弄出毛边来，极有耐性。去世那一年，《中央公论》的泷田樗阴先生等人也经常让夏目给杂志画画。但是，那时他的精神状态非常不稳定。南画工笔画是他在大正二年（1914）前后所画，画完后，还曾经自己装裱并签名盖章。其实那时的精神状态也不好。

　　当然，他画画，也不一定都是在精神状态不佳，或是心情不好的时候。心情大好时，他也会饶有兴致地开心画画。但是，唯有他倾尽全力所画的工笔画，一定是在大脑出现异常状态的时候。这一点我至今都觉得不可思议。

　　大概就是从那以后，我意识到了以下情况。他在精神状态出现异常之前，脸会变得通红，就像醉酒后面红耳赤一样。起初没注意到，后来一看便知，连大女儿二女儿也心知肚明。不管他头天晚上怎么笑容满面，一旦脸孔像煮过一样发热，孩子们就知道明天要大事不好。果然，第二天早上，他的神情必定突然大变，实在奇怪。

　　在他晚年，曾经有一次特别让我为难。我妹夫铃木先生的父亲

---

　　①　盛行于江户时代中期，具有浓厚中国气息的画派绘画的总称。深受中国南宗画的影响并有所独创，也称文人画。代表画家有池大雅，与谢芜村等。

去世，事情就发生在葬礼那一天。本来，因为夏目三番五次胡闹，提出要和我离婚，无奈之下，我父亲只好搬出依靠法律的说法。对此，夏目说："你父亲太不近人情了，他以为只要搬出法律就可以了吗？他完全不为我想一想，有一个不称心的老婆，是我一生的损失。实在不像话，我最讨厌这种人了。从今以后，我绝对不再与你的父母亲戚往来。"我回答说，好呀，没关系。他接着说："不过，他们毕竟是你亲生父母和实实在在的亲戚，你不用顾虑我，想怎么来往就怎么来往。"因此，自那以后，婚丧嫁娶等一切与娘家亲戚间的往来，都是我一个人张罗，夏目从不露面。对此，亲戚们也都心照不宣，只对夏目一个人网开一面。

可是，铃木妹夫的父亲去世时，不知怎么回事，他不仅在葬礼前一天晚上去吊唁，还说要参加第二天的葬礼。当天，他心情颇为愉快，身穿双排扣礼服大衣，头戴高筒礼帽，和我一起坐人力车出了门。那天早上，我就感觉他的脸色油亮通红，但也没特别在意，就径自去了铃木家。铃木他们一直认为夏目肯定不会来，就对我说："姐姐您的马车座位是预留的，但是没有夏目先生的座位。实在抱歉，因为是在出发前才刚刚费力安排好的，很难再更改。能否请夏目先生坐人力车前往呢？"我将情况转告了夏目，他答应说没问题。于是，我就放心地坐上了马车，和夏目分头去葬礼举办地浅草本愿寺。

后来，诵经和烧香都要开始了，却还不见夏目的影子。跟旁边的人一打听，有人说好像在一般送葬者席位看见他了。但是，一直到葬礼结束，我也没看见他。要从葬礼现场返回时，也没看见他，我就自己回了铃木家。结果，他从自家打电话过来，让我马上回去。我一到家，他就大发雷霆："为什么抛下我不管？"我说："我拜托你一个人去的时候，你不是答应了吗？""在那种情况下，我不是只能那样回答吗？"结果，一直到后来，他都跟我找茬。过段时间后，在铃木父亲骨灰下葬当天，我换上带家徽的和服说，要出门了。他问："到哪儿去？""去参加铃木父亲的骨灰下葬仪式。""在你心中，铃木的爸爸比我还重要。那种场合，你不去也可。"他一旦用上这种口气，必定会不断给我找麻烦，于是我最终只能失礼，没去参加下葬仪式。几天后外出时，我正好在附近碰见了铃木。

铃木说："据说在家父葬礼后，夏目先生一直很生气，我正想来问问缘由并致歉意。"我回答说："别这样说，根本没什么。都怪那时我不小心，才发生了那种情况。其实是他的老毛病犯了，请不必在意。"铃木听后，方才松开眉头。"既然是生病，那就没办法了。一起坐马车过去的话，也许就不会发作呢。不过，没准到了寺庙，不满意和尚的诵经，也会发火呢。"铃木笑着说完，就原路返回了。因此，夏目一旦脸孔通红发热，不知何时就会突然爆发，非常危险。

明治三十七年（1904）夏天，夏目的精神状态似乎比过去好了很多，但也有时会发火。记得曾经有过这样一件事。一天傍晚，因为二女儿恒子哭个不停，他很生气地说："是你们这些人以众凌弱，她才哭的吧，把她带到我这里来！"于是他就把女儿带到了自己房间。可是，这孩子脾气大，反而哭得更厉害了。因为不知夏目打算怎么办，我就只好半疑半怕地，背着小女儿到医生那里去拿药。回来一看，进门处旁边的书房亮着灯，因为是夏天，开着窗挂着竹帘，恒子还在里面大哭。怎么回事？我透过竹帘往里一看，只见夏目坐在哭泣的恒子旁边，正拿着扇子不停地费力扇着。见我回来了，他这才放下扇子，喊女佣把孩子带走。看来，恒子一直哭，他也束手无策了。

他的大脑状态一旦变好，发火的频率就会逐渐下降，只会沉默地看着别人。我们能马上知晓这种变化，但他本人似乎并不认为状态转好。相反，他好像觉得那家伙（他的大脑）最近好像挺老实，在给他吃甜头。因此不能掉以轻心，必须小心谨慎地观察。虽说好了很多，其实也只是暂时稍有好转的程度。从明治三十七至三十九（1904—1906）这三年，一直是时好时坏状态，似乎真正好转是在明治四十年（1907）搬家之后，新家位于现在的早稻田大学附近。一直到大正二年（1913），他总算不怎么发病了。这期间，大脑状态虽然好转，但却患了胃病，就是这个病最终夺去了他的生命。

七月份，我父亲被高利贷催债，拜托夏目在借据上盖章，说不会给他添麻烦的。他断然拒绝，说不愿意盖章。但这次很特别，是我父亲头一次求他，他也觉得应该想办法给父亲筹些钱。但自己手头又没有，只好从菅先生那里借了二百五十元左右，全部交到了父亲手里，让父亲暂时渡过了难关。在这种关键时刻，他是非常真心出力的。不过，这样一来，这笔钱马上就成了我们的负担，从那个月开始，连同之前从别处借的钱，都必须一起以每月分期付款的形式偿还。这期间家里最缺钱，有一点特殊开销都会捉襟见肘。虽然生活艰苦，我却对他说不出"请不要在丸善买书"这句话。钱不够用时，我就悄悄到当铺当些东西，好歹也能熬过一时。夏目对家里的收支情况一般不闻不问，我也不用他买书的零用钱，家里来客人时，因为经济情况如此，也没能力好好招待。对此他也不介意，不会为了顾全面子而假装有钱。因此，从这些方面看，只要他的头脑冷静清晰，生活虽然贫穷，我们的生活还是很轻松愉快的。

二十三 《猫》的家

　　曾经那么混乱的大脑，在明治三十七年（1904）的春夏之交也大有好转，乱发脾气的疯狂情况也变少了。因此，他自己也觉得学习效果很好，经常看看书，写写东西，特别是上课的讲义也进展顺利。虽然偶尔也会生气，但也只是很短的时间。他的状态就像沉闷的雾霭渐渐放晴一般。不过，我觉得非常有趣的是，随着精神状态逐渐好转，他大学讲义的字迹却明显地越来越小。当然，可能因为写小字既能节约纸张也方便。可是，明治三十九年（1906）末，我们搬到西片町时，他的字已经小到不用放大镜就认不出的程度。他自己也曾在《路边草》或其他作品中形容，讲义上的字是蝇头小字。现存家中的《文学论》讲义，一开始是横着写在中等大小的格子纸上，字大得几乎都超出了格子。但到了最后，字小得就像注音假名①的铅字一样。年轻时他患过沙眼，后来变成慢性结膜炎，有时

① 注在日语汉字的旁边或上方，标明读音的假名。印刷时字号小于日语汉字。

滴些眼药，不过好像视力一直很好，除了晚年戴老花眼镜之外，从来没戴过眼镜。很久以后，他曾自豪地说，有一个会看面相的人说他的眼睛是三白眼①，以后会怎么怎么样。他的黑眼珠和白眼珠的界限似乎有些不清晰，比较模糊。

　　记得在这一年的六七月份，也就是初夏时节，一只刚刚出生不久的小猫不知从哪儿跑到我们家。我不喜欢猫，马上就把它赶了出去。但不管怎么赶，它总是不知不觉间又来了。因此，晚上关防雨门板时，一看见它，我就毫不留情地抓住它扔出去。但是，第二天一早，刚依次拉出防雨门板，它马上就"喵"的一声跑了进来。它不知道别人讨厌它，我走路时它总跟在脚后边，孩子们睡觉时，它还从蚊帐外抓挠孩子们的手脚。每当孩子们哭着说"猫又来了"时，我就恶狠狠地抓住它，把它赶出去，这种情况不知发生了多少次。但不管怎样，说它厚脸皮也好，说它迟钝也罢，不知何时它又进来了。最让我受不了的是，它竟然会爬到盛米饭的木桶上。我气恼至极，无法忍受，最后就想托人把它扔得远远的。一天早晨，它又如往常一样进来了，脚上都是泥，舒舒服服地蹲在盛饭的木桶上。夏目过来问："这只猫是怎么回事？"他好像以为是我们从哪里要来的。这可怎么办？我正想办法把它扔掉呢，它却老是缠着不走，实在苦恼，就回答说："不知怎么回事，是它自己进来的，实在没办法，我正想请人帮忙把它扔掉呢。"夏目却同情地说："既然这样，留下它不就行了吗？"毕竟一家之主特意关照，扔猫之事只好暂时推迟。此

---

①　黑眼珠偏上，左右下三方露出白眼珠的眼睛。

后，这只猫就更加肆无忌惮了，一如既往地爬上盛米饭的木桶。夏目看早报时，它会慢吞吞地走过去，爬上夏目的后背，正好趴在他后背的正中央。虽然如此，它并没改掉淘气的恶习，反而越发胡闹，经常抓挠孩子们。无奈之下，我们就用量尺敲打它。

　　一天，经常来我家的一位按摩师老婆婆来了。她抱起爬到膝盖上的猫，仔细观察了一番。突然说："夫人，这只猫浑身上下连爪子都是黑的，是一只珍稀罕见的福猫啊。把它养大，您家里一定会发财的。"这只小猫全身灰中带黑，有类似老虎的斑纹，乍看起来，确实是一只黑猫。我既不知道有这种说法，也没有仔细看过它的爪子和脚底。被老婆婆这么一说，发现果然如此。更何况还说是只福猫，我们都非常高兴。在这方面，我们的做法也非常势利，心想这只福猫难得自己跑来，赶走它肯定不好。于是，从那天开始，我们再也不像以往那样虐待它了。以前，它一淘气，我们就不给它饭吃。现在，我反而主动在女佣给它的米饭上放一块干松鱼，它的待遇大为改观。因此，这只猫越发扬扬得意，有时还会钻进孩子的被窝。每逢这时，脾气火爆的二女儿恒子就在半夜大声哭喊："猫来了！猫来了！"让人感觉像是发生火灾一样。这时，夏目就拿着量尺追打它，经常上演一出不合时宜的武打戏。这就是著名的第一代小猫之少年时代。

　　在此，我先说一下当时所住的房屋结构。房子位于驹込千驮木町五十七号。那里曾经两次被小偷光顾，看起来是小偷轻易就能进入的房子。因此，如果在这里详细地画出房屋构造图，不仅会成为小偷的导引图，也可能会给如今住在那里的房主斋藤博士带来麻烦。

我大概说明一下，仅限于对下面的话题必要的程度。本来斋藤先生也似乎曾说过："要读《猫》①，必须要了解那间房子的结构。"因此，我也总不至于被他批评吧。

首先，院门面向千驮木路，进了院门，就是房屋进门处，再往里是铺着两三张榻榻米的门厅。进门处朝东，出了门厅，是朝南的外廊。第一个房间呈狭长形，有大约六叠大小，像储藏室一样塞满了书籍。紧接着是八叠大的客厅。早晨，夏目经常趴在那里看报纸，那只黑猫趴在他后背上。再往里六叠大小的房间是我的起居室，我们在这里休息。这三个房间都朝南，与之背靠背还有三个房间。我的起居室后面是六叠大小的小孩房间，客厅后面是六叠大的餐厅，隔壁是三叠大小的女佣房间，与之相邻的是厨房和浴室。夏目的书房在入口旁边，六叠大小。书房是用拉门隔开的，里面有一个大书架。要进书房就必须先到走廊，从那里打开大约三尺的拉门。这间书房朝东的窗户，是一扇有纪念意义的窗户。他大脑出状况时，每天早晨，就是在这个窗口，隔着马路，向对面出租屋的寄宿生喊"喂，侦探君！"书房南面有一扇小窗，后面是露天走廊。朝南放着一张大书桌。圆形窗户前的空地上有一个荒废的古井。

---

① 夏目漱石作品《我是猫》的略称。

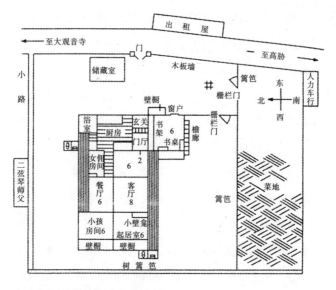

（以下为原图下方的文字说明）

此为本乡区驹込千驮木町五十七号，我们所住房屋当时的示意图。房主是斋藤博士，因博士到仙台的高中赴任，我们便租住于此。据说现在有些地方已经大变样了。《我是猫》以及其他很多短篇，夏目均在此完成，很有纪念意义。我们租住的时间为明治三十六年三月至明治三十九年十二月。现为斋藤博士住所。

房子大致就是这样，书房旁边有个栅栏门，还有一个栅栏在它外侧，与之形成直角，从这里可以走到菜地。菜地西面的外边是郁文馆中学操场。菜地南面，正好对着书房的是一间人力车行，老板夫妇总是吵架。菜地与院子之间有篱笆，北面餐厅那边的篱笆外，住着一位二弦琴师傅，经常弹奏二弦琴。

菜地面积很大，而且是这个房子附带的，实在幸运。有的女佣很擅长种菜，种了茄子、黄瓜，还有落花生。篱笆下面经常有黄鼠狼跑来跑去，还有蛇蜿蜒爬行。大女儿和二女儿经常从菜地这边，好奇地观望郁文馆中学操场。

大致就是这样一所住宅。记得九月份新学期开始时，小宫丰隆先生第一次到家里来。之前也应该说过，这位小宫先生就是犬塚武夫先生曾拜托夏目，让他做入学担保人的那个大学生。犬塚先生和夏目是在伦敦认识的。这位大学新生可能在一高时养成了不拘小节的做派。谈及小宫先生，夏目曾说："这家伙第一次见面就盘腿而坐。之后也来过各种各样的客人，但第一次来就盘腿坐的，几乎没有。"

也是从这段时间起，铃木三重吉先生开始寄信来。关于铃木先生的信，有个非常可笑的故事。

一天晚上，刚才说到的犬塚先生来到家中，和夏目在客厅聊得很起劲。正要回去时，走到进门处一看，帽子和外套都不见了。可确实放在这里了呀，我在家里四处找个遍，还是没有。犬塚先生说，不穿外套问题不大，不戴帽子可不行。权宜之计，只好让他戴着夏目的帽子回去了。恐怕是被小偷拿走了吧！我们分析了一下当时的情况。主人和客人都在客厅聊天，小偷很幸运地瞅准时机，从菜地那边的栅栏门进来，进入漆黑的书房，从书房到走廊，又折回到进门处的小房间，拿走了外套和帽子。书房里尽是西洋书籍，小偷一本没拿。唯独放在书桌上的一只镍制怀表不见了。这只表是夏目在学生时代花七元五角买的，还曾陪伴他留洋，是跟随他多年的宝贝。

但是，实际调查后，竟然发现了不可思议的情况。铃木三重吉先生寄给夏目的信，那时刚刚到，是一封充满感情的长信，就放在书桌上。令人不安的是，信的一头留在书桌上，后面一直延伸出了拉门外。追寻着信的踪迹一直走下去，穿过书房前的栅栏门，再穿过下一个栅栏门，一直延伸到了菜地里。这封信真不是一般的长，信纸在菜地中才结束。谁想到，在最后那段信纸上，赫然沾着很多大便。显然，小偷是用信的最开头部分擦了屁股。因此，不论是小偷的胆量还是用心，以及为此功用被拖拽至此的信件长度，都简直天衣无缝，无可挑剔。当然，这封信绝不是为了给小偷擦屁股才写的，却遭此意想不到的滑稽厄运。这真是太不可思议了，我们都忍俊不禁。夏目又气又恨地说："用如此充满感情的信擦屁股，会遭报应的。他如果真的读了信，就不忍心用它擦了。"当时，铃木先生好像向大学请了假，在乡下静养。这封信是在夏目开始写小说后寄来的。

二十四　《猫》的故事

　　从这一年的年末开始，夏目不知怎么来了兴致，突然开始写起小说来。连续在《杜鹃》^①正月号发表《我是猫》第一回，在《帝国文学》^②正月号发表《伦敦塔》，在《学镫》发表《卡莱尔博物馆》。

　　我不太懂创作方面的事。但我知道，他之前并没打算把写小说作为主业，所以长期以来，一直克制着想要写东西的强烈愿望。因此，一旦开始写，基本都是持续写作，一气呵成。从年末到第二年，他写了《猫》的续篇，还有《幻影之盾》《一夜》《薤露行》等。再接下来的一年，除了继续写《猫》，还写了《少爷》《草枕》等，基

_____

　　①　日本俳句杂志。明治三十年（1897），柳原极堂在松山市创刊。翌年迁至东京，高浜虚子在正冈子规等人协助下继续发行，成为俳句革新运动的据点。提倡客观写生，坚持吟咏花鸟的传统，成为俳句界主流至今。还连载夏目漱石等人的作品，为写生文的发展做出了贡献。

　　②　学术文艺杂志。1895—1920年发行，帝国文学会的机关杂志。由井上哲次郎、上田敏等主办。曾刊登大町桂月的诗歌，介绍海外文艺思潮，发表评论等，颇有影响力。

本上每月都有作品在某个杂志上发表。他写作时，看起来十分高兴，最晚会写到夜里十二点或者凌晨一点。大致是，从学校回来后，一直到晚餐前后的十点左右，他都在轻松写作。至于某个作品花了多长时间，虽然现在记不清楚了，但哪怕是《少爷》《草枕》这种长篇作品，从开始到结束也就写了五天左右，不会超过一周。而且，很多作品一晚或者两晚就写完了。可能他自己老早就开始构思或者准备了，只不过我不得而知罢了。总之，在我看来，他一旦拿起笔面对稿纸，马上就能写出小说，干劲十足。并且，这还不是他写得最娴熟的阶段。但也几乎没有写废的情况。不过到了晚年，不知何故，可能因为写不出，或是写了难写的作品，或是莫名其妙地害怕写作，写废的稿纸几乎堆成了山。我还用这些废稿纸练过字。晚年他的写作量也减少了，基本是一天更新一回报刊连载小说的程度。与写作顺畅的初始阶段相比，差别很大。尤其是，他那时从不熬夜写作，也从没见他有绞尽脑汁的苦闷模样。因此，当其他文学家经常谈论自己如何辛苦时，因为我没有这种经验，总是不太能领会。写作这件业余轻松之事，夏目本人乐在其中，我们的生活也因此宽裕了一些，我觉得这是天大的好事。如今想来，他当时的创作热情是最旺盛的。

当时还没有自来水笔，他用的是一支细长的大珍珠贝钢笔杆，不停地写作。这支笔杆好像是从伦敦带来的。他开始用自来水笔后，就把这支笔杆送给了孩子。正好在他握笔的地方被磨破了，有一处圆圆的凹陷。后来，孩子们的一个朋友用它撬书柜门，当时就折断了，非常可惜。

明治三十七年就这样过去了。新年的一月三日，一进厨房，只见那只猫正在吃孩子们吃剩的杂煮①里的年糕，还不停舞动着前爪跳舞。我和女佣们都笑着说，这猫真是太贪吃了。夏目对此听得一清二楚，还写进了《我是猫》。如此这般，夏目在小说中穿插了很多我们一家当时的生活实情。比如，两个孩子曾说："出嫁的话，我想去护国神社②举行神前婚礼。不过，要到九段③必须通过水道桥，太远了呀。"这句话也被他写进了《猫》。为使小说合情合理，其中当然也有很多完全虚构的情节，但人和事大多能找到原型。很多客人经常来我们家，他会把从客人那里听说的事，或者客人的动作习惯等，非常巧妙地糅合在一起，写进小说。或者该说是经常能从小说中发现符合某人特征的片段。

那时经常来家里的客人有寺田寅彦、野间真纲、高浜虚子、桥口贡、野村传四等几位先生。写入《猫》里面的生活素材，我自认为比较了解。但在文章构思方面，高浜先生等要比我了解得多。首先，就说《我是猫》这个小说标题吧。夏目曾想把题目定为《猫传》什么的，为此犹豫不决。据说是高浜先生选取了开头第一句，说用这个就很好呀，为这篇小说的标题做了决断。

起初，大概夏目自己也没想把《猫》写成长篇小说。在《杜鹃》发表后，读者都赞不绝口，说非常有趣，他自己也觉得写这种小说

---

① 日本新年祝福的膳食。放入年糕和菜、肉等合煮的汤。
② 原文为"招魂社"，明治维新前后及其以后，祭奠为国殉难者亡灵的各地神社。1939年改称护国神社。实际上，此处孩子们所说的招魂社，就是靖国神社。译者考虑中文读者的感受，采用了"护国神社"的译法。
③ 东京都千代田区西部的地名，九段坂上有靖国神社。

并不费力。读者想看后续章节，虚子先生也劝他接着写，他就连续写了两年，写成了长篇小说。当时的情况，虚子先生应该最为了解。

因为《猫》的发表，夏目拿到了第一笔稿费，我记得总计约十二三元。

当时，久保赖江女士经常到家里来。她刚刚结婚不久，大概也就二十二三岁吧。那时，她丈夫猪之吉博士在欧美，她住在医科大学校长大泽博士弟弟家。久保女士喜欢文学，非常时髦，堪称当时所谓的新女性。她经常穿着裙裤，骑自行车来我家。因为来的次数多，自然会遇到夏目很忙，或者像往常一样心情不悦的时候。渐渐地，她和我也亲近起来，我们经常一起去买东西，我有时还请她帮我带孩子们出门，实在给她添了许多麻烦。

一天，久保女士来了，不巧那天夏目心情很不好。她悄悄来到我这边，十分担心地说："是不是我来得太频繁，惹先生不高兴了?"我平静地回答："久保小姐看到的这副不高兴的样子，我已经习以为常了。他只是老毛病又犯了而已。"因为赖江女士对此并不十分了解，仍然半信半疑。不过，夏目心情好的时候，如果赖江女士在我房间，他也会特意从书房走过来，开开玩笑。

"您为什么总是穿裙裤呢?"夏目好像对裙裤很在意地问。久保女士也心领神会地回答："因为没有和服腰带，穿这个就能敷衍过去了。"夏目也做出一副吃惊的样子说："噢，是这样啊，是来代替腰带的呀。"

也是在这个春天，出版教科书的开成馆编了一本英文书，问夏目能否帮忙看看改改。他做了一些改动，开成馆给了他四十元作为酬谢。我说能把这钱给我吗？就真的据为己有了。其实我是想给大女儿做件新衣服。大女儿笔子已经七岁了，因为之前生活艰苦，从来没给她做过一件正式礼服，我一直耿耿于怀，就想立刻用这笔钱给她做一件带家徽的和服礼服。长期的愿望终于达成，我马上兴高采烈地到三越百货定做礼服。

但是，有一天，寺田先生刚来，夏目就突然说："前些日子我帮开成馆改了改英文书，收到四十元酬谢金，刚到手就被抢了。"寺田先生以为又碰见小偷或是扒手了，十分吃惊地问："在哪儿被抢的？""不是那样的，是被家里的那个家伙抢了！"寺田先生问"怎么回事？"于是，这件事成了一个笑话。这笔钱被如此派上用场后，那本英文书也出版了。当初出版社只是说请他帮忙修改，他才修改的，结果书上竟然醒目地印着"夏目金之助著"什么的。从古至今，商人做事都是滴水不漏。夏目和对方发了脾气，但书已出版，无可奈何。对方总算来登门谢罪，送了道歉函，夏目在形式上也只能原谅。记得书名是 *English Supplementary Reader*，据说是初中高年级学生或毕业生程度的补习读物，汇总了一些有趣的英语故事。出版社随意编了这本书，之后请夏目修改，出版时却把他变成了编著者。此书似乎出了三四册，那份道歉函如今还在家里呢。

这位寺田先生，每次到家里来，总说些满不在乎或是无拘无束的话。比如，"昨天带老婆去了上野。"说这种话的肯定就是寺田先生。夏目说："你经常带老婆去呀。""带她去不好吗？"寺田不拘小节地反击道。夏目也无可奈何，只好说："并没什么不好呀。"话题自然就转到了其他方面。夏目说："昨天我和野间两人去神田，到吃饭时间就进了一家牛肉火锅店，隔壁桌谈论的人正好是我认识的，一听果然是在说那个老婆奴①。"于是寺田先生说："老婆奴最好了。老婆说什么都'嗯嗯'地答应，并且一直痴痴地爱着她，还有比这更好的吗？不做老婆奴的话，夫妻岂不是总要吵架？"听后，夏目好像说这倒也是啊，勉强赞同了寺田的看法。

从这一年三月开始，每月会在我家举办一次"朗读会"。每次来的人虽然略有不同，但基本是高浜虚子、坂本四方太、寺田寅彦、皆川正禧、野间真纲、野村传四、中川芳太郎等几位先生。到了那一天，什么都比不上这件事重要，我一早就到厨房开始为晚饭做各种准备。这个"朗读会"主要以发表在《杜鹃》上的写生文为中心，大家各自找来文章，当场朗读，然后一起讨论。《猫》等文章也多次在会上被朗读，而且是由虚子先生代读，夏目说自己读不好。虽是他自己的作品，听着听着，夏目有时也会和大家一起捧腹大笑。虽然也有人不带文章来，但大家都非常投入。

这一时期，《猫》的连载中写道，寒月因为吃香菇掉了门牙。碰巧在新年期间，寺田先生不知吃了什么，把门牙折断了。因此，当《猫》这一段刊登后，大家都认为寒月就是寺田先生。为此，寺田先生很苦恼，在讨论会上抗议道："老师，人家掉门牙的事，您不能写呀。"夏目说："反正别人又不知道是你，没关系吧。"寺田先生也不

---

① 原文是"ウンデレ"，据查阅，应是当时的造词。将日语中的两个词"うんうん"和"でれでれ"，分别取一半合成。

甘示弱地说:"可是,我心里很不安呀。您还是尽量别写了。"可见他对此十分介意。

当时,坂本四方太先生和野间真纲先生经常带来一些鱼糕、蟹脚什么的,说是别人送给他们的。夏目看着这些东西,对寺田先生说:"寺田呢,来倒是经常来,却从来没给我带过东西呀。四方太带了螃蟹,野间带了鱼糕。"半开玩笑地说谁谁都带了什么。寺田先生也不认输,笑着说:"老师很喜欢收礼呀。那我就带现金来吧!"在《猫》中有如下一段描写。寒月先生回了一趟土佐,回来后从怀里掏出三条干鲣鱼作为礼物。或许这个构思来源于夏目和寺田的对话,我记不太清楚了。也可能寺田先生确实曾带来干鲣鱼,记得他的故乡就是土佐。

出现在《猫》里的人物,其原型都是谁,大家议论纷纷。股野义郎先生被看作多多罗三平的原型,为此他曾经对夏目抱怨道:"被老师写成这样很苦恼啊。我现在已是法学学士,在公司就职,再被那样对待,同事会嘲笑我的。"夏目却觉得非常有趣,开玩笑说:"事先也没跟你说就写了,你这么苦恼的话,我就在报纸上醒目地声明一下,删掉这一段就行了。"这下,股野先生马上默不作声了。偏偏是对什么都不在乎,从来不知麻烦为何物的股野先生,竟然发了这样的牢骚,不单是夏目,大家也都觉得很好玩。至于被当成寒月原型,被议论最多的寺田先生,好像至今仍对此事非常反感。最近他在看了我这本《回忆》时,还曾这样说。"老师在世时,我从没做过对不起老师的事,也丝毫没惹夫人您不高兴过。可是,一旦说起《猫》,就会背上意想不到的恶名,实在倒霉。在教室等场合也是,一旦出现《猫》的话题，学生们就都盯着我看，简直就像在说'寒月就在那儿'，实在受不了。"事到如今，小说内容也不能删除了，真是十分麻烦。

小说中的重要出场人物，还有一位名叫迷亭。夏目把谁当作了原型呢？我不得而知。大概他是把自己的性格分别写在了两个人物身上吧。一个是懒惰沉默的怪人苦沙弥，一个是爱说俏皮话的地道江户人迷亭。实际上，夏目本身就具有这种两面性。他一旦开玩笑或者说起俏皮话来，简直没完没了。如果要找现实生活中一个单独的人物原型，那种喋喋不休、废话连篇，特别能讨人喜欢的样子，简直和我在福冈的叔叔一模一样。我之前第一次去九州时见过他。在我的叔叔当中，夏目和这位叔叔关系最亲近，他还曾多次这样说："你叔叔挺能说嘛。"看小说时，一读到迷亭说话的腔调，我总会想起这位叔叔。可怜的是，去年，他被自己蒲田工厂的职工诓骗到六乡川，被残忍杀害了。据说在杀我叔叔当天，那个职工刚刚在工厂磨好刀。叔叔和他根本无冤无仇，他就是一时冲动行凶杀人。职工被抓一周后，因为悔恨自责，在监狱自杀身亡。

二十五　难得的小偷

终于，夏目的稿费一点点入账了。至今为止，全家一直节约再节约地过着苦日子，可谓一贫如洗。这样一来，渐渐用稿费买齐了各种生活必需品，做了客用坐垫，还置办了一些洋装。实际上，我连一件像样的居家和服也没有，幸好有了稿费，就买了条纹铭仙绸，请人帮我做和服短外褂和配套的棉袄。

正值四月，天气微寒。天快亮时，躺在我怀中的婴儿醒了，开始吃奶，我也就醒了。忽觉有些异样，仔细环顾四周，发现小孩房间的衣橱抽屉，睡前关得好好地，现在却打开着，小孩的红色衣服从抽屉里散落出来。哎呀，大事不好！定睛一看，卧室与客厅之间的移门竟然开着四五尺的空隙，这也是睡前关好的。我越看越奇怪，推了推睡在旁边的夏目说："好像进小偷了。"夏目也惊醒了。我从床上起来，正要在棉睡袍外披上那件唯一的新铭仙绸外褂，咦？怎么没有了？吃惊之余再仔细一看，衬衣、衬裤和腰带都不在身边，夏目的东西也都不见了！我那件居家和服也无影无踪。检查一下衣橱，孩子的大部分衣服也不见踪影。

查遍了家里各个角落，发现房屋进口处敞开着，厨房门也敞开着，小偷到底从哪里进出的，我们不得而知，反正已经被偷无疑。走廊的纸拉门上有一个大窟窿，小偷好像是用舌头舐了后打开的，被舐的地方还有点湿，看来小偷刚刚逃走。

总之，全家人平常穿的衣服全部被偷，这下麻烦大了。虽然有点冷，但也只好给夏目拿出夹层和服穿上。我只有一件外出穿的和服，也只能穿它了，但又不能总是穿这唯一的一件带家纹的绉绸和服。而且，因为之前家用拮据，到了换季时，基本都是把送到当铺的衣服借出来穿再送进去，没有一件当季的衣服。但我又不能只穿一件花哨的和服长衬衣出门。总算找到合适的时候穿它了，又不能太花枝招展，只好在外面披一件跟女佣借的棉布短外褂。

天亮后出门一看，夏目的衬裤被扔在郁文馆中学旁边的菜地里。衬裤的两个裤腿里塞满了小孩的衣服，就像蛇吞青蛙一样。这下小孩子的衣服倒有了着落，想想我当时的装束，实在是惨不忍睹、滑稽至极。

到派出所报了案，警察要求我们写下被盗物品清单。虽然都是便宜东西，但数量多，写起来很费事。还让我们一一标出金额，更是麻烦。

过了一周左右，警察来到我们家门口，通知说小偷抓到了，让我们第二天早晨去浅草日本堤警察署。来通知的警察语气严肃，像命令似的。他旁边有一个非常文弱的年轻男子，没礼貌地怀揣双手站着。我和夏目都到门口听通知，心想这位文弱男子也是警察吧，就礼貌地对他低头致意。

　　接着，警察拿出我们之前写的被盗物品清单说，这些就是你们被偷的东西吧。那个年轻男子也偷瞄着清单。警察见状，气势汹汹地责骂道，你这家伙，老实点！奇怪之余，大吃一惊，原来他就是那位小偷君本人！只见他穿着圣多美条纹布和服，面色苍白，怎么看也不像小偷，所以我们才没看出来。仔细一想，他怀揣双手也是理所当然，因为双手被捆着，不可能伸出来。我们也真够粗心大意的，难怪被小偷轻易光顾。

　　警察通知次日早上几点以前要尽早去，夏目很早就到了日本堤警察署。据说小偷曾暂时把赃物拿到当铺，之后又赎出来卖给了旧衣店，警察顺藤摸瓜，找到了赃物。衣服被拿回来后，我们大吃一惊，所有的衣服竟然都在一周内变得干干净净。夏目仅有的一件棉袄还被重新缝制在与之配套的夹层和服里，好像在对他说，赶紧穿上吧。我的居家和服也被仔细浆洗过，感觉马上就可以重新缝制似的，颇为方便。最难得的是，我那件颇有故事的旧和服披风也被重新缝制过了。之所以说它颇有故事，是因为这件披风的下摆已经破得不行了，实在没办法，我只好不修边幅地简单将其往里一卷，胡乱缝上了，至少这样能防止装饰的花边往下耷拉。我曾在下雨天穿着它去白木屋①买东西，到了商店门口，经理说："您的披风，我来帮您寄存。"我若在这里脱下披风，岂不是要当众出丑？于是就说不用了。但对方却没说"那您就穿着进去吧。"语气虽然极为恭敬，

_____

　　① 当时位于东京日本桥的百货店。现在的东急百货店的前身。

意思无非是"不管怎样，请脱下来"。我忽然意识到，因为穿着披风之类的，比较方便顺手牵羊，因此才要求所有外套都寄存在入口处。既然如此也没办法了，脱下披风总比被当成女扒手好，于是就寄存了。看着那位经理仔细地帮我叠好寒碜的披风，我更加不好意思，羞愧万分。

　　这件颇有故事的披风，下摆部分也被极其巧妙地改好了，马上就能穿上它随便去什么地方，真是太难得了。我们当时满不在乎地说，这么方便实用的小偷，真是无可挑剔，他要是能一年来一次就太好了。

　　总之，衣服一类的东西基本都找回来了。

　　在开始写小说之前，夏目多年来养成了一个习惯。每天晚上钻进被窝时，总是把很多书放在枕边，却根本不看。厚厚的西洋书籍，单单一本倒还好，他却经常放两本、三本。有时除了西洋书，还会放标准英语或者韦伯英语大辞典。我心想他看吗？却并没看出他有要看的样子。某天晚上，我半睁着眼睛看看他，佩服地想今天晚上竟然一直在看书嘛，却一直听不到翻书声。原来是一页还没看完，就已经睡着了！我曾对他说，你没必要把不看的书辛辛苦苦地拿过来呀。他可能是为了打发时间吧，还是一如既往地拿来不知是什么书，堆在枕边。

　　当时我们还在点煤油灯，如果忘记熄灭就睡，会很麻烦。而且，挂蚊帐的时节也会更危险。不过，自从他开始写小说，可能因为疲劳，或是独自思考更有趣，他一下子就改掉了这个习惯，再也不把不看的书放到枕边了。

　　总的来说，夏目的睡眠比较好。他老早就有午睡习惯，晚上写东西的速度也很快，加上早上要到学校去，所以总比我这个贪睡虫醒得早。总之，他在日常生活方面，从不勉强自己，比较有规律。

二十六　《猫》的出版

稿费虽然不多，但经常会有进账。哪怕这一点钱，对当时的我们也十分宝贵。正好到了夏天，夏目说想买一顶帽子，此时收到了《猫》的十五元稿费。他马上就去帽子店，刚好用十五元买回一顶巴拿马草帽，非常得意地戴上了。正值暑假，被聘请到支那①，在北京一所学校任职的菅虎雄先生回国来访。夏目一看，菅先生戴的帽子比他的高档多了。不禁愤愤地说："我除了当教师，还要写一页五角的《猫》，真是无奈呀。"

这年秋天，《我是猫》上卷第一次出版。出版者名叫服部，曾任大仓书店经理。他说想出版这本书，大仓也说一定拜托他，服部就负责出版了。但是第二年，服部书店难以为继，就交由大仓出版。

小说出版后，销量很好。其他书籍的销路我不大清楚，反正在当时，夏目每月要盖一千册左右的检验章。即使在今天，在夏目众

---

① 日本在明治时代称中国为支那。当时，此说法应无蔑视之意。

多作品中，《猫》仍然是印刷量最大，读者最多的。以至于人们说起漱石，马上就想到《猫》。后来，《猫》的中卷、下卷也陆续出版，形成三卷一套。很久之后，变成了缩印版合订本。

当时的版税好像是 15%，夏目拿到版税，我就不声不响地收下放好。他本就不是懒散之人，对钱也不贪恋，根本不知道当时收了多少钱。不过，他也知道《猫》的销量确实非常好，家里应该进账不少，有时大概也会想，那笔钱到底派什么用场了吧。有一天他说："我跟你说啊，不是有版税吗？你打算怎么用这些钱？可能以后还会有难熬的时候，每次收到后，你还是稍微存一点比较好吧。"于是，我也第一次把至今为止日子如何艰苦，我是怎么想方设法熬过来的，大致都告诉了他。接着说："之前有些东西放进当铺了，我就先用这些版税把东西赎了出来。"他也知道家里没钱，孩子多开销大，嘴上也说只能再艰苦点了，但他真的能做到吗？他本来就不是吃苦耐劳的人，该买书还是照样买。吃的方面，尽管我们每天都只能啃咸菜，但想着他的工作要费脑子，就没让他吃这种难吃的东西。所以，至今为止他完全没意识到家里的经济多么窘迫。听了我刚才的话，他说："是这样啊。"非常吃惊，无言以对。不过，幸好托按摩老婆婆的吉言，因为家里有只福猫，自那以后，经济状况再也不像以前那么艰难了。

从那时开始，夏目与多家杂志和出版人建立了关系。杂志方面，《杜鹃》自不必说，还有《新小说》《中央公论》等，各种杂志的负责人都来过。书店方面，除了服部书店、春阳堂和金尾文渊堂，还有很多。因此，家里访客越来越多，经常让我们感到为难。文章登在杂志上的稿费，我大都记不清了。不过，记得《卡莱尔博物馆》这篇文章共收到八元稿费。《杜鹃》的稿费开始是一页五角，后来涨到一页一元。《新小说》也是一元左右，《中央公论》大概是一元二三角左右。

除了这些杂志编辑和出版人，当时经常来访的还有之前朗读会的各位，此外还有厨川白村先生、安藤先生、泷田樗阴先生、森田草平先生等新客人。经常写信的是森田草平先生和铃木三重吉先生等，而且大多是长信。特别是铃木先生，当时因为神经衰弱，大学休学一年，在濑户内海一带疗养，信就是从那里寄来的。夏目好像对他说过，既然能写那么长的信，就没必要休学了，赶紧回来上课吧。

关于这位铃木先生，因为总是写长信来，我对他名字很熟悉，却从未见过面。没想到，他竟然从遥远的京都寄来了照片，照得像大理石半身雕像一样，极其潇洒。于是我心想，连照片都这么帅气，那真人该多漂亮啊！就问铃木先生的朋友中川芳太郎先生："铃木三重吉先生是个美男子吗?""嗯，是美男子啊。"他的回答让我感觉自己问得很愚蠢。不久之后，有个人来到家门口。正好女佣不在，我去开门，来人说："我是铃木。"哦，原来是……因为看过照片，我对他的脸型有点印象，但脸色却和大理石相去甚远。就这样，美好的期待落空了。

二十七　生与死

　　朗读会是何时停止的呢？应该就是在这一年中断的。主要原因之一，似乎是当时我怀孕了，大家好不容易聚在一起，我却不能像以前那样给他们做吃的，于是婉言回绝了。也有人提议在别处继续举办，但具体有没有进行，我不得而知。后来，因访客急剧增加，就将星期四定为会客日，一直持续到他去世。当时经常来的，除了朗读会的各位，还有铃木、森田、小宫、松根等几位先生，另外，野上丰一郎先生、画家桥口五叶先生也来过。

　　预产期在十二月，我的分娩过程一向比较慢，因此，即使十四号半夜三点钟左右开始阵痛，我也没当回事儿。心想，照原来的情况，不到明天中午是不会生的。更何况这个时间，也不好打扰大家，就自己强忍着。四点左右，我实在忍不下去了，就叫醒夏目，让女佣跑去叫医生，并让她给一直帮我接生的住在牛込的产婆打电话。但是，疼痛越来越剧烈，实在难以忍受，只好又叫另一个女佣去找附近的产婆。谁都行，马上叫醒她带过来。快五点时，感觉好像要生了，这下可麻烦了。"孩子他爸，好像要生了"，我抓着夏目的手，用尽力气，结果真的生了下来。这下可真是惊慌失措，我本人是产妇，动不了，夏目又是头一回接生，完全不知如何是好。我听人说过，反正不能让婴儿的脸碰冷水，就让夏目先用脱脂棉盖一下婴儿的脸。他马上将一磅脱脂棉从上面盖下来。可是，婴儿的小脸儿像海参一样，夏目不知抓哪里，动作僵硬，似动非动，完全不得要领，我急得不行。正在这时，牛込的产婆跑了进来，马上吩咐说："首先，不能让产妇着凉，赶紧给她穿上衣服，让她躺下。喂，快烧新生儿的洗澡水！"家里简直乱作一团。终于可以将重任交给产婆了，夏目也几乎因此吓破了胆。

这次生下的是四女儿爱子，至此我们生的都是女儿，一共四个。爱子六七岁的时候，夏目经常仔细端详着她的脸说："这孩子也是咱亲生的，可怎么看都觉得长得不好看啊。"他有时还逗趣说："爱子不是爸爸的小孩，是爸爸在弁天桥下面捡来的。"爱子也不甘示弱，极力争辩道："哎呀，真讨厌！我出生的时候，你自己还用脱脂棉盖住我来着。"那样子就像在说，你明明知道还这样说。夏目就笑着说："这小家伙，什么时候听说这种无聊之事了？"

明治三十九年（1906），他和前一年一样，写了很多文章。前一年写的短篇在这一年的五月结集为《漾虚集》出版。他将自己的住所称为"漾虚碧堂"，还曾经刻过印章，想必书名来源于此。《猫》继续在《杜鹃》上发表，中卷于秋天出版。这年的四月，《哥儿》发表于《杜鹃》，记得《草枕》应该是九月发表于《新小说》，《二百十日》发表在《中央公论》十月号。这三篇结集为《鹑笼》一书，于十二月由春阳堂出版。明治三十八和三十九这两年，是夏目创作最旺盛的时期。

这一年八月末，三女儿荣子腹部不适，一开始认为应无大碍，可她的症状和大便的颜色都不正常，让医生看过后，怀疑是痢疾，马上在次日一大早转进了大学附属医院隔离病房。我想在医院陪她，但因为还有吃奶的婴儿，就让女佣陪着她，我经常去看望。之后一番忙乱，将家里进行了全面消毒，连榻榻米都掀了起来。

大女儿和二女儿已经上幼儿园，不用费事。麻烦的就是婴儿。因为她马上会爬了，我去医院不在家时，女佣就把她带到自己房间，一边哄她睡下，一边做些家务。可不知什么时候，她会自己一下子起来，爬到厨房去吃猫食，实在没办法。一不小心，她还会爬到外廊，把身子探出去，几乎就要掉下去了，好在及时发现才没出大事。十分让人费心。

好在过了一段时间，三女儿病情慢慢好转，我们也放心了。可娘家却突然派人到医院来接我，说我父亲情况不好。我马上赶回娘家，在那里照顾了一周左右，可是，父亲还是在九月十六日去世了，终年五十六岁。

前面也曾说过，父亲晚年非常不走运。生活贫困至极，去世时竟然无钱筹办葬礼。还好父亲曾在安田保善社①工作过，那边也出了一些钱。另外，过去关系亲密的朋友，以前的工作单位也都帮了忙，总算举办了葬礼。当然，我们姐妹们也分担了一些。

---

① 1887 年由安田善次郎设立，为安田财阀的前身。

在此之前，夏目和我有过严肃约定，如果我的亲戚有什么事，他一概不出面。因此，虽然他这次钱也出了，名字也被列在报纸上父亲的讣告中，但他就是不来我娘家。我也绝对不说"请你来吧"，所以他最终没露面。不过，他当时给遗属写了一封长信，我弟弟曾说写得很有感情，一直小心珍藏着。可是，后来因为遭遇了法院执行官的强制措施，在混乱中遗失了此信。这封信未能保存下来，非常遗憾。

他虽然不出席葬礼，但名字被列在了讣告中。如果若无其事地到学校上课，也会让人奇怪。于是，他就向学校请假，待在家里。他就是这样的人，这种做法才符合他的个性。

这一年春天，夏目的名气因《猫》的出版骤然提高。因此，他幼年时的养父，也就是和他断绝关系的盐原老人，似乎是怀念过去，托人跟夏目说能否恢复原来的养父子关系。大概他是想要钱，只是以此为借口罢了。此事的来龙去脉之前也曾提及。事到如今，盐原的想法完全没有商量的余地。夏目也不太想理会，但想想毕竟之前是养父子，虽说现在已经没有关系了，但如果对方希望，也可以来往。还有，对方可以来家里，只不过他自己很忙，来时有可能招待不周。如果对方了解这些，但来无妨。过了很长时间，那位中间人带着盐原来了，说了很多往事后就回去了。

夏目去世后，不知是哪位先生，我忘记名字了，曾经在某个杂志上，歪曲夏目和盐原之间的事情。夏目已经尽心尽力，文章却枉顾事实，攻击夏目不近人情。可能作者盲目轻信了盐原自私自利的一面之词，从而写了这篇中伤夏目的报道。

二十八　周四例会

这一时期，如果夏目不设会客日，他的访客就络绎不绝，连他自己都抱怨不能安心工作。可以说，他的交际广了，也有名了。因此，与至今为止的书斋生活不同，他的身边事也自然而然为人知晓了。我简单说一下这方面的事情。

明治三十九年（1906）末，房主斋藤先生从仙台调任东京，因此，我们必须把长期住惯的房子给人家腾出来。不像其他事情，此事最令我们无奈。我们马上开始找房子，但很难找到合适的。当时供出租的房子几乎都租出去了，实在难办。十二月份正赶上夏目工作的学校期末考试，他负责阅卷，无法脱身。无奈之下，我只好拜托房屋中介和推销员，自己也出去到处询问。花了几天时间，我终于找到了一处满意的房子。在本乡西片町十番七号阿部伯爵公馆附近，经过公馆的前面，往小石川方向走一个下坡，这房子就在坡道上方。正好赶上应急，我们就决定搬过去。房租为二十七元。

搬家是在临近年末的十二月二十八日。帮忙搬家的人很多，有小宫、铃木、野村、野间和野上等。早就说要帮忙的菅虎雄先生也来了，他说可以找马车来搬。"好像两驾马车往返两次才五元，很便宜，才仅仅五元呀。"听他这么一说，我也动心了，也跟着说"五元？五元啊"。夏目在一旁听到我俩的奇怪问答，十分纳闷儿。大笑着说："什么呀，五元、五元的，五元值得你们这么夸吗？"

家里的东西大都被运走后，夏目说要去买书柜，揣着五十元左右，先走了一步。之后，我请大家各自帮忙拿一些易碎物品。小宫先生好像帮忙拿了煤油灯，铃木先生负责把猫带过去。他把喵喵叫着的猫塞进纸篓，用包袱皮裹上，抱着它就走。那猫吃惊不小，不停乱叫乱闹，但又不能在半路上把它放出来，只好继续抱着走。结果猫在纸篓中小便，铃木先生倒了霉。到了新家，把猫从纸篓里放出来，它喵喵地叫了一阵儿，不知不觉间就没了踪影。到底怎么回事？后来才知道，它是想念原来的家，自己回去了，过了三天左右又回到了新家。

搬家那天，我是最后一个走的。正想坐人力车带一些贵重物品过去，皆川正禧先生跑进来问，有没有需要帮忙带过去的。对了，还有一个老式摆钟，就让他帮忙带过去。皆川先生把它包上，正要抱起来，摆钟突然"滴答滴答"地响了起来。我不禁想起一个故事，觉得十分可笑。说是曾经有个小偷，他偷了一个摆钟，正要背起来走，后背上突然敲响了十二点，把他吓了一跳。如今，这个摆钟依然悬挂在家里的餐厅，就像是旧物样本一样。它是我娘家的车夫花三元送给我的，算起来已经陪伴我近二十六年，现在依然走得很准，真让人吃惊。

夏目把书柜买回来了，是带玻璃门的大小两个，一共花了三十七八元。这两个书柜如今也在书房中。

第二天，铃木先生和小宫先生来给拉门换新纸，他俩用一天就全部贴完了。作为感谢，我给了他俩每人五元零花钱。没想到这却成了惯例，一旦没了零用钱，他们就说："夫人，要贴拉门纸吗？老师，让我贴拉门纸吧。"那也不能一年到头总是贴拉门纸啊。这样一来，小宫就会死乞白赖地求我说："夫人，能给我两元吗？"我问："干什么用啊？"回答说："买木屐呀。"在当时，学生穿两元钱的木屐是很奢侈的。所以夏目训斥道："什么？身为学生，穿双十五钱的麻布衬里草鞋就足够了。"小宫这位大少爷怎么可能听这种话，"小宫先生的两元木屐"，成了我们家有名的故事。

搬到西片町后，会客日的星期四依然很热闹。大概就是从这时开始称其为"周四例会"（木曜会）的。搬到现在的早稻田南町之后，例会也一直持续。夏目去世后，大家觉得一直聚在书房的众人就此散去，各分东西，十分可惜，就决定在每月的九号，也就是夏目忌日那一天，仍然聚于此处，继续谈笑风生。至今，九号聚会已经持续了一百几十次，从某种意义上看，这也是周四例会的延续吧。

当时，高浜虚子先生担任《国民新闻》杂志的文章版主任，篠原温亭先生任该杂志记者，两位经常来访。此外，常聚于此的主要有铃木三重吉、野上丰一郎、森田草平、泷田樗阴、野村传四、皆川正禧、野间真纲、松根东洋城、坂本四方太、寺田寅彦、中川芳太郎、小宫丰隆等各位。

大概也是在这时，我妹夫铃木祯次先生留洋归来，在名古屋的高等工业学校担任教授。我们位于西片町的房子离铃木先生父亲家很近，可以说就在眼前。所以，他从名古屋回东京时，经常在晚上溜达过来。有一天，他看到夏目书桌上的小字笔记，吃惊地问："为什么写这么小的字？""这可是我八百元的本钱啊。"夏目极为平静地回答。"如今这本钱就要弹尽粮绝了，正在加紧制作中。"当时，他在大学一年的工资只有八百元，正在写《文学评论》的草稿。

　　铃木妹夫到名古屋就任后，很快就送了我们一个名古屋大火盆。花了一元五十钱，是一个濑户火盆，很好用。夏目特别喜欢这个火盆，经常在书房用。不过后来又买了一个更高档的，就把它放到餐厅去了。曾经有一次，因为火放得太多，火盆边缘被弄得豁口了，但十分结实耐用，至今还能用。

二十九　入职朝日新闻社

　　记得是这一年的三月初，大学的大塚博士问夏目，开设英国文学讲座，成为大学教授怎么样？当时夏目当教师所得的收入是，大学每年八百元，一高每年七百元，明治大学大概是每月三十元左右。据说如果成为大学的专职教授，月薪为一百五十元。但是，家庭的月开销至少需要两百元。幸好还有稿费和小说版税收入，家里过日子应该没问题。但是，一旦做了专职教授，就绝对不能兼职了，而且，一直这样做教师也不是办法。夏目进退两难，踌躇不决。正在此时，恰好有一位"朝日新闻社"的先生问他，有没有进入报社写小说的打算？虽然正中他的下怀，但这毕竟是决定一生之路的关键，夏目也非常小心慎重地思考了一番。他本来就不太喜欢大学，今后也没想在那里待很久。但是，如果成为大学教授，即便收入不太多，但会成为一个独立的、地位有保障的人，基本不用担心有什么变动。而且，如果一直长期工作下去，工资会提高，还会有养老金。为了家人也必须要考虑这些方面。另一方面，报社归根结底是做生意的，不可能一直没有变动。即使主笔同意，又不知报社老板是怎么想的。夏目思前想后，就把自己的想法毫无保留地告诉了白仁三郎先生，请他转告朝日新闻社。白仁三郎先生，也就是现在的能乐评论家坂本雪鸟先生，是夏目在大学教过的学生。因为彼此熟悉，他就成了夏目和报社的牵线人。报社的主笔是池边三山居士，夏目非常信任他，与他交谈一两次之后，就下定决心入职报社。

当时的条件是月薪两百元，目前为止，因为报社对养老金尚无相关规定，可以额外给一些奖金。说是责任或者义务也好，总之，夏目理应为报社效力的是，每年写一部长篇小说，此外再发表一些可以登在该报上的文章。但是，不能给其他报社写东西。这些内容就像个君子协定，建立在互相信任的基础之上。

当初他留洋两年，按规定必须继续在学校工作四年，即履行义务年限。到了四月份，正好四年期满，他的义务终于履行完毕，轻松愉快地走出了大学校门。接着，马上办理了辞职手续，终于入职朝日新闻社。当时，他的感觉就像是洗净了多年的污垢。因为要去见见大阪总部的同仁们，三月末，他只身开始了关西之旅。

在京都，他承蒙校长狩野亨吉博士的照顾，正好在那边还遇到了菅先生，于是两个人就一起悠闲地逛了很多地方。之后，他又去了大阪，第一次见到了村山社长和鸟居素川先生等报社领导。后来我通过鸟居先生的文章了解到，邀请夏目到"朝日"的最早提议者就是鸟居先生。他读了夏目的《草枕》，非常喜欢，当时就有了邀请之意。

夏目去关西旅行时，家里就只剩下女眷了。铃木、野上和小宫三位先生怕我们寂寞，就轮流住到家里来陪我们。到了傍晚，他们想着夏目可能要从京都回来了，就到车站去接。可是一连几天都没接到，因此经常很晚才回来。

一天，铃木先生和小宫先生来了，两人有了这样的对话。"野上那家伙，他说那个年轻女孩是他妹妹，真的是妹妹吗？""前些日子，他还说他妹妹拜托老师买京都偶人呢。"正在此时，被议论的当事人野上进来了。"那个真是你妹妹吗？""是呀，看我俩长得像吧。"被问的一方倒是习以为常了。"既然如此，我们倒也有个主意。"铃木和小宫竟然说了一大堆威胁的话。看起来他俩颇为在意，最后竟然说要去看看那女孩长什么样。铃木对小宫说："你小子去看一下！"于是，小宫就在第二天去了。

奉命前去的使者小宫到了对方住处，看是看到了，但当时他还只是个单纯的学生，虽然在自己人面前逞强好胜，一旦到了年轻女孩面前，只会一味地难为情，马上就满脸通红。故事的主角——那位妹妹，倒是镇静自若地端坐在他面前，他却不好意思抬起脸来看对方。好像他自己都弄不明白，到底是自己去看对方呢？还是去被对方看的。最后只看了看人家的院子就回来了。一回来，铃木就信心十足地问："喂，她长什么样？像野上吗？"另一方却垂头丧气地说："好像额头是三角形的，就像回形针广告似的。"只此一句，再也无从回答。"所以我说你小子不行呀！"那么，铃木自己去看看清楚不是很好吗？铃木先生之所以是铃木先生，就体现在这大老爷架子上，他才不会去呢。

本来，野上先生这个所谓的妹妹问题，只限于年轻人之间，当时好像颇受关注。最初，寺田先生在原町租房寄宿时，隔壁房间住着一高的学生。他虽然没有见过来客的身影，但从那学生房门外的洋伞和鞋子可以看出是女性所用。寺田先生十分介意，心想，还是个一高学生，竟然就和年轻女性交往，真不像话。不过，好像一高的学生确实如此，在这方面应该颇有渊源。

之后，铃木和小宫仍然每晚去车站接夏目，一直都没接到。可到了十二日中午，他却突然回来了。买了各种各样的礼物，心情非常好。给铃木先生买了酒杯，给野上所谓的妹妹买了她拜托买的京都偶人，还买了很多其他特产。

后来，野上先生不好意思地坦白说，实际上那个女孩是他妻子。如今想来，总觉得那是一个可爱而且天真无邪的故事。自不待言，那个所谓长得很像的妹妹，当然就是如今的弥生子夫人。

虽然记不大清了，好像是在夏目此次去关西前后，他在大学的讲义《文学论》，即将由大仓书店出版。他自己无暇顾及，就劳烦中川芳太郎先生全权代行校对等所有事情。等他回来后，一看出版的书籍，居然有很多与原稿不同的错误。可能与自己的预期相反吧，他气势汹汹地说："这种错误百出、令人不满的书，我不能让它以我之名出版！学者的良心不允许这样！快叫大伙儿来，在院子里把书烧了！"无奈当时书已上市，无法挽回。后来，他还是对此于心不安，做了勘误表分发给大家。《文学评论》的出版也和讲义整理一样，当时是委托泷田樗阴先生和森田草平先生的，好像基本确定由金尾文渊堂出版。两位之所以欣然接受这项工作，当然首先因为是夏目的书，其次，通过这个工作也多少能补贴点生活费用。夏目也想给他们这个机会，可以说是双方的共同意愿。但是，不久之后，泷田先生因为忙于《中央公论》的工作，森田先生也因为所谓的"《煤烟》事件"①而心神不宁，后来又出现草稿不见了的情况，以致此书的出版延迟了很久，最终发行机构也变成了春阳堂。

接下来的话题有点前言不搭后语，在此顺便说一下。夏目喜欢帮助别人，为别人操了很多心，但事后他经常会有遭到背叛的感觉。当然事实也并非全部如此，遭到背叛的情况反而是例外。不过，他还真是遭遇过这种情况，而且还不止两三次。夏目本来就是爱流泪的人，一听到别人可怜，马上就会心生同情。别人要是求他，他就会抛开利益，费尽心力地去照顾。到了晚年，他可能嫌麻烦了，自己很少主动去帮助别人，也经常说别人都是靠不住的。但是在当时，只要别人求他，他从来不会拒绝，吃了不少亏。

很久以后，不知在什么情况下，正好刚刚发生类似情况，我就说："你也没必要那么热心吧，反正不管你怎么为别人尽心，你的心思对方也不了解，到头来还是自讨没趣。"我是针对他经常被别人欺负，才这样说的。夏目却平静地说："我这么尽心尽力，对方却还不冷不热，那就是对方不好了。"后来，虽然他在为人处世时，也会像别人一样采取冷漠的、理性的、超脱事外、冷静观察的态度，但他原本是一个非常善良，很有人情味的人。他在与人交往方面令我印象最深的大概就是较真。他真的特别坚守约定。因此，一旦别人破

① 《煤烟》是森田草平所著自传体小说。明治 42 年（1909）连载于《朝日新闻》。作者以自己和平塚雷鸟殉情未遂的事件为背景，描写了现代青年与新女性的火热恋爱故事。"《煤烟》事件"即指小说中所写的殉情未遂之事，发生在小说连载的前一年，即 1908 年。

坏约定，他马上就会对此人失去信任。

四月份，入职朝日新闻的事已经确定，学校的事也都处理完毕，他终于能安静地待在书房了。记得有一次周四例会，铃木先生提议，中川先生、小宫先生做助手，三个人要借用厨房做饭。客人是夏目和一直参加周四例会的各位。我想他们能做什么呀？过一会儿去看，端上来的竟然是好几层的套盒菜。他们还要求大家用毛巾包脸，扎上头带，说要在客厅制造赏樱气氛。夏目、虚子先生、温亭先生和四方太先生等觉得十分奇怪，彼此互相看看，不出声地笑笑，也只好无奈地用毛巾包脸或者扎头带。如果自己不包不扎，铃木先生就来帮忙弄。这样一来，坂本四方太先生就觉得无聊了，面露不悦地说"这是搞什么呀"，一下子就把铃木刚给扎上的头带扯下扔掉了。铃木先生很不高兴，怒气冲冲地说："奇怪的家伙！怪不得没有女人喜欢！"大家又是喝又是唱，完全是一场意想不到的客厅赏花盛宴。当时，铃木先生正是春风得意的鼎盛时期，和小宫先生二人肝胆相照，还曾信誓旦旦地说："咱俩在三弦的伴奏下殉情而死吧。"。

当时，森田先生住在丸山福山町，据说他住的房子是一叶女士曾经住过的。他的小孩病得很重，令他忧心忡忡。我们拜托一直关照我们的尼子医生帮忙看了看，但孩子后来还是去世了。在那段难熬的日子里，森田先生几乎每天都会到我们家里来一次，每当说起小孩的病情，都心急如焚。

那时，夏目请人刻了一个石印章，上写"漱石山房"。他可能感觉这个印章很稀罕或者很得意，经常拿它盖来盖去。还把小宫先生他们叫来，给他的藏书一本本地盖上印章。每次森田先生、松根先生请夏目写好一幅大字后，都要让他盖这个印章。除了在诗笺纸上写俳句，夏目从很早开始也经常练练字，都是写在半幅纸或者什么上面。后来渐渐有了兴致，就从这个时期开始经常练字。不过，当时的习字用具并不齐全，当然也没有毛毡。因此，他写给森田先生的大字横幅上，赫然印着榻榻米的格子，大约两寸半大的"漱石山房"堂而皇之地盖在上面。松根先生好像也有不少夏目当时的字，字的大小和布局实在糟糕。

记得他是在五月末开始写《虞美人草》的。六月开始在报纸上连载，一直持续到十月初。毕竟这是他的第一部长篇小说，也是肩负重任进入报社后写的第一部小说，更何况还是在酷暑中勤奋写成，真的非常辛苦。在写这部作品期间，他一直有点兴奋，所以他的老毛病——慢性胃功能虚弱又犯了，让他很难受。但他还是拼命写作，其他事情一概不管不顾，只专注于此事。千辛万苦终于写成之后，他却说："还需要推敲，不够洗练，匠心太重。"他自己对这部作品并不满意，而且这个想法越到后来越强烈。有一位居住在美国的人士前来，说想把这部作品翻译成英文，他当场拒绝说："应该有比这个更合适的吧。"有人说想把这部作品改编成戏剧，他也一概谢绝。如果有人夸赞此作，他总是一副难为情和厌烦的表情。不过，这部作品在当时得到了很高的评价。夏天，三越百货店开始出售印有"虞美人草"的单层和服，还赠送我两件。位于池之端的珠宝店"玉宝堂"在虞美人草的花样上镶嵌了小小的养殖珍珠，虽然并不怎么贵重，但因为冠以"虞美人草戒指"之名销售，也有读者因此写信来。我们收到了很多书信和明信片，其中有一张明信片这样写道：

"我带着极大的兴趣拜读了您的《虞美人草》，如今它已连载完毕，我深感遗憾。小夜子和系子的一生都应该在心满意足中度过吧，小野先生做出了像这幅画（明信片上画的是两边各伸出一只手，正要捏住变成水印的鳗鱼）一样的动作，不再错失良机，这一段写得非常好。小野先生最终有了一个好结局，最令人遗憾的唯有藤尾小姐。她并没有玩弄宗近君，而且从一开始就爱着小野先生，但却被这两个人抛弃了，太可怜了。藤尾小姐就像是我的姐姐，请您一定想办法救救她。拜托了。"

夏目执笔《虞美人草》期间，总理大臣西园寺先生曾经举办晚宴，邀请有名的文学家，这就是后来被叫作"雨声会"的招待宴会。当时夏目也收到了邀请。但他觉得这种场合太麻烦，马上就写了一张明信片，上面是一首表示谢绝的俳句。

子规啼声哗，如厕不能寻。

他正在写这首俳句时，我的妹夫铃木先生来了，一看俳句便说："对方可是西园寺阁下，你就简单地写一张明信片，是不是太过分了。"他本人倒是一脸若无其事地说："什么？用这个就可以呀，足够了。"然后就寄了明信片。

后来此事传得沸沸扬扬，有人说他做得痛快淋漓，也有人说他意气用事。能被当时的宰相邀请，很多人可能将其视为一种名誉或者什么，夏目却并不这样想。但最主要的原因还是他嫌麻烦。这一点毋庸置疑。

三十　长子出生

六月五日，我们有了第一个儿子，取名纯一。之前生的四个都是女孩，这次终于有了男孩，夏目也特别高兴。后来听大女儿说，他从学校回来后，嘴里不断地念叨着"是个男孩，是个男孩"，非常开心。记得小宫先生和铃木先生买了一条很大的鲷鱼作为贺礼。因此，夏目最初说，就给儿子取名叫"鲷一"吧。

这次分娩，我从一开始就感觉可能难产，三月份开始就胸闷气短，走路都很吃力，完全就像个病人。可能因为怀的是男孩吧，但最主要还是因为胎位不正。因此，以防万一，从很早开始就雇了护士照顾，还经常请接生婆帮我调整胎位。尽管如此，到快生的时候，还是如预料一般难产。因为很长时间也生不下来，我的身体越来越虚弱，脉搏跳动出现间歇。这样下去，接生婆实在无能为力。大家都喊着赶紧叫医生，幸运的是，医生刚刚跨进产室门，小男孩便呱呱坠地，大家才放下心来。那一年夏目四十一岁。

七月前后，除了月薪，朝日新闻社还发给夏目五十元作为奖金。这五十元奖金，怎么想都觉得不合情理。首先，他刚刚进入报社时，报社给他承诺是，每年至少发两次奖金，半年一次，每次不少于三个月的工资。其次，我们当时也并非有什么意外而特别需要钱。总之，这笔钱和之前的约定不一样。如果现在就弄错的话，不知将来会怎样。于是，就麻烦当初的中间人坂本雪鸟先生去问一下朝日新闻社领导。结果得知，按照报社规定，入职不到半年的职员是没有奖金的，这笔钱是池边先生略表心意，破例发给夏目的。这样一来，反而是我们对报社的深情厚谊十分感谢。他做事就是这么较真，不会因为是钱的事情就自命清高地不理不问。不过，一旦弄明白详细情况，他就会很快释然，特别直率。

　　好像就是在这期间，家里又进了小偷。可能因为我们过于放松警惕，以至于疏忽大意，或者是小偷看中我们家比较容易偷，无论我们搬到哪儿，小偷总会光顾。不过，这次的小偷是个彻头彻尾的小毛贼，没有留下任何风雅的奇闻逸事，轻而易举就进了夏目书房，拿走了怀表（这个也是镍制的）、小刀、剪刀等东西。小偷似乎是从院子进来的，还好这次损失并不大。

　　既然说起小偷，我顺便也说一下家里出的内贼。好像也是在这段时间，或者在此之前。一天早晨，时间还很早，一个女佣就在楼上楼下来回跑，慌里慌张地嚷着："夫人，家里进小偷啦！"我对小偷光顾这件事已经习以为常，心想反正来也来了，也没办法，所以表现得很平静。但这个女佣实在太大惊小怪了，我就到二楼看了看。只见窗棂折断了，窗边积满了泥土。但是仔细看过后，并没发现被带泥的脚踩过的痕迹，最主要是根本看不出小偷是从哪儿进来的。仅仅从窗边积着泥土来看，怎么都让人觉得奇怪。因此，连粗枝大叶的我都意识到此事怪异。这样一来，我倒想起最近家里经常丢钱，虽然每次数量不多。于是我估计这个女佣有嫌疑。我若无其事地走进靠近房门口的房间，那里放着衣橱等物。打开抽屉一看，如果是小偷肯定会拿走东西，然后开着抽屉就跑了。但是现在，抽屉关得好好的，里面却被翻得乱七八糟。我越发觉得奇怪，不过当时也弄不清楚到底丢了什么。

吃完早饭后，我马上让这个女佣去巢鸭办事。出门前，她好像在女佣房间为穿什么衣服而踌躇不决，嘴上还说："是穿最近伯母给我做的新和服呢，还是穿别的呢?"因为我让另一个女佣在旁边监视着她，她最后还是穿着原来那身衣服出门了。她出去后，我检查了她的行李箱，竟然发现了我妹妹的一件外出和服。这件和服在箱子的最下面，还用包袱皮包得好好的。之后又陆续发现了我家的很多东西。她所说的伯母给的和服，实际上就是我妹妹的那件。我惊出一身冷汗，赶紧检查一下自己的衣橱，发现戒指没了，这也没了那也没了，丢了很多东西。

夏目非常生气地说："这种混账东西，赶紧把她交给警察。"但我觉得她毕竟才十八岁左右，也挺可怜的，就一个劲儿地安慰夏目，并让她把家里人叫来。这女佣不知羞耻地和她姐姐来了，还无凭无据地栽赃别人说："夫人，我没偷东西。一定有人心里恨我，事先拿来放进了我的行李箱。"她居然还谎话连篇，恶语伤人，让我们目瞪口呆。后来得知，她居然是在父母的指使下四处作案，偷了很多手表、戒指之类。那天警察来的时候，她早就在骂骂咧咧之后走掉了。后来才知道，情况是这样的：那天早晨天还没亮时，她听见隔壁人家好像吵嚷着进小偷了，她就耍了个花招，在窗台堆满泥土来欺骗我们。反正，我们家似乎和小偷渊源颇深，无论搬到哪儿，小偷都会光顾。真让人不可思议。之后不久，我们搬到了早稻田，在那里也被偷了两次。

三十一 最后一次搬家

九月初，夏目在持续写作很长时间后，第一部报纸连载小说《虞美人草》终于写完了，我们都松了口气。这时，房东又要求涨房租。一开始入住时是二十七元，不知不觉间涨到了三十元，这还不算，我们还没住满十个月，他这次竟然要涨到三十五元。当初租这个房子也并非特别中意，本来就只想暂时住一段，房东这样没完没了地涨房租，我们也不能总这样任他摆布。而且，现在夏目又不必去学校了，也不是非要住在本乡①附近不可，我们就决定搬家。正好夏目也刚写完小说，有了空闲时间，他就每天约上铃木先生、小宫先生等人，像散步一样到处走走看看，找合适的房子。最后终于找到了我们现在住的房子，位于早稻田南町七号。这栋房子位于大约三百五十坪土地的正中央，虽然比较旧，但面积和价钱都合适。没有庭院，但很开阔。没什么值得一提的庭园树木，但有不少相当

①　东京都文京区东南部，原来构成东京市的本乡区。区内有东京大学。

大的树。而且，在进门处的右手有一间奇妙的房间，说不上西式、日式还是中式，做书房正合适。我们决定如果可以，就住这里了。一位名叫中山的医生家就在这房子前面，他是此房的代理人，问后得知每月房租四十元。他一看夏目的名片，便说如果长住就算三十五元。实际上，从我们的财力来说，当时只能负担每月三十元的房子，但好不容易才找到了中意的，就想再豁出五元也行，就这样敲定了。我们曾经当面对之前那个房东说"一定会在九月之内搬出去"，因此，我们也算实现了承诺。

搬家时，菅先生还像上次一样找了马车，铃木先生仍然负责把小猫放进废纸篓带过去。这次搬家的距离比上次远了很多，小猫实在费事，铃木先生的和服被溅上很多猫尿，气得他唠叨半天。

搬家那天是九月二十九号，好像正好是丑年丑日。不管是在熊本还是东京，基本上，我们每次在一个地方安顿下来，接着还是要搬家。不过，搬到这里之后，却一直住了下来，夏目就是在这里去世的。在他去世后的第三年，作为纪念，我请房东把房子连同地皮一起转让给了我们。因此，至今已住在这里二十多年。

如此说来，好像我们特别中意这个地方和这间房子，其实并非如此。当初夏目和我都不是特别喜欢，只是刚刚搬过来时，觉得很敞亮。因为之前住的房子小，突然感觉到了一个宽敞的地方，夏目还曾说这里就像个大寺院。不过，随着孩子逐渐长大，马上又觉得房子变小了。而且，房子后面紧挨着贫民居住的联排房屋，这家夫妻吵架啦，那家怎么啦，从早到晚有很多令人不快的事情。我们要是装上篱笆，就有人拆了篱笆拿去当柴烧。从篱笆往下望过去，还能看见有些人家的厨房，乱七八糟的，很影响心情。有一天，我也不知道怎么回事，突然想，差不多就在这里安定下来吧，就对夏目说："孩子他爸，把这里买下来吧。"夏目说："不要，我不喜欢这里。"话虽如此，他也曾深有感触地说："不过，这里能让孩子们知道，世上还有这么不像样的地方，从这一点看，倒是个好地方呢。"过了一段时间，夏目还是很讨厌这里，说想要搬家。我一想又必须要搬那么多家具行李，就畏缩不前了。我们说过好几次要搬家，但最终还是拖着没搬。没想到他去世两年后，我把房子买下来没多久，那些联排房屋就都被拆了，变得很干净。我不禁想要是他活着时就这样，他该多高兴啊。

我们从本乡搬到早稻田后，铃木、森田、野上、小宫等各位还和原来一样经常来。尤其是一到周四例会，大家都蜂拥而至。也不知他们在谈论什么，总是到晚上十点钟还没有回去的迹象，夏目也和大家聊得很开心。但是，如果过了十二点我还一言不发地话，他们肯定要聊到早上了。我只好过去催他们说，早过了十二点啦，差不多就请回吧。大家这才起身告辞。

他们四个人回去的方向一致，因为从我家出来时已经没有电车了，只好慢慢走回去。当他们走到本乡台下小石川的柳街时，感觉太累了，想歇一会儿，就进了一家关东煮小店。他们当时也都很饿了，就点了关东煮和烫热的酒。结果，因为吃得太多，把每个人的钱包都掏空也不够结账。家住附近的森田先生只好跑回家，拿了一元五十钱，才算付清了饭钱。酒足饭饱后，另外三人继续精神百倍地出发了。先把小宫先生送到附近的空桥，之后铃木先生和野上先生才回到了巢鸭。当他们终于气喘吁吁到家时，已是公鸡报晓时分。据说这已经成为他们的惯例。因此，这几个人就像约好了一样，周五的大学课程就都逃课不上了。夏目听说后，笑着说："真是好吃懒做之徒啊！"

后来大家说，那家关东煮小店的老板娘十分妩媚动人。铃木先生就以学长的口吻反复说，这种女人可不能招惹，没准她背后有什么可怕人物呢。那天，他们四个在饭馆里，反复说着在夏目书房聊天的事，嘴里"老大、老大"地热烈谈论夏目的事。老板娘在一旁听到了，问道："各位一开口就'老大、老大'，你们老大是什么样的人呢？"他们颇为得意地说："我们老大可好呢。"

不过，这几位先生真的像夏目的小弟一样，帮了我家很多忙。当时家里有五个孩子，有一个还是刚出生不久的婴儿。如果有一个女佣感冒，另一个女佣因为父母生病回去，我就慌了手脚，根本应付不过来。一旦出现这种情况，野上先生、小宫先生等人就会来帮忙铺床，看见没做饭就会跑出去买寿司，真是尽心尽力。他们还经常陪孩子们玩耍，大点的孩子还经常恳求小宫先生给他们讲故事。我在旁边偶尔听到过，似乎都是他随口编出来的，但听起来很有趣，孩子们都很爱听。虽然小宫讲故事只是随口一说，夏目却曾深深感叹说："这个我可做不到啊。"

不过，说起铃木先生，他现在倒是特别疼爱孩子，还创办了儿童杂志。但当时他特别讨厌小孩。记得就是那段时间，野村传四先生结婚，我们就在家举办了一场宴会表示祝贺。大家正围坐在餐厅地炉边喝酒，一旁的小孩子吵吵闹闹很烦人。于是铃木先生说："这时就应该把小孩都关进衣橱抽屉，锁起来。"接着就起劲地去抓孩子们。大女儿笔子当时吓坏了，到现在还记忆犹新。往后很长一段时间，孩子们都不喜欢他。

夏目说，野村先生新婚，送什么礼物好呢？我说："不管送什么，都只是些既常见又无趣的东西，干脆你作一首俳句，我让人印染在方绸巾上。""你居然也会有奇思妙想啊。"他半是嘲讽地说，就此决定下来。那首俳句如下。

二人育新雏，实乃乐事哉。 漱石

另外还写了一句，我忘记是什么了。我总共印染了三条绸巾，送了野村先生两条，我自己用一条。不过，不知何时，这条绸巾也没了踪影。

三十二　矿工

那一年，也就是明治四十年（1907）年末，一个未经任何人介绍的年轻人来拜访夏目。他说自己是煤矿工人，工作很辛苦，也有很多有趣的故事，可以提供一些素材，请夏目写进小说里。他大概十九、二十岁，一张圆脸很端正。因为之前从没见过，也没听说过，他自己就突然擅自跑来，让我们很不舒服。但他恳求夏目说"请您一定写下来"，而且看上去书生气十足，不像有什么坏心眼。夏目就放松了警惕，决定暂且听他说说，积累一些素材。之后，他也经常参加周四例会，我们看他可怜，就像寄宿生一样把他留在了家里。总感觉他有点奇怪，但他倒是和孩子们打成一片，经常给孩子们的作文、习字打上甲或乙的评分，就这样相安无事地暂且待在了我们家。

虽然事后一想，他确实有很多可疑之处，但是，当时不管夏目还是我，对他所说的一切都信以为真。尤其是同情心超出常人的夏目，更是深信不疑。这个男人如此这般叙述了自己的身世。他被送到亲戚家做养子，本应成为那家的女婿，但他却和另外一家的养女相爱了，于是在亲戚家待不下去，便离开那个家，开始流浪。他喜欢的那个女孩，现在是女子高等师范的学生，他希望夏目能见她一面。后来，夏目写信给女子高等师范，说请她某月某日到家里来。结果到了当天，夏目和我在家里等了半天，那女孩既没来人也没回信。连这种事情夏目都帮他，还因为同情他，把他当作寄宿生留在家中。不过，虽然他一会儿说做过人力车夫，一会儿又说在荞麦面馆送过外卖，可生性不爱学习，也不安分，怎么看都没什么优点。不久，夏目的小说《矿工》发表在《朝日新闻》上。

　　一天，这位矿工寄宿生跟我说了这样一件事。在他非常困难的时候，他曾住在某人家里，并且因为生病，借了人家二十元钱。因为借的是高利贷，现在借款已经变成六十元，所以他拜托我去见一见这位大婶。我去见了这个人，但发现她和矿工的说法前后矛盾，根本不合情理。据那位大婶说，他们之间曾有这样的对话。大婶催促矿工说"赶快把我借你的钱还给我"，矿工说"他很快就要请夏目先生写小说了"。大婶就说"那就把小说换成钱吧"。原来如此啊。我和那个女人谈了很长时间，矿工好像一直在旁边偷听。回家后，他慢吞吞地走过来，问我那位大婶怎么说的。在我看来，他只是想知道，那女人的说法是否和他们事先商量的一致。我当时包了一些钱给那个女人，越发觉得这个矿工可疑。

之后有一天，夏目外出去见沼波琼音①先生。先生现已故去，当时就职于《万朝报》②。沼波先生对夏目说，最近有一个说自己是矿工，看起来像个学生的年轻人来过报社。他拜托沼波先生说："夏目这个男人真不像话。他让我讲自己的身世，用这些素材写了小说，堂而皇之地发表在报纸上。他自己赚了一大笔钱，却一分也不给我。真是卑劣之徒，您能写篇文章狠狠揭露他吗？"当时，沼波先生一口回绝，说他们不能写这种有关个人身世的东西。因此，沼波先生提醒夏目，务必要小心此人。夏目大吃一惊，回到家立即质问他本人，他却佯装不知，矢口否认。夏目勃然变色道："你既然那么想要钱，当初就应该跟我直说，提供这些素材，打算收多少钱，不就行了吗？我也是一名绅士，一定会信守约定的。虽然我也没想到会写这么长……"夏目都说到这份儿上了，这个男人还依然不得要领。既要固执地装出少年老成的样子，又举棋不定犹豫不决。夏目对他这种态度又气又急，我也觉得很没趣。不知他是怎么想的，第二天，本应无家可归的他，却突然说想回去了。再好不过，我们就此和他一刀两断。

　　后来听说，他离开我们家后，马上去拜访了《万朝报》的沼波先生，说不用再写他之前说的夏目之事了。之后好像又去了新渡户先生那里，说了自己在我们家的经历。这些事情后来都登在了某个

---

　　① 沼波琼音（1877—1927）。日本俳句诗人，国文学家。本名武夫。生于名古屋。东京大学毕业。著有《徘论史》，俳句集《琼音句集》等。
　　② 1892年，黑岩泪香在东京创刊的日刊报纸，刊载社会新闻，深受读者欢迎。幸德秋水、堺利彦、内村鉴三等参加。主张批判藩阀，倡导非战论。1940年，与《东京每夕新闻》合并。

报纸上。

　　之后他又来过两三次，说想见夏目。夏目不愿意见，就没见他。每次我都包三元左右给他，他拿了钱就老老实实地回去了。

三十三　谣曲练习

　　他又想重新开始练习中断了很久的谣曲，就是在这段时间。我接下来说的事情，在时间上可能有点前后颠倒。这个新年的元旦当天，除了森田、铃木、松根、小宫等各位常客，还有森卷吉先生等人。因为森田穿了一件崭新的双排扣长大衣，大家都对他冷嘲热讽，森田本人也很不好意思。接着，大家又说森先生的夫人是铃木三重吉作品的忠实读者，还说森先生对自己的夫人神魂颠倒。一如既往地又是说坏话，又是开玩笑，非常热闹。正在这时，虚子先生突然穿着一身带家徽的和服下装正式登门。新年穿家徽礼服倒也没什么特别，只是和森田先生的双排扣长大衣一对比，特别显眼。由此大家就说起了谣曲。虚子先生对夏目说，怎么样？咱们一起唱一段？夏目说可以呀，两人就唱了起来。一会儿，虚子先生说，他最近在练习打鼓，夏目说想听听，就派人力车夫去虚子先生家拿鼓。

　　终于，鼓被拿过来了，虚子先生看大家冻得直哆嗦，就让人从厨房拿来炭炉，用烧得很旺的炭火烤了烤鼓的外皮，让夏目唱。夏目从来没有和着鼓点唱过，有点犹豫，但大家兴致很高，都劝他唱吧唱吧，他也就当真唱起来。虚子先生一边用力地吆喝，一边嘭嘭地击鼓。夏目的声音哆哆嗦嗦直发抖。虚子先生提醒说，这样不行啊，别在乎鼓点，像平常一样唱。可是，吆喝声和鼓点一响，夏目的声音就软弱无力。最后还是输给了鼓点，唱不下去了，自己笑了起来，大家也都哄堂大笑。无奈之下，虚子先生只好自己打着鼓，接着唱完后回家了。夏目的谣曲唱得很糟糕，平常也被大家不分青红皂白地嘲讽。抓住今天这个机会，连我也跟着大家嘲笑他。那天，森田先生穿着崭新的双排扣长大衣，喝得酩酊大醉，在门口光着脚撒娇说："我的足袋破了，夫人给我拿一双吧。"

自那以后，夏目就打算正式开始学习谣曲。经虚子先生介绍，请宝生新①先生上门指导。虚子先生说，其他掌门人师父不光酬金很贵，而且还要准备餐食，非常费事。这位新先生没那么麻烦。记得他每周来两次，每月酬金八元。

但是，明明是上课的日子，新先生有时却不来。人家毕竟是名人，如果没心情可能就不想唱，更何况是上门指导，有时也会不想来吧。夏目也理解老师的心情，但是一想到今天是练习的日子，他就会一直等着师父来，不能静心，也做不了其他事情。夏目是想好好学的，这样一来，感觉就像被甩了一样，十分为难。于是我说，可能因为这位师父太有名了，如果不是名人，可能就不会这样。换

---

① 宝生新（1870—1944），日本能乐师。生于东京。专演配角。下宝生流第十代宗家。唱功舞姿均出色。

一位不那么有名的师父，接着教你如何？夏目想总归要和师父商量一下，就把这个想法写信告诉了新先生。新先生来家里说，怎么都行。于是，夏目还是继续请新先生上门。

本来，不管是学艺还是别的，擅长与否另当别论，一旦开始做，夏目就非常认真。有段时间，他练谣曲也特别投入。原因之一是，练习下来，自己觉得很有意思。另外，好不容易有老师用心指导，技艺必须有所长进才行。他还觉得一周练习两次不够，有时散步到新先生在神田的事务所，也会顺便进去练习。当时和他一起学习的，好像还有安倍能成①先生和野上先生。

在胃病恶化之前，他一直坚持练习谣曲，每天吃完晚饭就开始唱。他可能把这个当成一种运动，每晚练习时间基本固定。因此，只要他一唱，连邻居们都会说："夏目先生又开始唱谣曲了。"夏天，还经常看到穿着白衣服的人路过，在树篱笆那驻足聆听。我对夏目说，人家都说你的声音好听呢，告诉他别人都是怎么夸他的。他非常谦虚地说："真有人听我的谣曲吗？"可是，一旦我要夸奖别人，比如说："安倍先生的声音比你的好听多了。"他就很不高兴地说："你根本不懂谣曲，安倍也就是擅长表现，才会听起来好听一点。"

胃病变严重之后，附近的医生说因为会影响胃部，劝他最好别唱谣曲了。但他却认为，唱谣曲多少也算一种运动，他这种缺乏运动的人，至少可以唱唱谣曲吧。不听医生的忠告，还是经常唱。

---

① 安倍能成（1883—1966），教育家，哲学家。生于松山市，东京大学毕业。历任文部大臣、学习院院长等职。著有《西洋古代中世纪哲学史》《西洋近代哲学史》。

因为和新先生之间有过小插曲，自那以后新先生特别认真，实在没办法来时，就请小锻冶先生代为指导。新先生知道，夏目练习谣曲也就是一种业余消遣，所以从不说严厉的话，分寸拿捏得很好。但是小锻冶先生就不同了，一是年轻，二是对学艺特别认真，一丝不苟。只要稍微唱得不好，他就让夏目反复唱。我在隔壁听到，也觉得很奇怪，心想他真是受到了毫不客气的严厉指导。夏目也觉得自己唱得不大顺手，一唱就被纠正，再唱还是被纠正，被批评得大汗淋漓。也许小锻冶先生希望夏目像他当初那样勤学苦练，但对于业余爱好者夏目而言，这未免太吃力了。我曾同情地对夏目说："练习得很辛苦吧。"夏目却十分佩服小锻冶先生的认真，感慨地说："新先生有点世故，还是小锻先生这样好啊。"不过又接着说："当我偶尔唱得好时，他也会表扬说这次非常好。让我很高兴。可他马上又会板起脸说，这次可能是歪打正着，你再唱一遍看看。实在让人受不了。"夏目想起这件事就会笑起来。

　　他这样学习下来，会唱的曲目好像也增加不少，但不知道到底能唱多少。不知是真是假，和别人相比，他还能唱一些难度很大的曲目，也就是所谓的独门绝学。他曾笑着说："新先生一旦需要零花钱了，就到处强行推销他的独门绝学。"

　　欣赏能乐的话，他好像经常和虚子先生等人一起去九段乐堂。

三十四　所谓《煤烟》事件

忘记是三月份哪一天了，只记得天气还有点冷飕飕的。晚上，森田草平先生来了，和往常一样与夏目在书房说话。我到家前面的澡堂去洗澡，孩子们和前面提到的那个叫新井的矿工寄宿生抢歌留多，玩得很热闹。洗澡回来后，我正要从后门走进孩子们开心闹腾的起居室，就是进正门后一直走到底的房间，突然发现纸拉门上有个圆孔，好像是被谁舔的，而且是从未见过的孔。我想是不是孩子们调皮捣蛋弄破的，就去看了看进门处的房间，只见纸拉门的一边开着两尺左右的缝隙。我大吃一惊，赶紧走到门槛去看看，正门口的格子门竟然开着一条小缝。再细看，夏目的木屐不见了，森田先生的鞋子也不翼而飞。外套和帽子也被扫荡一空。家里又进小毛贼了！真是无奈。森田说要回去了，但没鞋子穿，只好派人买来一双木屐，让他穿上回家了。

森田先生是常客，他来家里并没什么稀奇的。那天的事情我之所以记得特别清楚，是有缘故的。其一是因为那天家里碰巧进了小偷，还有就是森田先生回去不久，就发生了众所周知的"《煤烟》事件"，也就是他和雷鸟女士私奔到了盐原的山里。后来才知道，他那天晚上来就是来委婉地和我们告别。

森田先生本来就个性懒散，当时，经松浦一先生介绍，他在一所宗教学校任教。据说他曾记错考试日期，在考试的第二天，也就是星期日到了学校，结果校内空无一人，弄得松浦先生叫苦不迭。可能是因为谈恋爱，变得更忙了吧。反正，夏目也对他的吊儿郎当很介意，总是不厌其烦、不留情面地说他。比如，两个人一起洗澡时，每次都是夏目动作快，先洗好。离开澡堂前，千叮咛万嘱咐地命令："喂，森田！一定要把肥皂盒洗干净带回来啊！"说起这个，森田就不停地抱怨说："不至于非要那么说吧，我正想那样做呢。像老师这样把人当小孩的，再没别人了。"在夏目看来，不管说多少，对森田那家伙都是不够的。无论做什么，森田先生都是这副腔调。

可是，这位森田先生却突然消失了！我们非常吃惊，这才想起他头天晚上是来告别的。可我们也不知到哪儿去找他，正在不知所措时，生田长江先生来说，好像森田去了盐原。他说要去找森田，请我们先借些路费给他。于是，生田先生就带着两位刑警一起去了盐原。不久，生田先生发来电报说，在盐原找到了森田先生。据说，森田先生和雷鸟女士正打算在白雪皑皑的盐原山中等待死亡。后来，有人看到森田先生下山找水喝，就发现了线索。最后两人都被平安带了回来。生田先生把森田先生带回了我们家，拜托道："森田现在还特别激动，尽量不要责备他。"没办法，他也没别的地方可去，在这次的舆论平息下来，商量好今后对策之前，就让他暂时待在这里吧。

因此，夏目嘱咐我，千万不能让森田出门。夏目也是为了以防万一，怕他一个大男人没有工作，每天闲在家里看书会胡思乱想。所以，就算说出"绝对不能让他外出，就像关他禁闭一样"这种话，也是可以理解的。一开始森田先生非常老实地缩在家里，低声下气的。可是渐渐地他经常会瞒着夏目偷偷出去。他也知道时间长了我会担心，一个小时左右就回来。可是，有一天晚上十点左右才回来，我问他去哪儿了？一是因为义务，二是出于好奇心。他说去附近榎町的西餐馆喝了一杯，那儿的炸丸子真难吃。他在那个餐馆说："今晚我在家吃的炸丸子，比这儿的好吃多了。"餐馆的人问，您家是哪里？他回答说，弁天桥上的夏目家呀。人家又问，那您是夏目家的先生？他解释说，哪里是什么先生，是待在人家里吃闲饭的。我一听，不禁笑起来，说道："吃闲饭这种事，你也用不着那么炫耀吧。"

森田先生一开始住在我们家时，我心想，他睡在哪里好呢？就跟他说："你就睡在夏目边上吧。"他说："睡在老师边上太拘束，我不乐意，在女佣房间就行了。"于是就在女佣房间铺了被褥睡下了。我偶尔到那个房间看看，见他摘掉高度近视眼镜，东张西望地看来看去。过了一段时间，我看他实在不自在，觉得他很可怜，有时夏目不在时，就破例让他喝点酒。一开始他也能小心翼翼地保守保密，但一旦喝得有点醉醺醺时，就突然胆子大起来。有时夏目已经回家，并且上床休息了，他还踩着咚咚的脚步声，大摇大摆地去书房拿书，一副要认真学习的样子。经过走廊时还大声嚷嚷："今天夫人请客喝酒啦！"夏目一看，对我说："你又给他酒喝了吧。"

到底"盐原事件"真相如何，我并不知晓。之后，因为对方的母亲大人来过多次，夏目自然要居中调停，听了对方很多说辞，颇费了些心思。他本来就不喜欢对别人的行为说三道四，所以对此事也没怎么评头论足。但是，当他听说对方不停地散布森田的坏话时，也曾经这样说。"他俩不是一起私奔的吗？要说错，一定是两者都错。森田对此事并没说什么，还是他那样做比较好。"他就是这样一个人，对别人拜托给他的事情，他一定一丝不苟地办好。

　　正因为别人拜托他的事情，他会认真对待，所以，他拜托别人的事，或者他作为中间人让别人做事，也要求别人一定要负责任，而且极为严格。后来，森田先生的《煤烟》在《朝日新闻》连载，但有时会暂停连载。夏目对此很在意，心想森田是不是又在偷懒啊，有时还会去森田的出租屋看看。一天，他也是为此而去，走到神乐坂时，碰到了小宫先生。"老师，您去哪儿了？""刚刚去森田那儿了，他不在。他还自吹说，自己的小说会在《朝日》小说版不停地连载，可最近却经常暂停。心想他大概又犯了偷懒的老毛病了吧。一看果然如此。""森田这家伙太不像话了。竟然抛下小说不写，出去玩？"两个人在路边唠叨了半天。如此这般，对自己关照的事情，他非常负责。而且，作为朝日新闻社的一员，拜托别人写小说或者文章时，哪怕是对很年轻的晚辈，也都非常礼貌尊敬地拜托对方。

三十五　猫之墓

　　九月十三日，猫死了。后来以及再后来，我们一直在养猫。我们家和猫的缘分很深，以至于提到夏目就联想到猫。因此，来客见到猫在檐廊处玩耍时，经常会问这是第几代猫啊？这只死去的猫，就是著名的第一代。自从我们搬到这里，它就莫名其妙地没了精神，尤其是临死前的那段时间，吐得特别厉害。一下子变得没了规矩，不管是孩子的被子，还是供客人用的坐垫，都被它吐得一塌糊涂。不知何时突然不见了踪影，后来发现它已经死在了储藏室的旧炉灶上。我们让人力车夫将它放进装蜜柑用的纸箱中，埋在了书房后的樱花树下，并且立了一块小小的墓牌。夏目在上面写了一首俳句："此下唯静夜，再无闪电声。"将九月十三日作为它的忌日，以后每年祭奠它。

　　当时，夏目还给关系密切的人寄去了死亡通知明信片。

　　"各位相知，家猫久病不治，昨夜于恍然不知间逝于屋后储藏室炉灶。埋葬之事已承人力车夫相帮，置箱中埋于后院。然因猫主人执笔《三四郎》中，故不再举办葬礼。以上。"

后来，文鸟死后埋在了那里，再后来，狗死后也埋在了那里。夏目在狗的墓牌上所题俳句为："秋风不闻处，埋你入土中。"于是，孩子们看样学样，金鱼死了也做个金鱼墓，这里仿佛成了动物墓地。在第一代猫的第十三年忌辰时，我们打算给它建一个小祠堂，就建了一座九层供奉塔，并在塔周围装饰了一些胡枝子，是从杂司谷墓地移栽的。

起初在猫墓前，我用豁口茶杯放点水，摆些略表心意的供品，献上一点野花，但是年龄小的孩子总是要喝茶杯里的水，让我大伤脑筋。因此，我想起了这样一件事。一天，三重吉先生做了这样一首俳句："寒冬猫墓前，奉水亦成冰。"夏目一听，给他修改道："不能说'亦'，应该是'寒冬猫墓前，奉水已成冰'。"这是我从铃木先生那里听说的。

十二月，三女儿患了伤寒，卧床很长时间。终于痊愈了，才让护士回去。就在那之后不久，半夜忽然传来"嘎达嘎达"声，我惊醒了，带着孩子去厕所，又顺便看了看厨房周围，并无什么异样。凌晨三点左右，我回到床铺上，但总觉得心里害怕，怎么也睡不着，一直撑到四点钟。我心想反正天快亮了，就安心地睡了。刚睡着，女佣不知喊叫着什么，从隔壁房间闯了进来，一屁股倒在我被子上。我一时不知到底发生了什么事，问了好几遍，吓瘫的女佣才用颤抖的声音喊："有小偷，有小偷！"夏目也醒了，他一直担心我开着被炉睡觉不安全，还以为发生火灾了，一下子跳了起来。一听有小偷，马上去看旁边的房间，果然，衣柜门都敞开着。再轻轻走到厨房一看，只见防雨板脱落，寒月当空，哪有什么人影。

　　事情原来是这样。我上厕所后不久，女佣也醒了去厕所。她也总觉得有点不安心，睡不着，突然耳边传来拖拽什么东西的声音。她立刻睁开眼，发现有人影闪过。她心里害怕，马上"啊"地叫喊着跑进了我房间。因为我们这么一闹腾，小偷只好半途而废，逃走了。

　　早晨，我们报了警。刑警一来，发现了小偷的恶行，这下事情闹大了，被偷的居然都是和服腰带！足足有十条！其中还有小孩的腰带，大女儿笔子唯一的一条新年宽幅腰带也被偷了，气得直哭。夏天，我的一条失窃腰带找到了。据说是市谷监狱一个狱卒的老婆系着。以此为线索慢慢寻找，但一无所获。据说，那个狱卒老婆也只含糊其辞地说，是从旧衣店买的。之后就没了下文。两三年之后听说，那个狱卒就是小偷，他是为了给他老婆才偷的。他把偷来的腰带拿出一两条给老婆，剩下的就暗地里随手卖掉或者当掉。

　　我家多次遭遇盗窃事故，这是最后一次。

　　盗窃事件发生后一周左右，第六个孩子降生。因为是申年①出生的第六个，我们就在"申"旁加了一个"人"字边，取名伸六。

---

　　① 即猴年。——编注

三十六　满韩之旅

第二年，即明治四十二年（1909）夏天，当时担任满铁^①总裁的中村是公先生要去满洲，邀请夏目说："不来一次满洲吗？"夏目说没钱，中村先生说："钱，我给你。"于是，夏目收到了大约五百元。中村先生将于八月末出发，夏目本应同去，因为胃又不舒服，没能同行，乘坐晚一班船出发。

这次满洲之行，中村先生可能只是想带自己的老朋友去一个新地方看看风景。不过，好像也有意想让夏目写文章介绍一下满铁。这也是理所当然的，毕竟在当时，满铁还不太为人所知。但是，夏目并不想捧场。

他和中村先生在大学预科时，曾经在一起租住，关系非常亲密，但之后没怎么见面，据说在伦敦见过一次。主要是大学毕业后，中村先生和夏目一样，在东京以外的其他地方待了很长时间。夏目回

---

① 满铁，日本帝国主义侵占中国东北时，"南满洲铁道株式会社"的略称。

东京后，中村先生跟着后藤先生去了台湾，之后又到满洲。因此，两人一直是天各一方。在夏目眼中，一般学法律的人自甘堕落者多，但中村先生却极重信义。若有事求他，他必会像亲人一般尽心尽力。因此，反而不能糊里糊涂地求他。当时中村先生也非常欣赏夏目。他曾经说："从学生时代起，夏目既不崇洋媚外，也不吹捧别人，非常严于律己，很受同学尊敬。"

就是在这时，夏目见到了中村先生，两人闲谈时，夏目说："似乎我这辈子都要受穷了，真需要钱啊。""那我给你拿来吧。"中村先生轻松地夸下海口说。"不是这意思，我是想要世袭的财产呀。""那可难办了。"夏目说，他当时的措辞稀奇古怪，像个任性的孩子，让中村先生很吃惊。

正当其时，《后来的事》在《朝日新闻》连载。他每天都在为此忙碌，大概写好二十回连载内容后，一起送到报社。出发去满洲前，他已经写完了这部小说。当时，西村涛荫先生和他妹妹住在我家，送原稿的任务就交给了西村先生。一次，松根东洋城先生到家里来，抓住西村先生就问："三千代被代助叫去，她会怎么回复呢？我都等不及了。你知道吧？怎么写的？"可见对这篇小说十分着迷。"嗯，我知道。不过，老师对这种关键地方总是简单地一笔带过，我也吃不透啊。""真想看啊。"松根先生等不及连载，总想马上就看到。

从这时起，夏目的胃病真正开始恶化。但他自己想得很简单，就知道一疼起来，用怀炉什么的暖一暖就好了。旅行时，也有好几次忍着腹痛坐在人力车上，这些情况在《满韩各处》中有记载。

从满洲回来途中，夏目又去了朝鲜，承蒙时任总督府预备支部部长铃木穆先生照顾，他是我妹夫铃木先生的弟弟。夏目还在那里烧制了陶器，样子很新奇。

　　十月中旬，夏目旅行归来。买了很多玉、翡翠等当地特产。本来他就喜欢支那情调，虽然因为没钱，买不起贵重东西，也还是经常去虎门的"晚翠轩"买点什么。他特别喜欢紫檀，不管是托盘、书桌还是烟盒，一定要买紫檀的。见他这样，我就说："对你来说，不管什么，只要是紫檀的就好吧。家里有紫檀书桌、紫檀椅子，所有东西都是紫檀的，只要是支那的东西，样样都好。你这人真没有爱国心。"夏目挖苦我说："你不也一样吗？像泥金画、梨皮泥金画这种，只要是涂上金粉的花哨东西就好，只要是做成泥金就好，对吧？真是俗不可耐啊！"他经常用油蜡抹布擦拭紫檀书桌，擦完后很有光泽，他看了特别高兴。

三十七　修善寺大病

　　第二年，胃的情况越来越糟。他一直胃疼，但还只是应付一时地随便处理一下，吃一些常见的胃药，大便倒还通畅。亲戚中的长辈每看到我，就会询问夏目的情况，我一一说明后，他们就劝我说："他这样对付下去，要是癌变就晚了。最好去专科医院看看。"被这么一说，我也很担心，回到家就劝他。"癌变就癌变吧，那也没办法呀。"他就是不去医院检查。每次提醒他，他都这样。后来，他自己可能也有点害怕了，这才到内幸町的长与胃肠医院去检查。大概是六月份。

　　检查结果说好像是胃溃疡，医生说，为保险起见，需要检查大便。第二天又去，发现大便中有出血，确诊为胃溃疡。医生说，虽然无伤大碍，但在家中无法治疗，每天到医院来又十分辛苦，建议最好住院一段时间。于是，夏目从六月中旬开始住院治疗。幸亏在医院静养，情况大有好转，七月三十一日出院。

　　当时，松根东洋城先生陪着北白川宫殿下去了修善寺，他对夏目说："您病好后，来这里静养如何？"夏目自己也觉得，一旦有什么事，有个认识的人比较方便，就说打算去。其实，他也想趁着养病，顺便和松根先生一起轻轻松松地写俳句。

马上要去修善寺了，出发前一天，他去胃肠病医院检查了一下。往返都是坐电车，回来时，他乘坐外护城河线在神乐坂下那一站下了车，然后走回家。在半路上胃就很不舒服，但也没坐车，强忍着走回来了。

第二天，他只身前往修善寺。之前和松根先生约好，两人在中途的三岛碰头。但不知中间出了什么差错，他没见到松根先生。在三岛车站月台等车时，虽然是炎热的八月，他的咽喉却剧痛起来。上火车后，不知在哪一站，他看到一个西洋人和一个列车员不断地说着什么，但因为双方语言不通，事情根本无法解决。夏目一听，原来是西洋人的随身行李不见了，因此在询问。但这样下去一定是无休无止，毫无结果。没办法，夏目只好给他们当翻译，很快就解决了问题。他后来说，当翻译的时候，他想说话却根本发不出声音，实在吃不消。不知到底怎么回事，在他胃不好时，一定是嗓子先疼。当时是这样，去世前也是这样，不住地咳嗽。一给他服止咳药，他就说胃疼，只能停止服用。

在路上这么一折腾，到达修善寺的第三天起，他就因病卧床了。松根先生看不过去，让人给他准备了漱口药水，但是如果不跟他说："来，请您漱口。"他就怎么也不漱口。松根先生曾抱怨说，老师当时很难伺候。

接下来，夏目的病情还是没什么好转，就请来了当地的医生。

医生一看便说，最好回东京治疗。但病人说不想动也不想回去。医生说，既然如此，请与主治医生联系，请对方派医生来这里治疗或者怎样，他们就给长与胃肠医院打了电话。胃肠医院想给我打电话，告知病人的情况，不巧，当时家里还没装电话。因此，医院就打给了朝日新闻社，想问问我的具体联系方式。报社知道后，大吃一惊，坂元雪鸟先生马上和胃肠医院的森成麟造医生一起，紧急赶往修善寺。

这时，我收到了松根先生发来的电报。电文很短，根本不知道夏目状况如何。虽然我非常想赶快去看他，但也想了解得详细些。就到附近的山田三良先生家借用电话，打到了修善寺的菊屋①总店。一会儿，夏目自己来接电话了。见他还能自己出来接电话，我也就稍微放下心来。但是，听他说话的感觉特别客套，加上电话里的声音听不大清，我还是完全不得要领。后来问他才知道，他以为打电话的是我妹妹呢，所以才郑重地寒暄了几句。之后回想起来，让一个卧病在床的人，穿过菊屋长长的走廊，上上下下、千辛万苦地到账台接电话，实在心有余悸。当时，我仍然没弄清他的身体状况，电话就挂断了。无奈之下，我只好打电报询问，回复说，让我不必前去。他能出来接电话，电报也说我不必去，综合这两种情况，我总算放心了。

在胃肠医院住院时，夏目说过，打算夏天带孩子们到海边玩。于是，我们就在茅崎海边租了一间小屋，让我母亲带孩子们去了。

---

① 菊屋，位于修善寺的温泉旅馆。迄今为止具有380多年历史的老字号。

没想到，从那时开始，每天大雨倾盆，到处都发洪水，火车也不通了，根本不知道其他地方的情况。我很想知道茅崎那边怎样了，但也毫无办法。因此，我麻烦住在矢来的夏目的哥哥，用邮局的电话问问。问过之后，知道茅崎那边没事，我才暂时放了心。接着，又传来了不好的消息，说我妹妹和最小的弟弟在箱根福住被洪水冲走了。事已至此，无力回天。在这种混乱情况下，我一边打算去看望遭遇水灾的亲人，一边给夏目写了信，说现在自己想去也去不成了。

不久，火车恢复正常运行。我打算先去看看在茅崎遭遇水灾的母亲和孩子们。正要出发时，恰好接到了弟弟妹妹平安无事的通知。本来说已经遇难的他们，在险些丧命的情况下，躲过一劫，已经回到横滨。之前，我怕母亲太难过，没告诉她弟弟妹妹遇难的消息。现在我可以毫不顾忌地说了，就将前后情况告诉了母亲，让母亲去看望弟弟妹妹。因此，我就和母亲交换，她去横滨，我当天晚上去陪孩子们。

结果，阴差阳错，我刚走，电报就像追着我一样打到了家里，看家的人又把电报打到了茅崎。电文是：速去修善寺。我马上把孩子托付给茅崎的房东夫人，又追随母亲去了横滨。但当天已经太晚，没赶上开往修善寺的火车。在横滨志忑不安地过了一夜后，第二天一大早，我就出发了。

到达修善寺后，马上见到了松根先生。他说，夏目胃部刚刚出了很多血，现在止住了。等病情稳定，就可以带他回东京。详细询问后得知，他来到修善寺后，胃一直不好，最近每天都大便出血。总之，病情非同寻常，当天晚上又吐血了。

但是，从胃肠医院赶来的森成医生，一看到我就说，本来他以为，只是过来稍微诊断一下，没想到从病人目前的情况看，不知何时才能治愈。他也不能总待在这边，胃肠医院还有很多工作，所以他想回去。我抗议道："这样不行吧。夏目来这里之前，特意到胃肠医院问过，能否出门旅行。当时贵院欣然承诺，他才来到这里的。如今看来，他一到这里马上就发病了。应该说，医院确实有一部分责任吧。因此，我正想说医生诊断错误呢，您却要抛下病人回东京去，真是岂有此理。"森成医生也很为难，就给长与院长打了电报。回电说：待夏目先生痊愈再回。此外，还说副院长杉本医生也会过来诊断。

据说头一天晚上，修善寺有祭祀活动，不断有烟花升起。他请人将床移到靠近外廊的地方，躺着看烟花，还吸着西瓜汁。结果，西瓜汁里有一颗西瓜籽，他不小心吞了进去，让森成医生他们十分担心。不过当天，他的血便大幅减少。照这种状态，不久就可以转院回东京，大家都稍微舒展了愁眉。

杉本医生从东京过来那一天，我们从早晨就开始等待。夏目的胃也难受，脸色也不好。我们用冰给他退烧，但他脸色仍然苍白如纸，让人看了很难受。心脏似乎没什么问题，他却总说心脏不舒服。医生也说，夏目先生是不是心理作用才感觉不舒服啊。

傍晚，他稍微喝了些牛奶，但好像很不舒服的样子。这时，杉本医生来了。诊断完毕后，医生们都松了口气，回到其他房间去，准备洗澡准备用餐。这时，我走到夏目床边，想跟他说说话，可他的脸色很难看，我问："不舒服吗？"他突然冷淡地说："走开！"话音未落，就响起了奇怪的"咯"的一声。看来情况非同小可。高田早苗①先生带着孩子来了，就住在隔壁。当时，女服务员正过来和他们说着什么。情况紧急，我也顾不上礼貌了，马上叫住女服务员，让她去叫刚离开的医生们。接着，夏目又发出了难受的"咯"声，表情痛苦，什么也说不出，眼睛直往上翻。紧接着，血竟然从鼻子里滴滴答答地流下来。我心急如焚，赶紧叫碰巧路过的管家去叫医生。当时，医生们就在对面房间，和夏目的病房隔着一个中庭，我隐约能瞥见他们的背影。这时，夏目紧紧抓住我开始吐血，我的和服从胸口以下都被染红了。

这时，大家都跑了过来。夏目脸上已经完全没有了血色，眼睛上翻，连脉搏也没有了。快！注射强心剂！注射器呢？大家慌作一团。连续注射了十几针强心剂，依然没有好转。那么，注射生理盐水！不巧，森成医生和杉本医生都没带生理盐水注射器，总算跟当地医生借了一支，却是坏的。坏了也没关系，只要有针就行，再接上灌肠器，乱哄哄地一团糟。医生们将一支坏了的注射器作武器，与疾病战斗了一整晚。终于，功夫不负有心人，脉搏又跳动了！命悬一线之际，夏目捡回了一条性命。

后来，听他自己回忆说，尽管动静那么大，他自己却觉得吐血之后，本来特别憋闷的心脏，一下子就透亮了，心情很舒畅。而且，他听得见大家慌乱的说话声，只是自己不想开口罢了。当他听到医

---

① 高田早苗（1860—1938），教育家，政治家。江户人。与大隈重信等一起创设东京专门学校（早稻田大学前身）。曾六次当选众议院议员。曾任大隈内阁文部大臣。

生说"既然这样了，必须要叫孩子们过来见一面"时，他突然啪地睁开眼睛说"不用，还不至于"，让大家又惊又喜。他曾感叹说，病人真是蛮不讲理啊。

当时，朝日新闻社的坂元雪鸟先生被夏目的垂危状态吓坏了，给方方面面打了很多电报。一边握着铅笔或毛笔面对着电报纸，一边不断鼓励我："夫人，您要挺住，要挺住"，可能是担心我承受不了吧。岂止是我，他自己的手也一直在颤抖，根本无法在电报纸上写字。

朝日新闻社的主笔池边先生来了。此外，还有很多人士赶来探望。但夏目病情危急，当时不能让各位见面。

不过，当天的情况总算基本稳定了。第二天，杉本医生说，长与院长病危，他必须要赶回去。我当然迫切希望他能再留下一段时间，但也没有办法。临回去时，他说："病人因为吐血差点丢掉性命，这完全是医生的失误。因此我会嘱咐森成医生必须做到万无一失。不过，如您所见，病情危重，不排除再次发生大出血。万一如此，就没有希望了，请您务必了解。"他也将情况告知了池边先生，并说这两三天需要特别小心，他会从东京叫护士来，尽量做到在治疗上没有疏漏。

让人欣慰的是，那天之后夏目没有再吐血，只是手脚还不能动。那一天是八月二十四日。

在此我稍微说几句有点迷信的话。本来我并不迷信什么，就是从夏目的大脑出现问题，经常欺负我开始，我才把很多事看成命运的安排，开始求签问卦。我并非把自己的命运强加于人，只是自求心安，所以都是悄悄去算的。但不知何时，夏目竟然知道了，就嘲笑我说："你这家伙，凡事都是先和天狗商量，而不是丈夫。"天狗，就是指经常给我占卜的算命师傅。

夏目大出血的前一天，也就是八月二十三日。我非常担心夏目的病情，为了让自己放心，我给天狗写信告知夏目的病情，请他算一卦并为夏目祈祷。二十五日，我收到了天狗的回信。上写："算了一卦，卦象很凶。就像身体中弹爆炸了一样，非常严重。不过，我将斋戒沐浴，拼命为他祈祷三七二十一天。每祈祷一周就稍微歇口气休息一下。所以，请你在一周后再告知情况。"我们书信往返的中间正好夹着二十四号，也就是夏目病危那一天。因此，我就照天狗所说，每到第七天就汇报夏目的病情。然后，让人欣慰的是，夏目病情稳定了，我就给天狗写了感谢信，后来还登门致谢。见面那天，天狗讲了一件颇具怪谈色彩的事，十分有趣。

二十四日，天狗收到了我的信，大概在那一天的两三天前，不知从哪儿来了一只从没见过的黑猫，进了天狗家，且赖在他家不走了。给它饭，它就吃，天狗一坐下，它就爬到他膝盖上，让他抱着。因为接到了我的信，天狗为了祈祷要搭一个祈祷坛。不知不觉间，发现那只猫不见了，过了好几天也没回来。他心想真是只怪猫啊，一边持续为夏目祈祷。接近满愿日期时，黑猫却突然回来了，之后吐血而死。我说，难道那只猫是代替夏目死去了？天狗就说，夏目和猫怎么怎么有缘，说得越来越像怪谈式佛教因果故事。听他这么说时，我心里还是非常感激他的。毕竟夏目当时躲过了一劫。

三十八　病床日记

从八月二十四日起，我接在手边留存的夏目的日记末尾，每天都写一些备忘，一并放进这里吧。通过这些，可以了解当时的情况。

二十三日之前是夏目写的，他从这一年的六月六日开始，一直坚持每天写日记。以下内容从他二十三日的日记开始。

八月二十三日

天气晴朗、黄花败酱、野菊、白花败酱①、芒草、胡枝子、桔梗、紫玉（与紫藤类似）

○打嗝儿有血腥气，看来仍有出血。大便带有明显血色。

○掌柜的送来高田早苗先生名片。托坂元呈送我之名片。高田

_____

① 日文汉字写作"男郎花"，前面的"黄花败酱"写作"女郎花"，败酱是一种草本植物。与后面的芒草、胡枝子、桔梗等合称日本的"秋之七草"，即秋天开花的具有代表性的七种草花。

先生始唱谣曲。

八月二十四日

晨起脸色极差。下午四点杉本副院长乘坐开往大仁的火车来此。诊断后，八点突然吐血五百毫升。突发脑贫血，一时不省人事。注射强心剂十五针。注射生理盐水后，渐渐有了意识。大家均认为可能活不到早晨（笔者注。至此为钢笔写，以下至结束为铅笔写。）给报社打电报，一夜未睡。

八月二十五日

晨问病情，虽危险若静养可能有救。杉本先生回东京。东京家中来电，夏目的哥哥、高田家的姐姐夫妇、三个孩子、高浜先生、森田先生、中根伦先生，乘今晨首班车出发。大塚先生自大矶赶来。阿部先生来访。野村先生乘晚一班火车到来。池边先生来访。

八月二十六日

病情渐渐好转。

探望者：奥村鹿太郎、满铁的山崎先生、铃木三重吉。春阳堂、汤浅廉孙、高田知一郎、菅虎雄、森卷吉、两位护士。春阳堂赠点心一盒。

八月二十七日

病情无甚变化。

探望者：小宫丰隆、渡边和太郎赠送香水和饼干。早稻田大学学生高尾忠坚。原在同一学校的早矢仕四郎。奥村未见即回，说好一些再来探望。孩子、兄姐与中根伦、野村先生同回。

八月二十八日

病情无异样。

森成医生因事回东京。医院派额田医生接替。

探望者：小林郁、高须贺淳平、石井柏亭、行德二郎、野间真纲。

八月二十九日　晴

状态良好。照此情况可不必担心。大家安心回东京。

大塚先生、菅先生、森先生、野上先生、汤浅先生。大仓书店寄慰问信并附点心一盒。铃木先生自名古屋寄慰问金二十五元，担心病情，嘱每日电报告知病情。托野上先生用此钱给病人买毛毯一条。

八月三十日　晴

病情无异样。

额田医生乘下午两点火车回东京。森成医生前来接替。行德先生、高须先生同回东京。晚，满铁中村先生派山崎先生前来探望，赠慰问金三百元。

八月三十一日 晴

病情无异样。

今日可给病人喝汤。晨买鸡肉请人切块，借酒壶将鸡肉放入，于火盆隔水蒸成鸡汤。傍晚铃木先生自名古屋来。两三天前定做羽绒送到。

九月一日　晴

病情略微好转。

早稻田大学学生小林脩一郎来访。中村先生使者山崎先生回。铃木下午回，托铃木在东京购买诸多物品。傍晚野间先生从东京来。

九月二日　晴

病情无异样。

今日喝汤三次。唯想病人食谱。坂元先生七点腹泻腹痛，为其做怀炉。晚九点左右内丸先生来访。

九月三日　雨

病情无异样。

内丸先生乘上午十点火车回。野间先生乘下午两点火车回鹿儿岛。

九月四日　晴

病情同前。

晨九点汤浅先生从东京回来途中来访。下午，阿部次郎先生从山行回东京途中来访。告知病人，吩咐薄酒款待。阿部与小宫共饮啤酒两瓶。汤浅先生晚六点火车回。

九月五日　雨

病情逐渐好转。

阿部先生与小宫先生去散步，带回草花插于花瓶。

九月六日　晴

无异常。

今日十点用生理盐水灌肠。四人负责操作。排大便少许。

脱上衣用酒精擦拭后背。躺下为其换衣。于草垫上铺褥子两条，让病人躺下。众人极担心，并无异样，大为放心。阿部先生乘下午两点火车回东京。

九月七日　雨

状态良好。

坂元先生乘今日头班车回。烦其带回手提包。野上先生傍晚来访，赠土特产。

我的日记只是一些备忘而已，在此结束。夏目从第二天，也就是九月八日开始躺着写日记，字迹有些潦草。他还在同一本日记簿上开始写俳句和一些夹杂着英文的感想。因此，日积月累就具备了日记的样子，他经常记下所作俳句，后来还写了汉诗。

我的日记是在慌乱中所写，再加上没有写日记的习惯，看起来像小学生写的，其中夹杂着很多平假名和片假名。比如脑贫血，我当时就是用假名写的。后来被夏目看到，还遭到了他的嘲笑。总之，正是因为记下了这些，才能一看就想起当时的情形。不过，不管怎么说，我毕竟不太会写文章，也会忘记当时的某些具体情况。而且，虽然自以为在记录时很冷静，实际上可能非常慌张，因此一定有很多自相矛盾之处。在这方面，其他各位反而记得更清楚，描写得更真切。现在，夏目桌边的小文件箱中，正好保存着当时安倍能成先生的手记，可能与我写的内容稍有重复，但还是决定将其收入此书。

　　当时，安倍先生患了伤寒，为了养病来到沼津海岸。一接到夏目二十四日夜病危的电报，立刻乘次日头班车赶到修善寺。此前在夏目身边的只有我、主治医生森成先生、报社的坂元先生，还有头天晚上从东京赶来诊断的副院长杉本医生，所以安倍先生的到来就像援兵一样，让我有了信心和力量。虽然是后话，当时安倍先生的到来，像我这种迷信的人，更要搬出因果缘分之说了。因为最先赶来的是"安倍能成"，也就是"成为好的安排"①，所以我就迷信地想夏目的病一定能治好。安倍先生后来听说后，十分得意地说："如此说来，我的功劳当值金鵄勋章②喽。"

　　安倍先生一大早就赶来了，但病人却意识清醒，让人想象不到

---

　　①　此处夏目夫人巧妙利用了日语汉字的谐音来暗示吉兆。虽然"安倍"作为姓氏时的日文发音是"abe"，但不作为姓氏时，发音还可以是"anbai"，与"安排"的日文发音完全相同。此外，"能"的日文汉字还有"好"的意思，因此，就是"成为好的安排"。
　　②　日本授予武功卓著的军人和军内文职人员的勋章。分为功一级至功七级。同时发给终身养老金（后改为一次性津贴）。明治二十三年（1890）创设，二战后废除。

曾经严重到病危的程度。要让安倍先生与夏目见面，绝对不能把病危之事说漏嘴。于是我们商定，只字不提"发病危电报叫大家前来"这件事，只说在报纸上看到情况不好的消息，因此前来探望。商量好后，安倍先生才进了病房。夏目当然不知其中缘故，只说安倍先生特意前来，叫我多多关照一下。

以下是安倍先生的手记。

二十五日　能成

半夜接到病危电报，乘早晨五点火车从沼津出发，八点到达这里。我向掌柜的打听夏目先生，他回说"啊，是嘛"，从口气看老师尚平安无事，暂时松了口气。见到坂元君，听说了昨夜病危的情形。连续不断地吐血，无论怎么注射也无效果，共注射了十五次。坂元君与森成医生看护一整夜，今天就由我在床畔侍候老师。下午，老师情况稍微稳定后，我第一个走进病房。事先商定好了，就说顺便从沼津来探望老师。我一进去，老师略微抬抬头，目不转睛地看着我。我鞠躬致意后，老师轻轻点头。然后对旁边的女佣说："去叫夫人。"又对夫人说："安倍君来了。"于是我和夫人又再次互相鞠躬致意。老师还提醒女佣端茶来。接着，老师说了很多话。"还在沼津吗？""乘几点的火车来的？""是从大仁走过来的吗？""吃饭了吗？""没想到我病得这么严重吧。"我随意作答。老师还说："洗个澡休息一下吧。"

老师面容非常憔悴，下巴上长满了胡须，时而用可怕的眼神不知看向何方。面无血色，土黄色中略带青色。胸口处敞开着，上盖纱布。胃部放着冰袋，这让我大为吃惊。尽管如此，从颈部至胸口处，仍然可以看出老师平日结实的身板，这让我多少放下心来。老师的脚上盖着一件单层和服。接到昨晚的电报，老师的兄长、姐姐夫妇、老师的三位较大的千金、中根家的弟弟，还有大塚先生、高浜先生、森田、野上诸君于下午两点左右抵达。因怕刺激病人神经，均未与老师见面。只有野村传四君代替我侍候在老师床畔。晚上，朝日新闻社的池边先生来到病床边。老师向他致谢说："承蒙多多关照。"

从今天早晨开始，老师什么也没有吃，只是偶尔用冰漱口。而且，眼睛总是闭一小会儿就马上睁开。老师对医生说："身体不能动，东西也不能吃，很想稍微睡一会儿啊。"医生说为了止血要注射。老师嫌疼，实在不想打针，医生耐心地说明必要性后，老师才终于点头同意。大概在晚上八九点钟，医生给老师做了牛奶滋养灌肠，说如果有异常应该是在十二点以后，让我过了十二点叫他们。于是，野村君、医生和我三个人轮流值夜班。幸好一夜无事，尽管老师偶尔睁开眼睛，但基本上睡得比较安稳。

二十六日

大家说老师的脸色比昨天稍微好些，但我好像没什么感觉。上午，老师和高浜先生见面时，还曾微笑着寒暄："您住在新井吗？"但是，上午池边先生来告辞后，老师还是很长时间一言不发。我想可能是池边先生一走，老师马上有点情绪低落吧。不过，池边先生来打招呼时，老师还是一一回应了。下午，伊势的汤浅先生、从东京来的高田先生、春阳堂的小林先生等来探望。高田、小林两位先生晚上就回去了。傍晚时分，老师说："这回我可是差点没命啊。"接着又说："精神迷迷糊糊的时候，我不想见孩子们。只是不愿意在这里死掉。"之后又说起了前天晚上的事情，医生说："当时真的搞砸啦。要是一般的患者，真不知道结果会怎样，多亏了您强大的精神力量。""并非精神力量强大吧，还是体力好能撑得住。"我说："听说您还说德语了？""我好像说了什么'温特特什么的是舒瓦赫'之类的。"从这种语气中，我又看到了平日里健谈的老师。

虽说老师的气色看上去比昨天好了，但我总觉得那种阴气逼人的恐怖并没有消失。我担心地想，老师会这样一天天地衰弱下去吗？心里又将如今的老师和前几日奄奄一息的老师做了一番对比，感觉眼前摆着一个无论如何也解不开的谜团。尽管如此，老师依然很严厉，对医生的各种治疗措施，都要求详细说明。这样的话，即使病情稍有好转，老师会不会不遵医嘱、任性而为呢？这样一位大病之人，却还是一副"我的身体我知道"的表情，真的很令人担心。今天好像是喝了一点葛粉汤。

医生问我："他不能喝些冰吗？"我回答："漱口的时候，多少会进到嘴里一点吧。"老师却说："那是不得已才进去的。如果注定治不好的话，我会使劲儿喝。能死倒也好，但是如果死不了，还像之前那样痛苦可就讨厌了。所以，只要不是冰，你说什么我都会拼命地吃。"今天下午两点左右，从东京来了两名护士，她们从下午六点开始看护老师。因此，野村君和我只偶尔露个面就行。晚上无异常，我十一点左右就睡了。本来打算偶尔起来一下的，结果睡得很沉，一直睡到了第二天早上。

今天中午，铃木三重吉君来了。大塚先生和老师的门生诸君说，因为满铁总裁中村先生说要派医生过来，大家就商定请入泽达吉①博士。当天晚上就给中村先生的秘书龙居先生打电报拜托此事。

二十七日

昨夜无异常。脉搏九十以下，呼吸二十四以内，体温一直保持在三十七度多一点。今天早晨，老师的兄长、姐姐和老师的三位千金以及中根先生临别前见过老师就回去了。今天上午小宫来了，中午野村君回去了。因为老师的病情目前无甚异常，等候室的气氛也变得欢快多了。老师今天喝了葛粉汤，此外还喝了少量平野碳酸水，还偶尔抽烟。昨天吃了一小勺冰激凌，今天上午吃了两小勺，下午要吃第三勺的时候，老师非常高兴地说还有一次呀！傍晚，老师让护士拿镜子来，对着镜子不停地伸舌头动嘴唇翻眼皮。

晚上，菅先生和森卷吉先生来了。不过当时没见老师。晚上，老师曾问医生关于喝酒的事情。"要想酒量好，可以练习吗？"我心想，老师是以什么样的心情如此发问的呢？

二十八日

今天早晨，野上、森田和汤浅先生到病房见了老师。

---

① 入泽达吉（1865—1938），医学博士，内科医生。东京帝国大学医学部长、教授，东京帝国大学附属医院院长。曾任日本宫内省御医最高领导。

老师说:"你们来了真好。"

下午我去病房时,老师说了很多话。先问我在沼津吃鱼了吗?然后接着说他不想吃鱼,想吃蔬菜,想吃豆腐和油炸豆腐丸子。和昨天相比,目光柔和了很多,时不时不知看向何方的可怕眼神也变少了。森成医生乘今天四点的火车回东京看望长与院长。为了接替森成医生,留德归来的医学学士额田君在一两天前到达,从今天傍晚开始经常到老师床边看望。额田君说老师的情况非常好,大概没什么问题。大家都非常高兴。

今天,老师说打过针的地方不那么疼了,手腕也能动了,看起来很开心。见大家进病房稍微露个脸,就马上退出去了,老师问道:"大家一看到我的脸,马上就退回去了,怎么回事?"夫人说:"他们觉得,不能招惹病这个东西。"因为夫人这样说,老师也就点头认可了。知道坂元先生又从朝日新闻社来了,老师之前就觉得很过意不去。我说坂元先生因为有事,前天晚上回去了,今晚又来了。老师说:"事情很快就办妥倒是很好。可是,也不知我这个病到什么时候才能好,他也不能总待在这边啊。"

老师自己好像抱着极大的生存愿望,这让我感觉很踏实。菅先生和大塚先生再次建议请满铁派名医来。之前打电报过去时,大泽医生正在给长与医生治疗,一时走不开,说和池边先生商量后再想办法。因此,森田为和满铁、朝日新闻社商量此事,乘今晚七点的火车回了东京。

今天,野间先生、行德先生、小林郁先生分别从鹿儿岛、佐贺和东京赶来了。

二十九日

上午，大塚、菅、小林、森、野间诸位先生与老师见面。大塚先生和菅先生高兴地说，老师不像他们想象的那么憔悴，精神很好。我说从东京回来后还会来看老师，汤浅先生听后对我说："不会那么快死的，你可以不必来了。"中午，以上诸位先生，还有野上，搭乘两辆高级马车暂时回去了。

下午也无异常，一直到天黑。昨天，高须贺淳平君来了，与老师见了面。

三十日

今天早晨，我一到医院，老师就问我朝鲜合邦①，以及阿梅的事情。老师问我，野上回去了吗？我就顺便告诉老师说小宫来了。老师说，他怎么来了，他应该是不看报纸的。接着又说："一看到大家，我就想不会有人变成我这样吧，心里害怕得很。像杉本那样长得胖胖的倒没关系，森卷吉就太瘦了。"说着说着，我问老师是不是累了。老师回答："时间一长就累。"据说早晨老师说想吃拌黄瓜。老师还问我去看瀑布没有。

上午，行德先生见了老师后，与额田医生、高须贺君一起乘下午两点的火车出发了。额田医生说，再过两周，大概可以带老师回东京。但我还是放心不下，心想如果真能那样就好了。森成医生代

---

① 即"日韩合并"，1910 年 8 月 22 日，日本（当时的大日本帝国）基于《日韩合并条约》，将大韩帝国并入日本版图。从此，朝鲜半岛沦为日本殖民地。

替额田先生，又从东京赶来了。

下午，与小宫一起去病房。老师可能有点累了，一直没有说话。据说，当我离开病房后，老师问了小宫很多话。"我生病的消息登在了报纸上，是什么报纸？""乡下有意思吗？"

晚上，山崎先生从满铁赶来探望，转达中村先生的指示。入泽医生不能来，因此已经拜托宫本博士前来。但病发至今还不到十天，即使来了也无法诊断，所以要稍晚些再来。

三十九　经过

安倍先生的手记到此结束。因其详细记录了当时情形，在此拜借。

正如我的日记和安倍先生的手记所写，因为眼看夏目好像快不行了，医生说最好趁现在让孩子们见一面。我就把在茅崎的三个较大的女儿叫过来，让她们见了夏目。她们正好和夏目的哥哥姐姐在火车上碰头，一起前来。带大家到病房后，病人只是睁眼盯着大家看，什么也没说。医生说这两三天最为危险，不知还会发生什么突发状况，而且从东京请来的护士还没到，我们大家要万分小心地照看着。但只要他稍微动一动手脚，伤口里好像马上就要出血似的，还脸色骤变，直翻白眼。他那样子太吓人，我忐忑不安，不忍直视。因此，我走到别的房间，想尽量远离这恐怖的场景。这时，来探望的铃木三重吉先生问："夫人，您为什么要到旁边去呢？"好像在指责我对夏目不好。但我实在太担心了，怕他有什么不测，不忍心看他那可怜的样子。所以只好说："我不太舒服……"但对方却说那可不行。我知道铃木先生是出于真心，但我却没能让他领会我的心情，再加上当时的紧张气氛，我和铃木先生竟然争吵起来。最后，安倍先生从中调停，劝解铃木先生说，这样无聊的争执有什么用呢？总之，因为随时都可能发生危险，大家一直提心吊胆地待在另外一个房间里，晚上也轮流通宵值夜。

没多久，森成医生对我说，胃肠医院的长与院长病危，院长一直对他多有关照，他想回去探望并告别，希望我能理解。我说，您说的话合乎情理，但这里的病人也是随时都可能出现危险的重病患者。本来您跟随我们在这里就是代表胃肠医院的，因此请您考虑一下，不要做不负责任的事情。如果您要回去，请先派一位医生来接替您，然后再回去。正好，有一位刚刚留洋回来的额田医生来接替森成医生。正如安倍先生的手记所写，额田医生到来后，说夏目的状态很好，大家都放心了。

发病后的第一天禁食。后来，吃两勺冰激凌，再后来，他食量一点点渐渐增大，便也给他吃些葛粉汤什么的。他自己也总是想吃东西，缠着我说，再拿一粒水果糖，再给我一勺冰激凌。不过，让我头疼的是，他躺在床上都快两周了，从没排过大便。于是，在第二周的某天，打完止血针，注射强心剂后，四五个人一起帮忙，让他坐到便器上排了大便。当时大家都提心吊胆，害怕再出现不好的情况，还好他自己只说有点胸闷，平安解决完毕。然后，我们给他换上东京寄来的厚厚的草垫子，让他睡在上面，大家的愁眉也终于舒展开来。

大家向我转达满铁的中村是公先生的心意，他很早就说过，要派医术高超的名医来给夏目看病。菅先生、大塚先生等也总说胃肠医院不太好，想让入泽医生看看。但是，目前我不愿意让别的医生插手，而且，这样做也会伤害胃肠医院医生们的感情，他们十分了解夏目的病情，并且从很早开始就一直陪伴着夏目。首先，已经确诊为胃溃疡，而且在慢慢好转，有望痊愈，这样不是很好吗？所以，我一直没有顺从地接受大家的建议。但是，这个话题已经不止一次被提及，我也深知大家的深情厚谊，就决定请名医来诊察一下。可是，入泽医生无论如何也来不了，于是决定请宫本博士代替。宫本博士说，现在去也不能做什么，等病人稍微好点再过来。

接着，最近一直守在这里的各位也陆续回了东京，最后只剩下我、森成医生和东先生三个人。不久，宫本医生如约而至。我担心夏目闹别扭，可能不愿意让别的医生看，就和他先商量了一下。果然，他的意思是：有森成医生在，病也渐渐要好了，就不用白费力气了。于是，我跟他说，实际上我也曾这样婉拒了一次，但不能三番五次无视大家的深情厚谊，这也是为了顾全东先生、大塚先生的面子，所以我决定接受。知道了前因后果，夏目爽快地说："是吗，那就让他看看吧。"当时应该是九月中旬。宫本博士诊察后说，情况很好，但让他移动还为时尚早，再过两周的话，回东京无妨。听完他一席话，我浑身充满了力量。

过些日子后，他的胃口越来越好，吃的东西也换了花样。麦片粥代替了葛粉汤，还有米汤、生鱼片。他说米汤难喝，基本都剩下了。后来终于可以吃粥了，第一次吃粥的时候，他高兴地说从没吃过这么美味的东西。还特意把医生叫来，感谢道："您让我吃粥，太感谢了。"

　　总之，他总是饿得不行，总想胡乱吃东西，所以经常和医生吵架。我在的话，总要被他说什么，很烦人。我不在，他没有吵架对象也就不说了。森成医生很怕听他发牢骚，所以一到吃饭时间，就经常逃出去散步。他曾经说过，自己边躺着边在大脑中制作各种各样的菜谱。啊，西餐！下次是鳗鱼。就这样在想象中摆上美食。

　　后来，他说想看书，但他既没有力气，也因为生病拿不了书，就让陪护的东先生帮他打开书，他仰面朝上看。还不时唠叨说，再离远点。东先生说，老师好像眼睛花了，看书时总是让我把书拿得远远的。不久之后，他可以自己拿着书看了。

　　此后，还有一件事引发了争执，那就是报纸。他有时会唠唠叨叨地央求说"让我看看报纸"，我最终也没给他看。一旦他不断地要求，我们就会吵架。之所以这样，是因为正好那个阶段胃肠医院的长与院长去世了，我们没把这件事告诉夏目，如果他看了报纸就会知道，所以才不给他看。因此，直到他离开修善寺，再次回到东京的胃肠医院，都不知道院长已经去世。之所以不告诉他，是因为夏目特别信任长与院长，这次生病也多亏了院长特别关照，还一直关心提醒。不论什么时候，院长总是"夏目先生、夏目先生"地称呼，夏目也总是"长与医生、长与医生"地，特别依赖他。这样一位他非常信任，并给予他力量的医生，竟然在他生病期间去世了。他若得知，一定伤心失望。因此，长与医生病危以及后来去世，我们都一直瞒着他。瞒了一次，之后就一直要隐瞒，即使后来他的病没什么大碍了，我们也尽量避免谈到这个话题，大家都适当予以回避。

他的病情开始趋向好转后，我又担心起家里的事情来。毕竟我是在大夏天接到紧急电报后，慌里慌张就从家里赶过来了，之后就一直没回去。现在已是秋天，一天天冷了起来。我挂念家里，就跟夏目说，想暂时回去一下，做些冬天的准备后再回来。但他说，我回去他就麻烦了，不让我回去。既然他这样说，我也不能甩开他回去。不过，心里还是忐忑不安地惦记着。那段时间，可能因为长期劳心费神，我得了失眠症，非常难受。随着他的病情逐渐好转，我除了准备一日三餐的粥、汤什么的，就没有其他事情了。三餐是我和护士一起在走廊用炭火盆做的。这样，至少白天我会去散散步，分散一下注意力。

四十　回东京住院

宫本博士说的"再过两周的话，回东京无妨"的那一天到了，医生们诊断说没有问题，终于可以回东京了。虽说没问题，也不排除随时有变故，因此一直放在枕边的注射器以及注射用的药品，必须备齐放好，以备在万一需要时，能马上采取应急治疗措施。所以，搬运转移这样的病人，相当辛苦。我们把租下的二楼四个房间全部收拾干净（病危之时，几乎借用了二楼所有的房间），十月十一日便告别了这家旅馆。当时，修善寺的医生为夏目设计了一个很方便的设备，说起来就像一个船形卧铺，可以半躺半靠。在里面铺上褥子，能整个搬上马车或者火车，极为方便实用。从旅馆二楼走后门，基本没有危险的楼梯，很容易就能把病人抬出来。但是，连医生都迷信地认为，从后门走不吉利，一定要把病人光明正大地从前面大门抬出来，弄得大家手忙脚乱。还好，最终顺利地将病人搬进了一等马车，大家才松了口气。将船形卧铺横着放在马车的座位中间，非常稳妥。护士与森成医生陪同夏目坐马车。

接下来必须要在大仁换乘火车，还要在三岛换乘东海道干线①。正苦恼要怎么办时，旅馆掌柜带来四个身强力壮的搬运工，多亏了他们，两次换乘都轻松完成。在三岛换乘时，通常应该是我们的火车先到，过很久东海道干线才到。可是，那天不知怎么回事，东海道干线竟然先到一步，我们的火车抵达时，它已经在站台等候了。来不及过桥了，搬运工只好冒着大雨横穿铁道线，总算赶上了火车，大家才放下心来。

在大仁上火车前，车站的人说，夏目这样的病人，必须要租下整个一等车厢。于是，就麻烦坂元雪鸟先生和报社说一下。夏目说，包租太奢侈了，没必要弄得那么夸张。听他这么一说，我也有点于心不安。后来才知道，可容纳十二人的一等车厢，如果包租，可降至十人的价格。若多于十二人，再按照人头计费。一算总人数，正好十二人，很合算。大家笑着说，真荒唐，都被包租吓坏了。

回东京途中，我们给夏目带着药品和注射器，随时准备好汤和燕麦粥，一直小心翼翼。还好基本没发生让人担心的情况，总算顺利抵达东京。很多人都到车站来迎接，但我记不清楚名字了。因为事先就定好，到东京后马上住进内幸町的胃肠医院，所以船形卧铺直接被搬上了担架，松根东洋城先生跟在后面。夏目事后说，那天他躺在担架上，从头到脚都被盖着，什么也看不见。只觉得被搬来搬去，完全不知道要去哪儿，弄得他十分不安。

---

① 沿东海道，从东京途经横滨、名古屋、京都、大阪等大城市，最后到达神户的铁路干线。全程585.5km。

到了病房后，我终于放下心来，他自己好像也安心了。我把各种东西整理一下，断定应该没什么问题了，就想先回家看看，就说："我现在回家去喽。"他由衷地深表谢意道："哦，真是多谢你了。"

　　可是，我回家后却发生了一件麻烦事。因为夏目住院了，医生来给他检查时，他就说了很多关于这次九死一生的感谢之言。"这么长时间，实在给各位添麻烦了。请代我向长与院长问好。他怎样？最近还好吧？"医生们觉得很奇怪，这里面一定有什么内情，于是适当寒暄几句就出来了。森成医生想，一直这样隐瞒下去，最后肯定会出现不合情理的破绽，就请我对夏目说出实情，还说："没办法，播下的种子必须要收割呀。先生一定会生气吧。我在隔壁房间听着，先生一旦生气，我就出来帮您，因为是我这个医生做的决定，我来承担责任。"我答应森成医生，第二天就对夏目说了实情。

　　"实际是这样的，因为你的病很严重，正好当时长与医生也病重，最终去世了。你那么仰慕并且依赖他，如果让你知道，可能于病不利。就这样一直隐瞒到了今天。我并不是想欺骗你，请不要往坏处想。"我说出了其中缘由。夏目一听，眼含热泪说："原来是这样。"停顿了一会儿又接着说："那真是，太不幸了。怪不得我昨晚问医生时，总觉得他们有点含糊其辞，当时就觉得很奇怪。是这样啊，那太不幸了。"他表情凝重，感慨颇深。森成医生在隔壁细听，也放下心来，突然冲进病房说："先生，实在对不起。想到我们一起欺骗您一个人，真是太过意不去了。请您一定……"夏目并没生气，而是无比感同身受，充满同情地说："没关系，只是，实在太不幸了。"

四十一　医院生活

　　在修善寺时，满铁的中村先生给了夏目三百元慰问金。我们心怀感激地收下了。这次，朝日新闻社的池边先生问我修善寺的住宿费多少钱，说由报社支付。但是，当时去修善寺探望的客人很多，夏目病房周边的二楼房间，有段时间几乎全被我们租下了。而且，这些人和朝日新闻社毫无关系，请报社出钱，不合情理。我就婉言谢绝了。池边先生又说，那我们就支付夏目一个人的住宿费吧。我实在不知如何回应。此时，亲戚铃木来看望夏目，他也在替我们担心钱的问题，问我够不够用。我就把以上情况告诉了他。铃木说，既然报社特意这么说，断然拒绝也未免无礼。不过，如果夏目是为报社出公差而生病，或者为报社殉职，就理应收这笔钱。但这次，他是为养病才去修善寺的，是因个人原因得病，无缘无故从报社拿钱，从夏目个性看，也不愿意吧。但是，现在不是摆这些麻烦道理的时候，报社的真情实意也非常值得感谢，所以暂且收下为好，就当是代为保管，直到夏目痊愈。既然铃木这样说，我就照办了。

不久，中村先生又想我们可能手头紧张，他也知道如果直接给夏目，夏目一定会坚决不要。就派秘书龙居先生找我，想得到我私下同意。我婉言谢绝道："虽然我们也没富裕到人家说给钱，就说不需要的程度，但还是有些积蓄的，起码能负担治疗费和疗养费，因此，不能毫无缘由地随便收钱。"龙居先生听后说道："给现金的话，您可能会觉得无礼，实际上我是来问问您的想法，总裁也在担心这个。"我说："我怎么能生气呢？非常感激总裁的深情厚谊。请您不要见怪。""既然您这么想，总裁也是特意派我来的，还请您一定理解总裁的心意，让我完成任务。"被龙居秘书顽强地说服，我只好同意，又收下了三百元。

　　回到胃肠医院后，我觉得可以告诉夏目了，就把以上情况跟他说了。他说，没有道理收朝日新闻社的钱，让我去还掉。我就找池边先生说明了情况。池边先生说："您家也不是有钱人，而且一旦公司支付了款项，就无法收回了，这样不是很好吗？"我还是拜托他："即便这样，我也很为难，请一定收回。"后来又见到池边先生，他对我说："因为您那么坚持，我就和社长说了，社长对我说，钱已经给你了，你合理使用就行了，没必要归还。所以，这笔钱您不必对任何人有顾虑。"此事就这样不了了之。

　　不久，夏目身体逐渐恢复，腰腿有了力气，慢慢开始出去散步。这样一来，他就不老老实实听医生的话了。不只如此，去散步时，他还买了胃肠病相关书籍，读过后，反而把医生驳倒。

　　曾经有过这样一件事。他散步回来，说自己不知爬哪个坡路时，累得气喘吁吁。森成医生说，大概因为病刚好吧。他怎么也不赞成这个说法。"可是，我生病以前，不管爬什么坡，都没问题呀。"森成医生说："先生，您知道黄莺的叫声吗？虽然它每年都叫，实际上，在早春微寒时节，它已经彻底忘记去年的叫声了，只能发出哑嘴般的啁啾低鸣。要经过慢慢练习，才会像原来那样响亮鸣叫。您也一样，因为大病一场，您的腿脚像小孩一样软弱无力，也要慢慢锻炼，才会一点点恢复如前。""是吗？"夏目听后，沉默着一言不发，也没再抱怨什么。

我把这件事说给铃木三重吉先生听，他说："因为对方是医生，老师才默默地听着，如果是我们跟老师这样理论，肯定被他将一军说：'三重吉，你小子也知道黄莺的叫声？'"我也笑着说，的确如此，可能会这样。

一天，小宫先生和东先生来探望夏目，我也在医院。他们对我说："夫人，回去时请我们吃鳗鱼吧。"夏目满脸怒气，严厉训斥道："我还在住院呢，你们却要和我老婆去吃饭，有这样的家伙吗？"两人只好仓皇逃到病房外。后来，东先生不满地说："老师也不至于那样说呀，真孩子气。这样一来，吃什么都觉得难吃了。"两个人都很沮丧，就此各回各的，哪儿也没去。第二天，我一到医院，夏目就兴奋地问我，昨天你们去哪儿了？我说，哪儿也没去，马上就回家了。他说，是吗？那太可惜了。小宫那家伙，总是太懒散奢侈，我才忍不住说得严厉了些。

大概十月底，夏目又开始写作了。他将这场大病写在题为《杂忆录》的文章中。记得就是在写这篇文章时，一天，池边先生来探望，见到夏目在写作，就从他手中夺过文稿说："不必现在就开始写东西。万一用脑过度，胃酸过多，不就糟糕了吗？"

　　但是，如果他想写，不管别人说什么，他都要坚持。不过，可能是生病的缘故，不再像以前那样一天写几页甚至几十页，顺利的话，一天写报纸连载一次的内容，好像就很疲惫了。但是，他终于能开始写作，或者想悠闲安静地读些书时，总是有访客到来。他说有点心烦，曾在病房入口贴上"谢绝会客"的告示牌。

　　总的看来，因为这次生病，他原本急躁严厉的一面缓和了，变得很温和沉稳。我也看得出，因为这场病，他的心态发生了很大转变。怎么说呢？就从对人的情感方面看吧，他变得特别平易近人，就像换了一个人。他经常说，生病时真是承蒙各位多多关照了，感激不尽。想起自己在修善寺病危时，很多熟人陆续来看望，他内心十分感激。后来，当他知道，大家是收到电报才赶来的，曾开玩笑说"感谢之情，减了一半"。而且，自这场病以来，对我的态度也大有转变。

　　在修善寺住院时，名古屋的亲戚铃木让我每天把夏目的病情打电报告诉他。我就按要求像完成作业一样每天打电报。但是，病情逐渐好转后，因为每天情况相同，没什么好写的，一直写一样的电文实在无聊。于是，就半开玩笑地写他今天开始吃粥啦，今天吃了几碗饭啦，等等。一天，也是觉得实在没什么可写，就在电报纸上写"今天他刮了胡子理了发，大大提升了男子汉气概。"这篇电文被铃木夸赞为优秀电文，很受欢迎。后来，夏目病情逐渐好转，一直十分挂念他的胃肠医院长与院长却与世长辞，紧接着，比他还年轻的大塚楠绪子女士为了养病搬到了大矶。夏目本想去探望她，却因忙于自己的事情，错失了时机，结果，大塚女士竟然在秋末突然离世。对于曾经病重濒死，又捡回一条命的夏目来说，感触比一般人更深。他将这些都写进了《杂忆录》。听闻大塚女士去世，他反复嘱咐我一定要去悼念。我去府上吊唁时，大塚夫人已经化作骨灰回到了家。葬礼那天，我因为感冒最终未能参加。这是夏目赠别大塚女士的诗句。

　　白菊千百朵，奉于君棺中。　漱石

　　在修善寺时，承蒙森成医生多方关照，我们必须要表示谢意。作为纪念，赠给他什么好呢？苦思冥想之后，夏目从银座的天赏堂①买了一个银质香烟盒。自己手写了以下文字，并请人刻在烟盒上。

　　蒙修善寺悉心治疗，致谢森成神医：

　　朝寒夜亦寒，人情最温暖。　漱石

　　前些日子，举办夏目遗墨遗物展览时，我看见这个银质烟盒也陈列其中。不由回想往事，追思不已。

　　因为提到了《杂忆录》，就在这里先说一些后话吧，是与这篇文章的手稿有关的。夏目去世后，他的作品渐渐受到欢迎，经常听说

---

　　① 位于银座的百年老店，创业于明治 12 年（1879）。主要经营珠宝首饰、钟表以及火车模型。

一些手稿在各种旧书店出售。这些手稿，可能是有人一分钱没花，从报社废纸篓里捡的，也可能是报社保存的东西，被人以几百元的离谱高价卖掉的。因此，本可以买回一两本，却眼睁睁到了别人手里。从手稿本身的性质看，家里剩下的，都是写毁的。画倒是有一些，都是他装裱好并签名盖章的。也有少量书法，唯独手稿很少。除了俳句汉诗手稿，基本就是大学讲义之类，再无其他。即使想得到他的手稿，因为上述原因也买不起。后来，松冈（让）听说本乡的旧书店有《杂忆录》手稿出售。他过去一看，发现除了这篇手稿，还有去世那年新年所写随想文《点头录》的一部分。以及发表在朝日文艺时代上的两篇手稿。但是，并没有将《杂忆录》所有手稿买齐的买主。因为这篇文章里有汉诗俳句，报纸连载的每一次内容都挺有趣，就被分批出售了。每一批就是连载一次的内容，大约为单面稿纸八九张。手稿缺失了大约五六次的连载。终于找到了出售手稿的书店，却发现本来完整的东西变成了零散的残品，松冈深觉可惜，就详细打听了一番。但因为是在店面出售的，并非送货上门，终于未能查到买主。于是，松冈和店主敲定，他要将余下的部分全部买下，并写了送货地址。店主定价时，并不知道买主是松冈，后悔不迭地说，早知是你，价格应该再抬高些，亏了亏了。就这样，《杂忆录》手稿如今就在家中。此外还有《点头录》，以及后来熟人转让给我们的《春分之后》。手稿就只有这些了。最近我经常想，当初在市面上，他的手稿很多，如果那时买下就好了。现如今价格昂贵，想买也买不起了。

夏目在胃肠医院迎来了新年。一月二日，我到医院一看，陪护的护士不在，他一个人在孤零零地写作，周围静悄悄的，完全没有新年气氛。我问，怎么回事？他说，新年的头三天是休息日，护士去拍羽毛毽子去了。

说起医院生活，一定会没完没了，我还是适可而止。

当时，朝日新闻社的涩川玄耳先生也住在这个医院，也是因为肠胃不好才入院的。他与夏目经常交流，住院比夏目晚，但出院比夏目早。很快，夏目出院也提上了日程，因为很在乎出院日期的好坏，我拼命跟夏目说，二月二十五日是吉日，请在那天出院。夏目故意装傻，问涩川先生："在我们家，好像必须在吉日才能出院，你是在哪天出院的？"涩川先生可真有一套，笑着说："某日上午某时就很好啊，那是犯人出狱的时间。"我就这样被他取笑了一番。

这段时间，他说为了运动，想唱谣曲。之前我也说过谣曲之事。因为一唱谣曲，腹部就会受力，我并不赞成。他之所以有此想法，一是觉得无聊，二是天冷不能出去散步，就想顺便把它当作一种运动。

因为我俩对此意见不一，他说，那就问问医生吧，如果医生说可以，你就把谣本给我带来啊。没过多久，一封寄给我的信，从医院飘然而至。内容如下。

敬启：

今日查房，与院长平山金三医生交谈如下。特此报告，参考为盼。

您丈夫："用腹部呼吸，已经不碍事了吧？"

院长："已经不碍事了。"

您丈夫："那么，稍微出点声音，比如唱唱谣曲，不会有危险吧。"

院长："已经可以了吧。请稍微练练看。"

您丈夫："每天唱三十分钟或者一个小时，不会有危险吧。"

院长："我觉得不会。如果有危险，即使不唱谣曲，危险也会来。应该说，既然治好了，唱唱谣曲什么的，还是没关系的。"

您丈夫："是吗？谢谢。"

以上谈话之真实性，护士町井井子小姐予以坚决保证。想来，就因为您一味相信天狗和森成医生，您丈夫才如此可怜地陷入不该有的悲惨境地。收到此信后，请即刻过自新，事事为丈夫着想，妥善安排。

二月十日　町井井子见证而书
夏目金之助致夫人

最终，我只好认输，把谣本给他带去了。给我寄这种半开玩笑、让我由衷感到喜悦的书信，若是在以前，是绝不可能的。

四十二　谢绝博士称号

在他快要出院时，大概是二月二十日，一封来自文部省的信寄到家中。信中指示如下："明日上午十点举行学位授予仪式。请穿便装到场。如有不便，请派人代为出席。"事出突然，我不知如何是好，想打电话听听夏目的意思。次日一大早，我就去了附近的山田三良先生家。我经常借用他家的电话。

夏目认为，不管怎样，这种事情应该首先听听本人意向，之后再颁给想要的人。应该不会无视本人意向，硬要颁给不想要的人吧。因此，文部省可能是为了听听本人意向，才让他到场的。既然如此，因为他在住院，我就提议，请森田替他去。他说，这样也行，但绝对不能说自己想要这个学位。

山田先生在旁边听到了电话，很有先见之明地说，虽然信上那么说，实际上即使不派代理人，不管不问，文部省也会把这个学位送来的。被他这么一说，我也只能说，是这样吗？毕竟第一回碰到这种事，信上还清楚地写着需要到场，还是弄个明白才行。结果，还没决定是否请人代为出席，刚打完电话回到家，那个什么证书竟然已经送到了。反正就是文学博士学位证一类的，被装在长圆形小纸筒里。因此，我们也不必写信拜托森田先生了。不过，夏目却不想接受。

本来他以为，文部省会事先确认一下本人意向，如果他说接受，才会颁发。其实，他不但不想要，甚至觉得麻烦。文部省却事先不告知，突然就强加给了他。而且信上明明说，本人或者代理人到场，结果，人未到场，证书却送来了。此事处处违背他的意愿，因此他极为干脆地说，我不需要这种东西，寄回去吧。而且，他给时任文部省专门学务局长福原镣二郎先生写了一封信，同时将证书从医院寄回了文部省。当时闹得沸沸扬扬的"谢绝博士称号问题"，便以此为开端。

对此，他自己觉得，只是做了极为自然、极其平常的一件事，但社会上却议论纷纷。因此，他写过也谈过此事的经过，觉得已经尽力了。他还将当时文部省的指示和信件、自己写信的复印件以及相关手稿，保存在小文件箱中。这些均保存至今，转录于此。

敬启：

据说昨日，即二十日晚十点左右，一张通知寄至本人家中（本人目前在信封所写的地方住院），通知说，今日上午十点将授予学位，请到场。今晨，内人已通过电话回复说，丈夫因生病难以到场。

关于学位授予，本人于二三日前经报纸得知，小生在博士会上被推荐为博士，可能会授予小生此博士称号。然时至今日，小生一直以夏目某某行走世间，从今以后仍然希望仅以夏目某某的名字生活下去，因此，不想接受博士学位。本人并不想给您添麻烦或者带来困扰，基于以上原因，本人谢绝学位授予。烦请妥善安排。

二月二十一日

夏目金之助

致专门学务局长福原镣二郎阁下

自那以后，一直到四月份，文部省什么也没说。收到回信已是近两个月后，是福原先生于四月十二日所写。

敬复：

您于二月二十一日所写的谢绝学位授予申请，已收悉。既已发布的学位，则不能谢绝，望知晓。依大臣之命，所附纸张为返还给您的学位证。特此说明。

敬上

对于此信，夏目回复如下。

敬启：

您回信说，本人谢绝学位是在通知发布后提出的，因此难以按照小生之希望进行处理。对此，我再次答复如下。

小生正是因为接到了学位授予通知，才提出谢绝的。在此之前，本人既无谢绝之必要，也无谢绝之能力，望您理解。据学位授予令条款，允许有做出谢绝接受之判断的余地，虽然如此，文部大臣却丝毫不把小生之意愿放在眼里，一味判定不能谢绝。对此，小生颇感不快，在此言明。

出于文部大臣之意，将小生认定为拥有博士学位之人，对此本人无可奈何。但据学位授予令条款，此决定有违小生意愿，本人无义务接受。在此言明。

最后，小生在此言明，鉴于目前吾国学术界文艺界之共同趋势，我确信如今的博士制度功少弊多。

请将以上内容转达大臣。再次回复并返还学位证书。

四月十三日

夏目金之助

敬上

文部省的回复。

夏目金之助殿下：

您四月十三日关于谢绝学位之来函收悉。有违阁下意愿，实在遗憾。然文部省议定，学位授予令中并无谢绝之条款。请您知晓。如阁下仍要再次返还学位证，不管您是否接受此任命，自发布的今日起，阁下就被认定具有文学博士学位。因您可能在收到学位证之后再次返还，故此次暂不寄送，由文部省代为保管。敬请知晓。以上乃大臣之决定，在此重申。

明治四十四年四月十九日

文部省专门学务局长　福原镣二郎

　　书信的交涉就此告一段落，总之，双方未能达成一致意见。他自己只想做原来的夏目金之助，而文部省让他成了文学博士夏目金之助。他已不再是学校的老师，自然与文部省没什么联系，而且这个文学博士称号似乎也没起到什么作用。他去世之后，有好事者说要编辑日本博士录之类的东西，让我告知文学博士夏目金之助的简历，我并未理睬。直到今日，对于给夏目加上博士称号的人和事，我都一概置之不理。

　　福原局长写给夏目的最后一封回信，标注日期为四月十九日。家中有一份夏目的文章底稿，写作日期为前一天的四月十八日。他当时可能想将这篇文章发表在什么地方。大概就是在那一天，芳贺博士来访，福原先生似乎也来了，因此他虽然写好了，却没发表。通过这篇文章可以了解他当时的心情，可能有点啰嗦，转录于此。

　　学位授予问题真是烦人。当然，授予学位的想法是出于好意。

　　但是，虽然大家普遍认为这是一种名誉，推荐人的想法也是出于好意，也不能说不接受的人就不讲道理。这种想法太片面。

　　好意不应强加于人，若强加于人，就并非好意了。

　　说什么授予学位是命令，被授予者有接受的义务。此乃庸俗之论，荒谬之论。

　　如果说授予学位是为了给予名誉，就没有理由必须强行授予。毕竟连官职都不能强行授予。强行授予名誉的理由，根本无从寻觅。

既然给你，就欣然接受吧。持此想法之人，大错特错。此乃以己之心，度人之腹。不能因自己之错，给别人添麻烦。

有人不在乎学位，自恃孤高，岂非吾国应当庆幸之事？

回归想要授予学位时的初心和好意，如果有人不想接受，痛快地取消原来的决定就好了。想法过于死板，事情就会越发麻烦。窃以为实在无聊之至。

谢绝博士称号之事，在社会上议论纷纷。有人拍手称快，说"真不愧是漱石"。也有人联想之前西园寺首相的雨声会（夏目曾写俳句谢绝），说"这个古怪男人又在闹别扭，倚老卖老"。还有人说，"拿了学位又不会成为什么负担，此举只是沽名钓誉罢了，结果反而提高了自己的声誉"等等，很多说法都是不负责的。他本就讨厌博士，对此我们十分了解，因此不管世人如何评价，我们并未予以置评。大概他自己也认，只是理所当然地做了理所当然之事。尤其在此事公开之后，他更没有和我们说起过什么。尽管如此，还是有些亲戚不理解他的真实想法，认为博士称号确实是极高荣誉，十分可惜地说："即使自己不需要，就是为了孩子们，也应该接受才好。阿金真是个怪人。"总之在这个问题上，他不满文部省的做法，是事实。

四十三　良宽书法等

　　修善寺大病之前,《朝日新闻》有奖征集小说作品,夏目和幸田露伴先生受邀当评委。他认真读了两三篇作品,觉得都很一般,其他作品也并不出色。再加上他当时频繁往来医院,很难将所有文章全部过目,也认为没那个必要。于是,他就拜托森田先生代为评审,自己去了修善寺。后来,他在修善寺大病一场,事先将这个差事拜托给森田先生,还真是做对了。

　　当时的奖金是,一等奖三千元。因此,我跟森田先生开玩笑说,与其做评委,还不如自己投稿一篇,拿到那三千元呢。森田先生笑着说:"应征作品都很差,哪怕是其中的上乘之作,那种水平的文章,我还不是随便写写?这点自信我还是有的。不过,不管怎么匿名写,老师马上就能看出是我写的。一旦知道,老师这个人啊,最讨厌评委让自己的门生获奖这种事。而且,对我们这些门生,老师肯定会固执到底,甚至会捉弄我们。即使作品具有一等奖水平,老师也会故意给评为二等奖,如果是二等奖水平,老师肯定让我们落选。所以，绝对不行。老师太过公平，根本不知道灵活机动。"在这方面，确实如森田先生所说。学生需要关照之时，他尽心尽力；应该按规则行事之时，他又严格到因循守旧的地步。

最终，应征作品中，无一达到一等奖水平，田村俊子女士的作品也仅被评为二等奖。对于田村女士的作品，幸田露伴先生与森田先生的评分几乎相同，也就是意见基本一致。不久，田村俊子女士来家中致谢。记得那时是秋天，夏目正住在胃肠医院。我在进门处对她说："感谢您特意前来，不巧夏目正在住院。"她当时那么郑重地来打招呼，我也就没好意思说出"实际上，评委是森田先生，您应该去感谢他"这种话。后来，我和森田先生说起此事，他说："夫人您没必要那么客气，就应该毫不顾忌地告诉她，实际上评委是我，不是很好吗？"可是，当时也没办法更正了。不过好在后来田村女士也知道了实情，似乎便经常拜访森田先生了。

漫长的医院生活终于结束，夏目刚回家不久，长期陪伴照料他的森成医生却要回老家了。他的老家在越后高田，要回那里开诊所。因为他父亲说，如今的年轻人，受了高等教育后，几乎都不回老家了。好歹他也是医专毕业，已经成为一名医生，此时就不断被催促回老家。父亲不仅为他开诊所选好了房子，甚至连妻子都基本帮他选定，已经等得不耐烦了。于是，森成先生就先回了趟老家，事先了解一下相关情况。回到东京后，我们问他，您要娶的夫人怎么样啊？他笑说："和我理想中的老婆完全相反。"接着又说："所有事情都由一位严厉的大伯操办，大伯说，现在的年轻人找媳妇，都要看什么长相呀姿色呀，真是太不谨慎了。在过去，首先要看的是家世和心地。如果我讨厌他帮我选定的媳妇，他哪怕是切腹，也要让我心服口服，一副气势汹汹的样子。不管怎样，我也不能让他老人家剖腹呀，我可没那么残忍。所以，只好半开玩笑地说，无可挑剔。"

四月份，森成医生就要回老家了。因为承蒙他多方关照，我对夏目说，想请森成医生吃顿饭，作为饯行之礼。他说："这个主意很好啊，不过，吃饭的话，也不知弄些什么菜好。森成特别喜欢吃鸡肝什么的内脏，就叫一些这种东西的外卖，把大家都叫来，聚一聚如何？"我说，好啊，那就赶紧通知大家。修善寺大病之后，夏目的很多门生都和森成医生混熟了，我们就叫了很多人，都是和他关系亲密、不用客套的，举办了一场"肝脏会"饯行宴。大家还在书房前合影留念。那天是四月十三日，真可谓一场盛会。

记得就在那时，夏目拜托森成医生帮忙，从越后得到了一幅良宽①书法。那幅字篇幅很大，几张纸连在一起，上面是草书，我等完全看不懂。当时，还没到良宽书法大热之时，价格好像是三十五元左右。夏目说，这幅字写得并不是很好，他想要更好的良宽书法，就再次请森成医生帮忙。过了一阵，森成医生的熟人，一位收藏良宽书法的先生说："既然对方是夏目先生，先生又如此喜欢，那就把我珍藏的一幅让与先生。作为交换，请先生为我写点什么吧。"于是，夏目也欣然提笔，用半幅纸写了一幅字，并附加五十元感谢金。

---

① 良宽（1758—1831），日本江户时代后期的歌人、曹洞宗禅僧。越后出云崎人，号大愚，俗名山本荣藏。一生超脱世俗，擅长诗书。

这幅良宽书法是一张小横幅，上写和歌。夏目极为珍爱。

大正五年，夏目去世后不久，原先收藏这张良宽小横幅的先生，给我写来一封信，信上说："那幅良宽书法是我的珍藏品，就因为是夏目先生，我才忍痛割爱。但是，既然先生已经仙逝，您也就不需要了吧。所以，恳请您物归原主，让它回到我这个旧藏家手中。"可是，对于故人喜爱的物件，我还是想尽量原样保存，代代相传下去。所以，虽然人家特意写信来，我还是没能照办。

因为提到了良宽，我也说一说夏目的书画。他本来就很喜欢欣赏书画，出去散步时，总会去书画店、旧家具店去看看，淘些便宜货回来。因为都是用一点点零花钱买的，真品也罢，赝品也罢，他一点也不在乎，只要他自己觉得有意思就行。有时还会买一些皱巴巴脏兮兮的画，回到家挂起来，高兴地端详。他觉得好的，就送到装裱店，让人重新装裱，然后自己签名题字。这些东西毕竟没花多少钱，所以也不可能是什么贵重物件，但他却乐在其中。

本来，除了唱唱谣曲，他也没有什么其他爱好。当然读书也算他的一个爱好，有段时间还买了相当多的书，但是后来也不怎么买书了，完全成了一个不需要零花钱的人。他一方面十分勤俭节约，一方面又不在乎金钱，看得极为淡泊。一旦开始写作，他就完全不需要零花钱了，但我也会估摸一下时间，在他可能需要的时候，往他钱包里放些钱。他并不知道里面有多少钱，有的月份几乎一分钱都不花。但我还是会时不时地放钱进去，两三个月下来，他也就稍微攒了一点钱。这时，可能有人到他面前哭穷，这笔钱就被借走了。或者，他也可能去买自己喜欢的书画和古董。当时他自己买的，或者别人送他的书画和古董（虽然这样说，但应该没有一件值得摆在美术俱乐部的），至今全部完好地保存着。虽然很多都是不值钱的玩意儿，但毕竟是他凭着自己的兴趣谨慎收藏的，十分有趣。

他经常临摹良宽书法，写那种特别小的字，还是稍后的事情。但是，当时已经不断有人向他求字了。他也并不觉得麻烦，乐此不疲。写着写着，觉得很有趣，就经常练字。

除了良宽的字，他喜爱并收藏的还有伊予的明月上人①和藏泽②的书画。虽说是收藏，也就是各三四幅作品。得到这两位大家的墨迹，多亏了老家是松山的森円月先生。他请夏目给他写字，作为感谢，赠送了以上两位大家的墨迹。夏目自己也特别想要，于是又接着入手几件。尤其是藏泽的墨竹，他特别珍爱，自己还以此为样本画竹子。当时，他拉开架势，在毛毡上铺开纸张，掖起和服后襟，想要泼墨淋漓，一气呵成。那是他大病初愈后的第二年，也是他潜心模仿藏泽，画墨竹的时代。

---

① 明月上人（1727—?）江户中期僧人，松山円光寺第七代住持。精通古文辞学，诗书俱佳。与越后的良宽、备中的寂严并称"近世三笔"，即日本江户时代三大书法家。

② 藏沢（1722—1802）江户后期伊予松山藩士、画家。名良香。自幼擅画，尤擅墨竹。亦擅诗歌俳谐等。

四十四 善光寺之行

六月中旬，长野教育会邀请夏目去演讲。因为他没去过长野，也想去一趟，便接受了。我对此极力反对。因为在我看来，他又要在火车上摇摇晃晃，辛苦一路，病好不容易才治好，再搞坏了身体怎么办。可他却不听我的劝阻，说道："什么呀，已经没问题了，不用担心。"既然这样，我就说："你一个人出去旅行，又不是没在外面生过病，我就是待在家里，也会一直为你担心，我要跟你一起去。"夏目也有他的一套说辞，阻止我说："我可是去演讲的，带着老婆去，实在不像样，还是算了吧。"尽管如此，我还是坚持一定要去。这时，正好孩子有点发烧，小儿科医生丰田铁三郎先生来给孩子看病。于是，夏目向丰田医生求救说："对了，丰田先生，我这次要去长野演讲，可这家伙非要跟着我去，人家听众都是小学老师，我带着老婆去，是不是不像样啊。"丰田先生说："不会呀，绝对没那回事儿，我的老师弘田博士，去演讲的时候，必定是经常带夫人同去的。"幸亏夏目问了丰田医生，既然医生这样回答，说明有此先例，夏目也只好认输。于是，我们决定一起去长野。

因为一等座是到高崎的，他问我二等座也可以吧，就自己从上野站买了车票。当晚，我们在长野的犀北馆入住。列车中途停靠轻井泽一带时，有人来迎接并进行了详细说明和引导。夏目好奇地看向车窗外边，点头致意。

当晚，森成医生从高田赶来，在旅馆和我们见了面。他邀请夏目去高田，那里有他的母校，请夏目去高田中学演讲。两人商定后，森成医生就回去了。

第二天，参拜善光寺之后，夏目做了演讲，得酬金六十元。碰巧，在善光寺门前，我们竟然与松崎天民先生不期而遇。我之前并不认识松崎先生，不久之后，松崎先生在游记或者什么文章中这样写道："在善光寺门前，有位先生身穿白色西装背心，头戴草帽，偕夫人微笑着走了过来。我心想，这是谁在笑呢？原来竟是夏目漱石。"夏目看后对我说，你看看这个，被这么一写，是不是不像话呀？

当天，我们便到了高田，在森成医生的新居承蒙关照。之后，第一天在中学演讲，第二天到五智游玩。夏目的演讲我之前也没有听过，森成医生便邀我同去，但因为当天下雨，最终还是没去成。之后的行程，是在长野就定下来的，要去诹访中学演讲。因此，我们就到了松本，先登了松本城，然后在诹访中学演讲。演讲结束后，参拜诹访神社。然后便返回了东京。旅途中，我很留意他的饮食，总是不厌其烦地跟他说，不能吃这种硬的东西啊，下回吃面包怎么样啊，等等。还好，总算安然无恙地回来了。因为这个缘故，他似乎也对身体有了自信，不再担心了。我也非常放心。

四十五　两桩婚事

我讲的顺序可能有点前后混乱。在这一年的四五月，有两位姑娘从我们家出嫁，一位是我的表妹，由我们代表她父母操办她出嫁的之事，一位是我们做的媒。

阿房姑娘是我母亲妹妹的女儿，相当于我的表妹。从小家道中落，我父亲一直帮衬她们母子。后来，她母亲去世，哥哥出去做工，只剩下她一个人，就住在我母亲那里。正好，我自己家里孩子多，经常人手不够，后来便一直请她来帮忙。她也到了该出嫁的年龄，我们就想为她挑选良缘，将她嫁出去。碰巧有一个名古屋的亲戚介绍说，他手下有一个建筑技师，据说人很好。一问阿房，她说想去，对方也说要娶她，于是，两人还没见面，就很快敲定了婚事。最后决定，新郎从名古屋来东京，在日比谷的大神宫举行婚礼。

我老早就和阿房的哥哥说过，虽然在办婚礼时，可以尽量少开销，但毕竟是一个女孩出嫁，也不是一笔小支出。一旦到了需要之时，靠他一个人工作，一次性拿出很多钱，也很不容易。因此，我便跟他说，最好是每个月在我这里存个五元十元的，也好提前做个准备。但是，他哥哥却说，对一个生意人来说，五元十元也没那么简单，到她出嫁时再想办法吧。可见，他根本不打算照顾这个妹妹。更何况，这桩婚事决定得很快，她哥哥更帮不上忙了。无奈之下，我只好将我的一些旧衣物送给阿房，或者改一改，不够的再买一些。总算凭我一己之力，为她做好了出嫁的准备，虽然有点寒酸。

夏目和我以女方父母的身份，跟随新娘去了日比谷的大神宫。因为新娘新郎彼此从没见过面，夏目便饶有兴致地开玩笑说，真是吉凶未卜，前途难料啊。还好，婚礼一切顺利。当天晚上，新郎新娘双双回了名古屋。但是，半年后不知何故，两人竟以离婚收场。

阿房姑娘出嫁后，我们也算放了心。没想到紧接着，另一个姑娘的婚事也提上了日程。就是来我家帮过忙的阿梅小姐，也就是西村涛荫先生的妹妹。阿梅的婚事很顺利就敲定了，但是，所有的一切，还是必须由我操持。之前，阿房姑娘的婚事，大家好像都很起劲，我也很积极投入。但是，一连两桩婚事，不知怎么，后面这一次就觉得很吃力，提不起精神来。阿梅是在东京出嫁，我们夫妇也必须作为媒人出席。而且，新娘的哥哥西村先生当时还在大连。这次，又是我精打细算，才勉强为她备齐了新娘所需的衣物。总之，我们的身份是父母兼媒人，必须操持一切。

因为要写聘礼目录，我把一大张白纸放在夏目面前。他也不知道怎么写，我就让他适当写一下，送到了新郎那里。婚礼在男方家举行，十三岁的大女儿笔子做婚礼的斟酒女童。据说，这种事情由自家的孩子做是最好的。可是，我对这个不太懂，夏目更摸不着头脑，只好暂且问问家里的老人。因此，我请母亲大致教了我一下，再由我告诉夏目和笔子。可是，斟酒这件事，只靠嘴上说是不行的，一定要事先演练。于是，在演练时，夏目就扮演新郎，我忘记是谁扮演的新娘了，没准就是真正的新娘吧。演练时，新郎新娘在榻榻米上相对而坐，然后，笔子端来酒壶。行礼后，举行"三三九度"的交杯换盏仪式。我当时相当于舞台导演，十分好笑。

很快，到了举行结婚仪式那一天。新郎家里比较狭窄，和我们家情况不同。而且，酒壶上必须要系上雄蝶和雌蝶①，我们却怎么也系不好。我便拜托夏目说："你是男人，你来系吧。"结果，他却连哪个是雄蝶，哪个是雌蝶都分不清楚。只好大致估摸着系，却因为系得太紧，把线弄断了。

"啊，断了，断了！"②

夏目心想，这下糟糕了，一下子喊出声来。他也不分场合，当时可是结婚典礼啊，却说出这种让人讨厌的话，说什么"断了"，多不吉利呀。我觉得很不好意思，可是夏目对此却毫不在意。终于，要进行三三九度交杯仪式了。两位新人分别从两边走过来，端端正正相对而坐。可是，等了半晌，斟酒女童总也不出来。真是太糊涂大意了！无奈之下，我只好"咚咚咚"地敲打纸隔扇，笔子等在那后面。闻声，她才笑眯眯地走出来，给一对新人斟酒交杯，我悬着的心这才算落下来。这次做媒，简直让我们心有余悸，还好新郎新

---

① 用手工折纸折成的成对的蝴蝶，婚礼上系在夫妇喝交杯酒的酒壶上。
② "断了"（切れた）在日文中让人联想到"缘断了"（縁が切れた），在婚礼上显得不吉利。——编注

娘十分恩爱。可是，大概是在结婚的第七年，阿梅小姐却因生小孩去世了，实在可怜。

四十六　朝日演讲

坪内逍遥先生的文艺协会，大概就是在这一时期开始公演《哈姆雷特》的。我也受到了邀请，但没能一起去看。夏目在《朝日新闻》上写了一篇此剧的评论，内容似乎并不讨喜。自那以后，文艺协会给夏目的赠票，一般都是接近闭幕日期的。于是，他自嘲道，因为一开场就被我写了坏话，唯恐我再写，因此，就总让我看最后一场。

因为大都赠送两张票，我便经常和夏目一起去看。我觉得《奥赛罗》的结局实在太残酷了，就说，我不喜欢这么残酷的东西，为什么在戏剧里，总是无罪之人被杀掉呢？真令人不安。还是劝善惩恶式的内容更好。夏目告诉我，那才是真正的悲剧。此外，我们还一起看了《玛格达》和《玩偶之家》。夏目说，须磨子①扮演的女主

---

① 松井须磨子（1886—1919），新剧演员。生于长野县，本名小林正子。因扮演文艺协会演剧研究所公演的《玩偶之家》中的娜拉而登上剧坛。之后参加岛村抱月的艺术座，主演剧目颇多，特别是因扮演《复活》中的喀秋莎而深受欢迎。抱月病逝两个月后，她追随其自杀而去。

人公，总感觉像个女佣，不管她如何热情地表演西洋女人的表情举止，总感觉没有投入情感。

总的来说，即使是新派戏剧，让人感觉不自然的东西，夏目也很讨厌。因此，对于传统戏剧，他也不会感同身受，因为有很多不合理情节。当看到剧中的演员明明已经切腹了，还要大段地发牢骚；或者听到扮演儿童的角色嘴里发出不自然的声音，他就不再说新派剧的不好，而是气呼呼地讽刺传统戏剧。我很喜欢吕昇[①]，经常去听她的演唱。每次约夏目一起去，他也都爽快答应，听得十分入神，说她声音好听。

八月，大阪朝日新闻社在关西举办演讲会，夏目受邀出席。正值盛夏，十分炎热，我跟夏目说，连健康人都热得浑身无力，你这个病弱之人，还是别去了。他大概尝到了演讲旅行的甜头，或者觉得大热天待在家里也难受，就想去没去过的地方看看。何况，这次邀请他的与以往不同，毕竟是朝日新闻社，于情于理都不应该推脱。并且，之前一切顺利的信州之行，也让他对自己的身体有了信心。因此，他觉得这次也没问题，就出发了。他自己想去，我不让他去的话，又要争执不下，最终我服了软，他就自己出发了。

结束了在和歌之浦、堺、明石等地的演讲后，最后一站是大阪。演讲时，因为肚子不舒服，他边吃药，边硬撑着完成了演讲。一结束，就瘫倒在地，回到旅馆后，马上倒在床上。他想，这可不行，

---

① 丰竹吕昇（1874—1930），女义太夫（净琉璃演唱师）。生于名古屋。本名永田仲，初代丰竹吕太夫的弟子。以清亮的美声和与生俱来的美貌博得好评。开创了女义太夫的黄金时代。

给自己鼓劲，无论如何也要回东京去。但却毫无力气，无法从床上起身。朝日新闻社的小西先生，因为自己身体很结实，就对夏目说，夏目先生，您如果胃不舒服，去有马温泉泡一泡就好了。可是，夏目自己比谁都清楚，自从上次那场大病之后，正好一年过去了，如今又卧床不起，肯定情况不好。于是，无奈之下，他说自己要住院，请朝日新闻社帮忙联系胃肠医院。起初，报社的人也非常吃惊，安排他住进了汤川医院，然后，打电报让我马上赶过去。我也大吃一惊，在酷暑中赶到了大阪。

病情并不像我担心得那么严重，但因为去年吃了不少苦头，不敢大意，一开始只给他吃流食。当时，大阪朝日新闻社的职员长谷川如是闲①先生来探望时说，夏目君很不注意养生，前些日子在和歌之浦时，总是吃章鱼。我担心地提醒他，吃这种不易消化的东西，没问题吗？他总是说没关系，还一直吃个不停。夏目虽然躺在床上，还在那里抗议说，什么呀，又不是吃章鱼吃坏的。

报社的同人们经常轮流来探望，但小西胜一先生每天都来。据说，一开始，在我还没来的时候，他觉得夏目很可怜，十分担心，发现他有什么需要的，立刻就去买回来。他觉得是自己的建议拖累了夏目，夏目生病也是他造成的，所以对夏目特别体贴入微。以至于夏目反而觉得很对不住小西先生。我来了以后，他在每天下班后，还是一定会来露个面。他有一次说，当着夫人的面我也要说，夏目

---

① 长谷川如是闲（1875—1969），评论家。生于东京，本名万次郎。东京法学院毕业。大正民主运动时期，作为新闻记者宣传民主主义思想。后与大山郁夫等创办《我等》，作为自由主义者活跃于新闻出版界。第二次世界大战后广泛活跃于文坛。

先生的演讲，深受所到之处女学生的欢迎哦。

　　夏目住院时，津田青枫先生和其兄西川一草亭先生，以及大阪的俳句诗人水落露石先生、青木月斗先生，经常来探望。最近，我见到青木先生时，还听他说起了当年的事情。据说，他来医院时，曾经受夏目之托，给他买冰激凌吃。他当时非常吃惊，因为冰激凌在当时的大阪，乃是极其稀罕之物。

　　他在汤川医院住了三周。所幸治疗顺利，即将出院时，医院旁边一家针织品商店的店主拿着一把扇子，想请夏目在上面写点什么。因为那把扇子质量一般，夏目便让他去附近的扇子店再买一把。结果，扇子店的店主也请夏目在扇子上写字。于是，他受托一共写了五把扇面。可能他自认为写得不错，一边端详扇子，一边说，如此这般，一把扇子应该值五十元吧。当时，小宫先生正好从老家回东京，顺便来看望夏目，就开玩笑说，这样一来，五把就是二百五十元，我去和院长交涉一下怎样？就说现在没有现金，请他收下这个充当住院费。

　　快出院时，还发生了一件事。这里的厕所是西式冲水的，不知何故，出现了故障，总是哗哗地流水。一次，夏目上厕所后，半天也不出来。我正担心他是不是在里面晕倒了，还好，他平安无事地出来了。问他为何这么长时间，他说，水总那样流个不停，实在浪费。他对此十分在意，无论如何也不能不管不顾地出来。于是，就站到马桶上，鼓捣半天水箱，想设法修好它，可最终还是不行。我责怪他说，啊，这太危险了，你都没什么力气，走路还摇摇晃晃呢，竟然站到马桶上去，万一踩空滑倒了怎么办？他就是这样，对一些小事也特别用心，一丝不苟地做些傻事。

　　他的身体大致没什么问题了，我们就上了回东京的卧铺火车。他在火车上不会再出什么状况吧，我一直忐忑不安。他一动，我就想，是不是哪里不舒服啊？他睡得很香，我又担心，他是不是没了呼吸呀？悄悄地用手去碰碰他，发现他的手是温暖的，而且在呼吸，这才放下心来。因为花了太多心思，我根本睡不安稳。天一亮，我倒成了半个病人，一到东京，反倒要让夏目照顾我了。记得火车经过名古屋时，正好是半夜十二点，我的妹夫铃木特意赶来探望，但夏目却连开口说话都费力，只能一声不吭地静静躺着，我担心得不得了，心想，是不是又有什么不好了？

四十七　破损的拉门

　　大概在九月过半时，夏目从大阪回来了。不久又患上了痔疮，经常跑医院。最后还是不得不割掉，就动了手术。切除时做了局部麻醉，很顺利就结束了。但之后似乎在地板上走路也会受影响，经常疼得他跳起来。而且，这个病很难痊愈，直到第二年还有脓，很折腾人。

　　因此，当时他的身体完全就是"易损坏物品"，几乎一直在生病。而且不知什么时候还可能患上性命攸关的疾病，他对自己的身体情况也十分在意。不过，一旦度过了危险期，他竟又格外平静。

　　说来有些不雅，他当时胃不好，肛门又得了痔疮，经常会放屁，而且那声音实在奇怪至极。记不清是中村先生还是菅先生了，反正某位先生来时，听到他不可思议的排气声，就说好像是破损的拉门在风中响动的声音。夏目听后说，破损的拉门，有意思，果然如此呢。于是，刻印章时，就请人刻了"破障子①"，写完字后，就盖上这个印。

说起这个，我又想起一件事。在那之后不久，看到孩子们玩伊吕波纸牌②，夏目也加入其中。孩子们眼疾手快，就他这个当爹的总是磨磨蹭蹭。而且最拿手的只有"放屁按腚"和"藏头露尾"这两张，抓到后，还把牌摆到自己面前盯着看。正因如此，孩子们总是远远超过他，高奏凯歌。

在世人看来，夏目也许是一个性情怪僻，不服输，总是愁眉苦脸的可怕大叔，但是在和孩子们玩耍时，他真是个温和的好爸爸。他还经常和孩子们玩相扑游戏，非常天真，有十分孩子气的一面。

还有，他非常喜欢素雅的色调，却又十分爱打扮。不光自己喜欢穿好看的和服，还喜欢看孩子们穿漂亮的衣服。每当我给他做了件新和服，他就十分得意，还会显摆一番说："喂，小宫，我这回做了一件这么好的和服，给你看看啊。"

不过，有时候，我觉得不错而买回来的面料，他却因为不喜欢图案，就气势汹汹地训斥我说："这种东西能穿吗？赶紧退回去。"过段时间，我把这个料子做成衬里穿的和服内衣给他穿，他重新再看时，也会说"没想到很好啊"，之前说的坏话似乎随风而逝，若无其事地一边夸奖着一边穿上。一旦要穿郑重的两件套和服，必须要

---

① 日语的"障子"就是拉门。因为夏目的印章刻的是日文汉字"破障子"，为了不改变印章内容，此处保留原文。

② 纸牌的一种，主要面向儿童。在写有以"いろは"等47个假名的纸牌中加入"京"字，制作成以这48个音为首字的纸牌，并搭配绘有这些谚语内容的图画牌配对成双。开始于江户时代后期。

搭配得非常合适。其实，他只要将衬里和服好好地穿上就行了，但他在意得不得了。两件穿好后，总是把下面一件的袖口拽一拽，领口拉一拉。因为他太用力，按照正常尺寸做的衣服，肯定会被他拽出来。一旦这样，他就会发火说，好难看啊。于是，我在给他做衬里和服时，就把尺寸缩小一些，这样无论他怎么拽也没关系。

穿西式服装也一样，如果不整洁干净，他就心里不舒服，特别洋气时髦。但在有些方面，又极其守旧顽固，简直让人不可思议。比如，他总说电灯太奢侈，当时我们还一直在点煤油灯。无论我们多么想开电灯，他都不同意。他也知道电灯比煤油灯方便，也并非觉得煤油灯更有情调，但他就是不许开电灯。家里孩子多，煤油灯擦拭起来又麻烦，女佣和孩子们还经常打翻煤油灯，不知发生了多少次险情，弄得我神经高度紧张。当时，装一个电灯是一元，但要等夏目同意装，还不知要等到什么时候。于是，我就在他住院不在家时，自己拍板，很快就装上了。他回来后，十分吃惊，曾经跟别人说："我老婆是个奢侈的家伙。"

在言谈上，一方面，他非常沉默寡言（可能很多人对他是这种印象吧），但是，一旦得意起来，也会口若悬河，俏皮话和诙谐腔脱口而出，表现出地道东京人的一面。

大概是这一年的十一月前后，《朝日新闻》的主笔池边三山先生要辞职，离开朝日新闻社。于是他说，说起来，是池边先生邀请自己进入报社的，他也是因为信赖池边先生才入职的，就算是追随池边先生吧，他也要辞职。好像连辞职申请都提交了。

此事因何而起，不是我等能够知晓的。总之，报社内部似乎非常不平静。当时，夏目这样和我商量："这回我可能要离开《朝日》了，我这人本来也不是精通世故之人，一旦没了《朝日》的月薪，只靠一支笔的话，收入可能大不如前。但是，我并不想再当教师，这样的话，你看家里的经济能否维持？"于是我说："靠版税什么的话，应该大致能维持下去吧。收入变少就减少开销，应该没问题，你尽管尽你的本分，自己决定吧。但是，去年你患那场大病时，承蒙《朝日》鼎力相助，现在你离开报社，真的没关系吗？"我再三提醒他。他说，的确是承蒙关照了，但这次和那次是两码事，似乎下定决心要辞职。

这时，涩川玄耳先生、弓削田先生，还有其他很多先生都来安抚他，希望他断了辞职的念头。被大家这么恳求，他发现，自己原来并没受到排挤，既然已经了解了大家的心意，自己也不能总是意气用事，拖泥带水，于是，他干脆地放弃了辞职的想法，并且收回了辞职申请。不过最终，池边先生还是离开了报社。

没过多久，记得是次年二月前后，一个寒冷的深夜。正在睡梦中的夏目被人力车夫叫醒，车夫说："眼下池边先生突然病危，他让您乘这个车过去。我是来接您的。"当时正是大半夜，而且夏目好像感觉有点不舒服，就让那个车夫先回，说他马上就过去。然后，他叫醒人力车行的老板连夜赶过去，但池边先生已经猝然离世。

当时，涩川先生等朝日新闻社的很多同人都在场，夏目说："池边先生特意在寒冷的深夜叫醒病弱的我，是怎么想的呢？是不是想让我写点什么呀？"涩川先生说："啊，应该如此吧。"从池边先生那里回来后，夏目这样说起。于是，很快写了一篇名为《三山居士》

的追悼文章。可如今，涩川先生也去世了。被写的人，写的人，以及鼓励夏目写的人，都已经不在人世了。

老早以前，夏目与涩川先生相识于熊本。据说，认识的经过是这样的。有一天，涩川先生来访，但夏目不在家。涩川先生留下一张名片就回去了，名片背面写有五首俳句。夏目回来，一看名片说："有个叫涩川的人来过，俳句写得很不错，很想见他一面啊，一定是个和我聊得来的人。"

四十八　雏子去世

前一年的三月，女儿节①前一天晚上，我们在家里装饰了偶人，准备晚上庆祝女儿节。夏目的几个门生也来了，大家正喝着白甜酒时，我们最小的女儿出生了。因为正好在女儿节时出生，就给她取名雏子②。她小小年纪就去世可能也是因为这个吧，她十分早慧，懂事也非常早。一年半后，在这一年的秋天，她经常蹒跚着在后院玩耍，看样学样地给猫墓奉水，然后自己也顺便喝一口。因此，必须一直盯着她，一点也不能放松。而且这孩子也是个火爆脾气。

十一月末的一天傍晚，雏子由大姐笔子背了很长时间，之后和保姆一起在猫墓附近玩耍。不久，到了晚饭时间。若是在往常，因为小孩子太多，都聚在一起吃饭吵闹至极，于是就让两个保姆分别

----

① 三月三日上巳节，也称"桃花节""偶人节"，日本五节之一。有女儿的家里摆设偶人，供奉菱形年糕、白色甜米酒和桃花等。祝福家里的女孩健康幸福。

② 日语中，女儿节写作"雏祭"，"雏"意为可爱的小女孩，所以，夏目家的小女儿名为"雏子"。

背着雏子和比她大一点的男孩出去玩一会儿。估计大家差不多吃完了，再带他俩回来吃饭。可那天不知什么缘故，保姆要让两个小的先吃饭，然后再带他们出去，就在餐厅隔壁六叠大小的房间里开始喂饭。可是，雏子非要自己吃，一只手拿起保姆手中的筷子，一只手端着饭碗，边吃边咿呀学语地说："这样？这样？"吃着吃着，雏子突然"哇"地大叫一声，手还抓着饭碗，就仰面倒了下去。这两个最小的孩子本来就脾气大，经常抽搐痉挛，特别是男孩子，情况更严重。如果他撒娇说不要关拉门，你却关上的话，他马上就会气得抽搐起来。正因为他们经常抽搐，大家也就习以为常了，往他们脸上喷点水，很快就会醒过来，方法很简单。之前，雏子也曾抽搐过四五次，这种方法都是奏效的。因此，保姆并不吃惊，只觉得一如往常，非常熟练地往雏子脸上喷水。但是，不知怎么回事，这次没像往常一样很快苏醒过来。

当时我在餐厅，刚刚开始和其他几个孩子一起吃饭，隔壁房间的吵闹一如往常，也就没放在心上，继续动着筷子。可这次吵闹得时间特别长，不觉担心起来，出来一看，才知雏子犯病了。于是也像往常一样朝她脸上喷水，喊她、摇她，可她始终软弱无力地翻着白眼珠，毫无反应。看来，靠我们自己是无济于事了，就让人去叫附近的医生。

医生很快赶了过来，马上给孩子打针，但依然没有反应。医生感觉异样，就说先灌肠试试。刚要准备灌肠，发现孩子的肛门是张开的，医生大吃一惊。催促着说："这可不行，赶紧去叫常给这孩子看病的医生。"

当时，中村古峡先生来访，正在书房和夏目说话。因雏子病情危急，我让人去叫夏目。可能夏目也觉得孩子只是犯了老毛病，就没当回事，半晌也不过来。最后，我只好跑进去说："出事了，你快来吧。"硬是把他拽了过来。过了一会儿，经常给我们看病的丰田医生来了，用了各种方法，尝试了各种手段。但是，打针也好，人工呼吸也罢，都不管用。药当然是吃不进的，芥子油也没用，所有方法都无济于事，实在无力回天。但是，就这样放弃也未免太草率、太突然、太不真实了，大家顿时失魂落魄。我们有很多孩子，至今为止，每个都健健康康地成长着，因为是第一次遭此不幸，越发觉得像做梦一样。刚刚还活蹦乱跳的小女儿，一下子就没了，实在想不通。

但是，既然孩子已经死了，再怎么精神恍惚、伤心欲绝也无可奈何了。不管怎样，哪怕只是一个形式，也必须给孩子办个葬礼。这样一来，就有了件麻烦事。因为我们是另立门户的新家庭，家里既没办过葬礼，也没有任何人的牌位，从未做过法事，因此也就没有固定的菩提寺①。本来，夏目家族代代都是净土真宗名刹本法寺的信徒，地点在小石川小日向。那里有夏目家祖祖辈辈的墓地。可夏目既不喜欢净土真宗，也不想成为本法寺的信徒，真不知如何是好。但是，在这种情况下，也管不了那么多了，夏目的哥哥说，这次还是暂且拜托本法寺吧。因此，就决定在本法寺为雏子举行葬礼。

即使办葬礼，我也不想搞得很夸张，首先，这毕竟是小孩子的

---

① 把历代先祖的墓设于其中，并举行葬礼和法事的寺庙。

葬礼，再者，我也讨厌那些俗套的供品鲜花等。我对夏目说，能不能举办一个平常的仪式，让大家平平静静地送别亲人。夏目忽然想起了他在西洋时看过的葬礼，就说，咱们就不分彼此地全家人去送葬吧，这样最好也最简单。于是，就决定在葬礼当天，全家人一起坐马车去本法寺。

灵前守夜时，守夜僧人从本法寺来到家中。夏目说："我讨厌守夜这种东西，大家还是回去睡觉吧。"我们说这是为了守护遗体，就继续守夜。夏目看看时候不早了，就回去睡了。

当时，夏目曾经说："我死后，你们不要给我守什么夜啊。"

我母亲说："大家之所以这样做，其一是因为明天就要和逝者分别，大家万分不舍。此外，也是为了守护陪伴遗体，以免被老鼠什么的咬坏。如果到时候谁也不陪着你，老鼠咬了你的鼻子怎么办？"

夏目一听，顿觉有趣，说道："若是那样，我没准儿反倒会喊着'疼啊疼啊'，就活过来了呢。"把大家都逗乐了。

那个守夜僧人俗不可耐，不懂适可而止，什么都想要，恬不知耻地说："本寺什么都收。逝者的遗物放在家里可能会令人不安，我们都可以收走。而且，有的家庭为了给逝者祈祷冥福，还会向寺庙捐赠遗物。"

接着，还自以为周到细致地说："如果有这种东西，请您不必客气。"那副样子，好像恨不得马上把能拿的全都拿走。

"比如说盖在棺木上那块白布，这种东西我们也收。"当他说出这句话时，夏目也终于无法忍受了，冷淡地将脸扭向一边说："不行，那是从殡仪馆借来的。"

之后，雏子的棺木被送至本法寺，请僧人诵经后，在落合的火葬场火化了。

骨灰暂时放在家中一段时间，但是家里地方小，主要是孩子又多，总是让人放心不下。于是决定下葬前寄放在寺庙里。但是，如果单单留下一张下葬单，我总感觉可能会被弄丢，就把它也放在骨灰盒里，一起寄存在寺院了。

不久以后，我们在杂司谷买了墓地，终于可以将雏子下葬了，就到本法寺去取骨灰盒。可是，寺院却不给我们。显然，他们是企图让我们花钱在本法寺的墓地给孩子修墓。我们这边派去的人，无论怎么跟他们讲道理，寺院就是不肯归还骨灰。下葬单和骨灰都被他们扣着，我们毫无办法。本来从一开始，我们就没想在本法寺建墓地，既然他们这样明目张胆，我们就更加厌恶了，哪怕是赌气也要尽快把骨灰盒拿回来。但是，随便派个人过去的话，对方一直不肯归还。因此，我就拜托弟弟请他的熟人矶部尚律师写了起诉书，这才终于要回了骨灰，埋在了杂谷司的墓地里。夏目亲手写了一个小小的墓牌。

后来也曾想给孩子修个墓，还拜托津田青枫先生来设计，但最终还是没修。

最终，孩子的死因还是没弄清楚。当时我也偶尔想过，是不是做个解剖看看，但又觉得太残酷，就没说出口。后来，等雏子的所有事情都料理好，我才跟夏目说起这个想法，夏目面露惋惜地说："确实，要是解剖一下就好了，就能弄清楚死因了，一点也不残酷啊。我怎么没想到这个呢？"夏目去世后，我之所以主动请医生进行解剖，就是因为想起了当初夏目说的这句话。

失去这个孩子，夏目第一次体会到了悲痛，何况，雏子还是最招人喜爱的小女儿，自己一点也没照顾就被老天夺走了。夏目顿时神情恍惚，做什么事都心不在焉。虽然嘴上不说，但看得出他受了很大打击，内心无比沉痛。后来偶尔提起此事，他还曾沉痛地再三叹息："孩子去世这种事，真让人伤心啊。"

只要精神状态不错，他是十分疼爱孩子的。不管孩子干什么，他或是笑眯眯地看着，或是和他们一起玩。有时孩子们吵闹得翻天覆地，他也会若无其事地坐在他们中间，毫不在意地看书。比如，大女儿站在最前面，扛着扫帚发号施令，其余的孩子们一个接一个地排在后面，在书房边的走廊大踏步操练时，他也一脸平静地看书，并不责备孩子们吵闹。之前住在西片町时，孩子们在二楼闹翻了天，眼看着房顶都要塌下来了，他也毫不在意，不慌不忙地说："我倒要看看，他们要闹成啥样。"当时，孩子们实在淘气至极，还不只是自家的几个，外面的小伙伴也都跑来一起疯玩。夏目散步回来，从大马路转弯朝家走，在离家还有两三百米的拐角处，就能将孩子们的吵闹声听得一清二楚。但是，只要大脑不出现混乱，不闹别扭，他就很放松，不在乎孩子们闹腾。

夏目将雏子的突然离世，详细写进了《春分之后》的《雨天》一节。一月至四月，这部小说在《朝日新闻》连载。那时，夏目已经逐渐从失去孩子的伤痛中平复。《雨天》这一节，可以说专门为雏子而写。夏目从三月二日开始动笔，那一天正好是雏子的两岁生日。在相当于孩子百天的七月写完。夏目曾经写信给中村古峡先生说：

"这也是某种因缘，也算是好好祭奠一下孩子。"雏子突然去世那天，中村先生在正好在我家。以前，夏目从没说过什么"因缘"之类的话，可见雏子之死，着实令他心痛不已。我是个凡事迷信之人，日子好坏，方位如何，都要先去拜拜神佛，或者请人算上一卦，夏目一直对此嘲笑挖苦。所以，当我看见他在信中说这种话时，感到有点不可思议。不过，他从来没和我说过这种示弱的话，他大概想，一旦说出口，可能会被我反将一军说："你看你，不也一样迷信吗？"

不过，不知他是因为特别敏感，还是比较胆小，虽然从理论上，他排斥所有迷信的东西，但一听到鬼怪类的因果故事，又十分害怕。我如果睡前说这种故事，他总是认输地说："别再说了，我睡不着啦。"

我曾经讲过这样一件事。亲戚铃木的兄弟，在四日市得了伤寒，到了年底，病情已非常严重，家人十分担心。除夕晚上，也就是元旦前一天的夜里①，铃木父亲睡觉时，梦见生病的这个儿子穿着礼服大衣坐在枕边问候他。父亲想，他明明生病了，这是怎么回事？哦，一定是来给我拜年了，想着也要问候一下儿子，突然就醒了。父亲正觉得奇怪，元旦一大早就接到儿子病危的通知。也是因为刚刚做梦的缘故，父亲十分担心，马上赶去四日市。结果，第二天白天，铃木的这位兄弟就去世了。

"如此看来，原以为他是来给我拜年，其实是来和我告别的啊。"父亲说起自己的梦时，照顾病人的护士也说了一件不可思议之事。

---

① 日本的新年是阳历 1 月 1 日，故而除夕之后即元旦。——编注

三十一日晚上，病危的病人迷迷糊糊地睡着了，可能是半梦半醒中，他喊着护士的名字说："××小姐，请把放在某个地方的礼服大衣帮我拿出来。"护士想他可能是发烧说胡话，就回答说："您现在生病，等病好了我再帮您拿。""哦，是吗?"病人说完这句话，暂时安静了一阵儿。过了一会儿，他又说："××小姐，请帮我把收在某处的礼服大衣拿出来。"护士原本觉得十分奇怪，现在和父亲的梦联系起来一看，发现病人让她拿大衣的时间，正好是他穿着大衣，到父亲那里告别的时间。

我跟夏目说起这件事，他好像真的打心眼里觉得害怕，像个胆小鬼似地连连说："别再说了，我睡不着啦。"

四十九　我的迷信

　　眼看要将雏子的骨灰下葬了，我又开始在意日子的好坏。正好在那时，因为妹妹要远嫁外地，我经常回娘家去。一天，从娘家回来的路上，我就想，应该到一直占卜的那家天狗屋，去算算日子。谁知，刚出娘家门，竟然在小石川的白山附近碰到了森卷吉先生。他正好要去我家，我就和他同行了一段路。但是，我心里一直惦记着要去天狗屋的事，只好跟他说："对不起，我有点事，请您先到我家吧，我马上就回来。"说完就转到了另一条路上。

　　算好日子回到家后，森先生已经到了，正和夏目说着话。夏目看看我的脸，说道："听说你刚刚碰到森了，怎么回来这么晚啊，是顺便去了矢来（夏目的哥哥）那里吗？"我如实回答说，去了天狗屋，想为雏子的骨灰落葬选个好日子。夏目一听，一副要脱口而出"你又去了"的样子，说道："这家伙真奇怪，比起丈夫，更信赖天狗，真让人受不了啊。"一旁的森先生也大笑着说："天狗肯定不赖吧。"

在他精神状态好，心情不错时，这种事情以当场的一句玩笑话就能轻松解决。而且，在得过那场大病之后，他可能也觉得，对这类事情说三道四，会显得不成熟。最主要的是，他变得心平气和了。出门旅行时，我给他戴上护身符，他也并不嫌麻烦，反而会说：你给我的护身符绕到后面去了，睡觉时正好在屁股下面，这不是反而冒犯神灵了吗？后来，他旅伴带的艺妓看到这个护身符，非常不可思议，问他缘由，他竟然开玩笑说："这是我老婆给我戴的，'驱除女祸'护身符哦。"但是，一旦他的精神状态变坏，就会制造很多悲喜剧，看不惯我的种种迷信做法。这样一来，我反而变得更加迷信，经常瞒着他用各种方式向神佛祈祷，希望夏目的精神变正常，心情变平和。有些行为，后来想想虽然滑稽可笑，但当时真是迫不得已，只能拼命求助神灵。

比如，大正二年（1913），从新年开始，他神经衰弱的老毛病就犯了，虽然不像刚留洋回来住在千驮木时那么严重，但也经常满脸怒气，让我一筹莫展。听说在牛込的穴八幡宫入口处，有一种特别管用的"封虫符"，虽然是类似骗小孩的符咒，但我也去求了一张，钉在了孩子们六叠大小的房间，朝南的柱子上，长长的钉子正好钉在写着"封"字的符咒中间。这个需要每天用锤子敲打一次，我就想等夏目外出时敲打。可是，他一旦精神状态极其恶劣，就几乎闭门不出，也很少去散步。因此，我想去敲也没机会。要是他在家时我去敲，肯定会被他大声呵斥，符咒也会被夺走，这一点我太清楚了。还好他当时在写小说，写完连载一次的内容就放进信封，自己出门投到街角的邮筒里。这是他每天必做之事，也是一天当中仅有的一次外出。我就利用这不到五分钟的时间，赶紧去敲钉子。他每天一出门，我就飞快地敲一下钉子，再做出一副若无其事的样子。

可是，有一天却出了乱子。那天，他照例要出门去寄稿子，已经走到了房门口。本来如果我将他送出门，估摸他出了大门后再镇静地回来敲钉子就好了。可那天不知怎的，他还在房门口时，我就急忙"咚咚"地敲起钉子。夏目一听，嘴里喊着"干什么呢"，便走进孩子们的房间。气势汹汹地将我辛苦求来的"封虫符"撕扯得乱七八糟，揉成一团，扔进了垃圾桶。后来，我觉得可惜，想去捡回来，又是一通乱闹。他的神经衰弱严重时，耳朵异常灵敏，有时会马上觉察到一定有什么事情，就在这个当口，我出了个意想不到的大纰漏。说来奇怪，事虽已至此，我竟越来越无法停止"封虫"的符咒。后来，索性将它钉在了矢来的夏目哥哥那里，每天去他家敲打一次。当时我竟然做出了如此搞笑之事。

之后还有这么一桩事情。有算卦的忠告说，这种严重的神经错乱可能是因为毒气上头，将毒气压下来，自然就会痊愈。我看着他那么痛苦，内心也十分煎熬，就信了算卦人的话。忽然想到，他每天饭后要吃两次药，在药中放入"扫毒丸"，一起包在糯米纸中，不就可以了吗？这是外行所能想到的好主意，我就每次在他的药里面掺一点点药丸。一开始，我还战战兢兢地只加一点点，后来渐渐得意起来，胆子变大了，也就疏忽大意。大女儿一直负责这件事，也习以为常了，本应小心翼翼地把药丸放在粉末中间，却不小心露在外面了。因此，终于有一天被发现，被夏目训斥了一番。当时，我是感觉太痛苦了才不由得想出这些方法，现在看来真是十分愚蠢。

但是，这些情况都只发生在他精神状态极其恶劣的时候。

雏子去世后，过了不久，我们想着对孩子们要好一些，也曾经全家出动，一起出去玩，这是以前几乎没有过的。还有一次，曾经去月岛赶海。当时是夏目先说，还没赶过海，全家一起去吧。孩子们也从没和爸爸一起出过门，就非常高兴地出发了。可不巧的是，狂风大作，无法出海。没办法，只好看着其他来赶海的人们饮酒唱歌。这些人也因大风无法出海，将船只停在靠近入海口的河岸边，在船上喝酒唱歌跳舞，热闹非凡。我们的船停在这些饮酒欢歌的船之间，热闹场景尽收眼底。孩子们津津有味地看着，夏目也高兴地说："比起赶海，看看这些不是更有趣吗?"

过了一会儿，忽然雷声轰鸣，大雨倾盆。幸亏我们没去赶海，否则肯定更惨，大家都浑身湿透，落荒而逃地回来了。

也是在那时，全家人一起去了井之头公园。那天夏目心情特别好，仰面躺在长椅子上，一直微笑着看孩子们在宽阔的池塘边开心嬉戏。

大概比这稍早些时候，长塚节先生的长篇小说《土》经由夏目介绍，发表在《朝日新闻》上。以此为机缘，长塚先生经常来家里玩。后来，长塚先生去九州后得了喉头结核，他想请福冈大学的久保猪之吉博士治疗，也是夏目帮他给久保博士写了介绍信。

夏目好像十分欣赏长塚先生的长篇小说《土》，还为小说写了序言。并在序言中说，一定要让自己的女儿读读这篇小说。可是，他原本非常不愿意让女儿们看小说，基本是严禁状态。之所以如此，他说，主要是不想让孩子们受那些一知半解的文学故事影响。更有甚者，他还经常像口头禅似地说："要是女儿们也变成常来家里的女作家们那样，我可受不了。"反正，他极讨厌女儿们看小说。因此，直到后来女儿们都长大了，无论是自己还是别人的小说，他也几乎不让她们看。

关于长塚先生还有一件事。他的《土》在《朝日新闻》发表，得到了一笔相当丰厚的稿费。当时，森田先生在朝日新闻社做文艺版助理编辑，就帮长塚先生把钱领了回来。森田先生对我说："今天我要把这一大笔稿费转交给长塚先生，因为我帮了他很多忙，今晚他肯定会请我吃饭吧。"哪想到，当森田先生把钱交给长塚先生时，他却拜托森田先生说："能否麻烦您把这笔钱原封不动地直接汇到我的老家？"然后，拿出一串用报纸包着的香蕉，说是给森田先生的谢礼。森田先生当场惊得目瞪口呆。后来，期待落空的森田先生还发牢骚说："节这家伙，一定是用那笔钱去买田置地了。"

长塚先生的节俭是出了名的。当时，他也曾经拎着一个果篮来到我家，说为了表示感谢。大概花了五六十钱吧，里面有一半水果都开始腐烂了。

我记得也是在这段时间前后，笹川临风先生和横山大观先生邀请了夏目。之前有一次，大观先生相邀，夏目因忙于写稿而未赴约。后来，他自己一个人去拜访了大观先生。到那儿以后，门口传话的寄宿生告知，大观先生不在。夏目就说，请代为问候，便往回走。一会儿，那学生竟从后面追上来说："老师要见您，请您回转。"于是，夏目就听话地跟着学生回去了。原来大观先生有一个习惯，画画期间不见客。因此，守门的学生随机应变，佯称大观先生不在家。

那天，夏目在大观先生家吃过饭后才回来。后来，夏目获赠大观先生所绘一尺八寸的柳树画一幅。作为回赠，夏目依大观先生所愿，在全张纸上写下了自己创作的诗歌。为了写这幅字，夏目反复练习，失败了多次才终于写成。

当时，桥口五叶先生的哥哥桥口贡先生是一名外交官，在支那做领事，经常把那边的古董寄给夏目。大多是文房四宝或拓本等小物件。以前住在千驮木时，桥口先生经常来我家，也一直和夏目通过明信片联系。夏目非常喜爱这些古董，经常把一些物件放在书桌上，反复端详或打磨。而且，光是人家送的，他还不满足，经常把自己想要的东西告诉桥口先生，请他帮忙买回来。虽然都是些三元五元，顶多不过十元的小物件，但他总是高兴地说："支那的东西又好玩又便宜。"

五十　悠闲之旅

　　我们打算夏天带孩子们去镰仓海滨游玩，就拜托在镰仓的菅先生帮忙找房子，我先过去看看是否合适。菅先生谨小慎微得有些神经质，说这个房子住过肺病患者，不行，那个房子也不行，很难定夺。最后，还是我自己选定了一个木材商行会的小房子，只有两个房间，带厨房。就在我年轻时经常去的大木先生的别墅附近。记得一个夏天的租金大约一百二十元。

　　七月底，学校一放假，孩子们就都聚在一起，由当时还在文科大学读书的冈田先生（现任中国台湾某高中教授的林原耕三氏）领着，到镰仓的海滨小屋去了。不久，夏目也过去住了一段时间。房子小得让他吃惊，晚上大家都睡下后，几乎无立足之地。夏目曾经说："如此这般修身养性，以后不管多么贫穷，也能接受了。"当时，他还和孩子们一起下海游泳。

　　没想到，孩子们都在镰仓，我们俩在东京的时候，接到了最小的儿子得猩红热的紧急通知。我急忙赶过去时，孩子刚刚被送进医院。因为生病的孩子还需要照料一段时间，我也就留在了镰仓，拜托我母亲帮忙照看东京的家。不久，孩子渐渐康复，夏目也到镰仓来看望孩子，顺道去了长谷的中村先生别墅。大概就是在那里约好，两人一起去旅行。

过了一段时间，他打算和中村先生一起去善光寺旅行，就到镰仓来接我，说道："你不在家，没办法做出行准备，你回家一趟吧。"孩子的病也好了，我就和夏目一起回了家，帮他收拾行李。眼看明天就要出发了，头一天晚上，我却突然腹痛难忍。正好那天松根东洋城先生和森田草平先生来了，帮了很多忙，腹痛总算好些了，但情况还是非常令人不安。明天的旅行怎么办呢？夏目说："暂且推迟一天，看看你的情况再说，没事儿的话，按计划出发，否则就取消行程。"因为中村先生也应该在做明天出行的准备，必须先通知他晚一天出发。女佣是个乡下人，这时派不上用场，夏目只好自己拿着五分硬币，去打投币式公用电话。

打完电话回来，夏目说他被接线员小姐骂了，大家就好奇地问怎么回事。原来，当"叮铃铃"的电话铃声响起，接线员刚拿起听筒，还没说"请投币"时，夏目就把五分硬币投进去了。因此，当接线员小姐说："您已经接通，请投币"时，他手头已经没钱了。没办法，他只好解释说刚刚已经投币了，但对方还是不依不饶，反复跟他说明投币电话的使用方法，还亲切诚恳地告诉他："这次我帮你接通了，下次必须要注意，否则，你先投了币就无效了啊。"夏目只好满口答应，总算完成任务回了家。

松根先生他们听完后，大笑着说："接线员小姐很不错呀。老师您也真够不谙世事的啊!"。

幸好,我的腹痛无甚大碍,推迟一天后,夏目和中村先生一起踏上了旅程。他们先去了盐原,然后是日光,之后又从日光去了轻井泽、上林温泉、赤仓。出发那天是八月三十一日,十六七天后回到了家。

这次旅行悠闲至极,中村先生还带上了与他相熟的新桥、柳桥一带的艺妓。中村先生说,只要是和夏目先生同行,他家里人就非常放心,所以,他无论做什么都邀夏目同去。也就是说,其实夏目是被他当成了幌子。其实,除了夏目还有别人这件事,估计是瞒着家人的吧。回来后,夏目说起一件好笑的事。每到一个地方,中村先生都要给他相熟的茶屋老板娘和女招待们寄信或者明信片,他对夏目说:"你字写得好,这也是你的专长。"便让夏目替他写。一方面,夏目也不拘小节,也没写过这种逗趣儿的明信片,就写了些很随意的话,诸如"此尊大佛是个美男子吧?"之类的。不过,唯有寄给夫人的信,中村先生知道,绝对不能代笔,"那个懒家伙,自己动手,写得很认真",夏目回忆说。

两人在旅途上一直悠闲自在,可是不管到哪儿,当地人都有个习惯,总要求他们挥毫写点什么。中村先生是满铁总裁,求他写字的人自然很多,每当人家备好笔墨,中村先生就把写字的事硬推给夏目说:"让这个人写,他的字写得好。"随后,自己逃之夭夭。当时,盐原妙云寺的平元德宗师,可能也向夏目求过字,回东京后,夏目如其所愿,写诗一首,名为《妙云寺观瀑》,寄给了他。

那时,住在矢来的夏目哥哥没了工作,仅能领取一点微薄的补助金，因此我们必须经常帮衬他一些。但是，从老早开始，我们还一直给我娘家补贴家用。这样一来，恐怕很难同时帮助两家。我弟弟也已大学毕业，就想他必须要拿出一点工资补贴家用了。弟弟也认为应该如此，就四处找工作。当时夏目正好和中村先生一起旅行，就拜托中村先生帮忙，好像找到了一个不错的门路。

在上林的温泉旅馆还发生了一件趣事。当地有一位有头有脸的人物，说想见中村总裁。来访时，旅馆的人竟将他带进了一间挂满女人衣物的房间。中村先生因这些人没眼力见而感到困扰，夏目却兴奋地说："什么呀，不知道这种事的，也就是他在东京的夫人而已啦，其他人都知道的。这家伙还以为谁都不知道，真是个傻瓜！"充分发挥了他那爱逗趣的本领。总之，这次旅行似乎非常悠闲自在。

回来后，说是承对方的拜托，给一起出去旅行的不知是葭町还是柳桥的艺妓画了两三幅画。记得好像是画的菊花，并且还题写了俳句。

九月以后，他的痔疮又犯了，经常去神田锦町的佐藤医院治疗。正好那时我也因头昏卧床，见他从医院迟迟不归，很是担心。后来才知道，医生说他的情况必须要做手术，所以必须先清肠，之后只能吃流食，前后加起来需要住院一周左右。他自己也想马上住院，因此让人通知我一声，就没回来。我也想去看看他，但自己卧病在床，无法成行，只好拜托森田先生去看看。森田先生看后，汇报说："老师乖乖地躺着呢。"

按照原计划，一周后，他出院回了家。因为仍需卧床休息，他就躺在床上见客。他曾说："躺在床上和人见面，感觉自己好像变成了高贵的大老爷。"

夏目一直这样病快快的,我却胖了起来。三十岁之前,我一直很瘦,那段时间却渐渐发福,胖得像变了一个人。所以夏目经常说:"总有一天,你自己连厕所也去不了,可能要让丈夫帮忙喽。"不过,在他去世前,我照顾了他大概二十天左右,之后也因各种事情,瘦了很多。后来,就再也没有像以前那样特别胖。

在他去世之前,他有时也去看戏,但最终也没喜欢上。但是,他很喜欢义太夫调①,前面曾提及他喜欢吕升。这年冬天,文乐座的越路②来东京时,我俩经常一起去看。此外,他还邀请我母亲或者小宫先生一起,一连几天都去看。好像是他借给别人的钱,当时正好还给他了,他就都用来看了越路的义太夫调。当然,那也并不是很大一笔钱。

大女儿笔子开始学钢琴时,夏目经常带她去听音乐会。看戏时,比起戏曲本身,大多数时间,他都在看包厢座位。但是听音乐会时,他却非常认真。有一次,笔子和他一起去听音乐会,只是稍微朝后面看了看,他就十分生气。他知道听音乐会时,不讲究礼仪举止是不行的。他自己去听音乐会时,穿得十分郑重考究,因此也特别讨厌别人穿着随意,举止不文明。

那时,经常有人问东大的大塚先生,是否考虑续弦,他的夫人

---

① 净琉璃的流派之一。由第一代竹本义太夫吸取古净琉璃各派风格和当时流行的各种音曲,以新的感觉加以糅合统一,1684 年在竹本座首演。其后分成竹本、丰竹两座,大为盛行,流传甚广,几乎到一提净琉璃就是指义太夫调的程度。
② 第三代竹本越路太夫(1865—1924)。竹本越路太夫,演唱义太夫调的艺人名,至今传至第四代。

前几年去世了。其中有人给他介绍了一位，大塚先生对夏目说："我自己也不知道怎么样，你帮我看看吧。"夏目回来后，很过分地说："他竟然会觉得那种女人好？学者之流，真让人没办法。恐怕除了看书，就不谙世事了。偶尔接触社会，也就是从西片町走到大学这一段路吧。而且，就是这么一点路，他恐怕也是眼睛只盯着地面，完全不知道附近有什么样的女人吧。因此才会不知所措啊。"他这样说人家大塚先生，自己倒是对漂亮女人非常留意。不管是走在路上还是进戏院，总能瞅准哪里有漂亮女人。他这种慧眼识珠的机灵劲，还不仅限于女人，进旧货店也如此，一下子就能发现好东西。

有一件与此相关的趣事。在我家附近的大马路上，有一家纸店。老板娘皮肤白皙，身材苗条，是那一带商家中少见的美人儿。夏目非常喜欢她，不过，他当然也不会有什么其他想法，只是每次散步时，都会悄悄看看人家，回来后就说今天如何如何。而且，他还半真半假地对孩子们说："那个老板娘是爸爸我喜欢的女人，所以，你们从她的店门口经过时，要恭恭敬敬地鞠躬敬礼哦。"虽然他的语气并不粗俗，但他不仅对孩子们说，还毫不避讳地对他的门生们吹嘘。即使我说："我们可不是什么大美人，在你眼前岂不就像幽灵一样，毫无存在感了？"他仍然毫不讳言地说："我就是喜欢那样的呀。"这位老板娘也在几年前去世了。

五十一　第二次危机

　　心情好时，他总是笑呵呵的，但从年底开始，又莫名其妙地红光满面，像发烧一样。我心想，怪了怪了，果然是神经衰弱的老毛病又犯了！从之前最严重的那一次算起，今年正好是第十年。就这样，从新年的一月到六月，他的状态最糟糕，最后胃病也犯了，一直卧病在床。以前，他一旦犯了胃病，神经衰弱会因此变好些，但这次，从一开始就两个毛病同时发作，非常麻烦。

　　大概是一月二号或者三号，女佣好像自言自语地说了句"奇怪"什么的，夏目就突然张冠李戴地冲着女佣说："别说这种话！"因为自己并没说什么，女佣就惊讶地答道："我什么也没说呀。"夏目不吭声了，但表情可怕，一脸嫌弃。后来，他还满脸不高兴地责备我说："让她说了那种话，我很难受的。"

　　他一旦脸色发红，说话不着边际，耳朵反应异常，我就知道是他那可怕的老毛病又犯了，就警告女佣和孩子们不要吵吵嚷嚷的。但是，孩子毕竟是孩子，有时一高兴就忘记了警告，哈哈哈地大笑不止。夏目一听，大概认为是在笑话他吧，动辄大声叫嚷，或者把孩子们叫过去训斥一番。最后，火气总是要落到我头上。孩子们砰砰地敲钢琴，他听了不高兴，又是一顿训斥。如此一来，家里一下子变得鸦雀无声，大家都如履薄冰般踮着脚尖走路。哪怕是发出一点动静，都会招他一顿骂。

我们如此小心翼翼，谨慎之至，对他敬而远之，但夏目到底是夏目，他拼命竖起耳朵听，捏造种种虚构的妄想，疑神疑鬼，刨根问底地想着毫无道理的事情。看起来，他是以敏感的耳朵为基础，加上离奇的想象，在脑子里描绘着各种各样的事情，真让人受不了。若仅仅如此倒还好，他反而还要把自己随便想出来的事情强加到我们，尤其是我的头上。这更令人难以忍受。

比如，他如果感觉听到了女佣在说他坏话，就会认为要么是我置之不理，要么就是我主动教唆女佣说的，因此就一下子对我火冒三丈。我知道他又犯了老毛病，就尽量不跟他计较。结果，他反而生气地说："你以为不吭声就行了？让我一个人唠唠叨叨，你这是瞧不起我。"

一旦这样，他就会不断无理取闹。说出口时，虽然他自己也知道是找茬，但还是不断地暗中行事，想出各种无理的、伤人的事情。我知道，反正不管怎样他都不满意，因此就装作看不见，不上他的当。这样一来，他又说："你明明知道你丈夫不好，不讲道理，为什么置之不理？给丈夫忠告，让他纠正人格，难道不是你的本分吗？"明明是他自己明知故犯欺负人，一旦别人无言以对，他又要刁难人。

虽然这样，他仍然认真地写着小说。结果，胃病和神经衰弱都越来越严重，只好暂时休笔。当时写的小说就是《行人》，可能因为他当时的状态不好，所以这部小说有些地方，好像是在用疑心颇重的眼光打量别人。反正那段时间，如果小宫先生打电话找我，夏目就会亲自去接，训斥人家说："什么事？干吗要叫人家的老婆啊？"森田草平先生、铃木三重吉先生也都被他狠狠训斥过，真拿他没办法。

他神经衰弱的时候，总是因为电话闹出很多事情。当时家里已经装了电话，但他对电话铃声特别在意，有时会自己去接。有一次，不知是谁打来电话，我以为他去接电话了，谁知他却说："刚才，不知谁打电话来问'喂，是夏目先生吗？'我说'不知道'就把电话挂断了。"总之，经常无缘无故地火冒三丈。

因此，若是有人不小心打错了电话，情况会十分糟糕。他会亲自拿起电话，叫接线员接听，大声质问："为什么会打错？怎么会出现这种错误？说说理由！大概就是要打搅我，看不起我吧！"他平常不会这样说话，但一旦遇到这种情况，他就会毫不客气，没完没了地训斥人家，我们在旁边都听得直冒冷汗。于是，他说没必要接听打错的电话，吵死了，就把电话听筒从电话上拿下来，放到一边。这样一来，再有人打电话进来，不管怎么呼叫，也无人接听。电话局认为，我家的电话可能出了故障，就派人来查看。结果一看，发现是电话听筒被放在一边了，便训斥了我们一通。当他们回去后，电话故障又开始了。电话局的人又派人来检查。电话局的人一来，他就将听筒放到电话机上，人家一走，他又拿下来。如此反复。神经衰弱的时候，他尤其讨厌电话，很让人伤脑筋。一直到他去世之前都是这样，最终，只好将电话放到另一栋偏房去。

　　记得天气还很冷的时候，女佣咽喉痛，声音嘶哑，听起来有点奇怪。夏目十分介意，说道："怎么发出这种声音？大点声！"不管嗓子怎么嘶哑，女佣有时也会发出一两声比较正常的声音，一旦她发出的声音大一些，夏目就怒斥道："看看！明明可以大点声，为什么假装不行？你这家伙在撒谎，在耍花招！不像话的家伙！"他一旦犯了神经衰弱，就会出现怪癖，总觉得人家都在耍花招，并对此痛恨之至。

　　在他神经衰弱最严重的时候，有一次我不在家，发生了意想不到的事情。我不在家时，夏目是不允许男孩到外面去玩的。但是，男孩子很调皮，一转眼的工夫就溜出去玩了。夏目顿时怒不可遏，对两个女佣说："我说不让他们出去，你们为什么把他们放出去了？"将其中一个女佣推倒在走廊下，追上另一个走到门口的女佣，在门口的路上，当着路人的面，砰砰砰地打了人家。两个女佣都气坏了，说道："虽说是一家之主，也太过分了！如果是在没人看得见的地方打我们，还能忍一忍，这下看来，以后我们还不知道要怎么倒霉呢。这里我们一分钟也待不下去了。"说完，她俩在我还没回家之前就都不辞而别了。大女儿笔子看到了这一切，气得泪流不止地说："就算是一家之主，爸爸也太无法无天了。"过了一会儿，夏目走过来说："女佣走了吗？不像话的家伙！"笔子一听，愤然为女佣抱不平："她们当然要走了，您做得那么过分！"哎呀，这下夏目可受不了啦，打了笔子一巴掌，还训斥说："什么？你这黄毛丫头，居然敢跟你父亲顶嘴？"我回家一看，女佣不在家，笔子正在懊恼地哭鼻子。夏目还是不服软，一直在那气愤地唠叨："不像话的东西！"女佣走掉了，他就把笔子当成了眼中钉。我一看这架势，说不定会动刀子，太危险了。只要不在他眼皮子底下，这件事也就到此为止了，于是就让笔子躲到住在矢来的夏目哥哥家去了。此事就这样过去了，可是因为女佣都被他赶走了，头等大事是没人做饭。因此，只好让笔子到厨房去做饭，这样一来，夏目好像也担心起来，经常会走到厨房看看，烦人地问："今天吃什么菜，准备好没？"

最可笑的是，因为女佣走了，就没人擦拭书房的走廊了。因此，他自己大概也因为灰尘多，感到不舒服了。但这次是他自作自受，我也使性子不予理会。本来在这种情况下，我有时是想去擦一擦的，可他却固执地发火道："不擦也没关系！"那我就一概不管了。不久，他大概是无法忍受了，自己进了浴室，发出咔嚓咔嚓的响声，一会儿就见他穿着短裤，提着水桶出来了。他要干什么呀？过去一看，竟然自己在用抹布擦走廊呢！看他那可笑的样子，我和笔子都忍不住偷偷笑了起来。

他精神状态不好时，经常大清早四点半或五点就醒，自己起床后就去开门开窗，然后大吼一声："起来！"全家人一下子都被他惊醒了。有时，他即使不大吼一声吵醒我们，也会到浴室去，用自动磨刀带咔嚓咔嚓地磨他的安全剃须刀。大家一听那声音，也都吓得赶紧起来，各自叠好被褥。他则像个监工一样转一圈，一边唠叨着"磨蹭什么呀"，一边像要说"给我"一样，抢过被褥，揉成一团，不由分说地往壁橱里塞。蚊帐和被子都露了出来，眼看要从壁橱里掉下来了，他也不管不顾地，猛地拉上橱门。

在他赶走女佣之前，还有一件事。最小的男孩是个爱哭鬼，经常哭。再加上夏目神经衰弱的毛病一犯，表情特别吓人，孩子看了更加害怕，因此就会哭起来。但他却说，是因为看孩子的小保姆掐了孩子的屁股，最后，连这个小保姆也被他赶走了。

自那以后，这个爱哭的孩子再哭时，他就说，是因为大家都欺负他。孩子一哭，他就出来哄孩子："好孩子，好孩子，有爸爸陪着你，不要怕啊。"后来渐渐才知道，他说这话的意思是，因为他自己是家里最小的孩子，总被大家欺负，而且从未被父亲疼爱过。所以，他就认为这孩子也是最小的，也总被大家欺负，所以才经常哭；不过这个小儿子有他这个父亲在，他会保护儿子，不让他被人欺负。实际上，这个小爱哭鬼一看到夏目那张可怕的脸，反而哭得更厉害，让他束手无策。

他的老毛病一旦发作，还是老一套，又闹着要跟我分开。说道："不过现在让你离开这里，你也没地方可去，那就分居吧。你要是不喜欢分居，那干脆我搬出去好了。"我说："什么分居，我才不会答应，你去哪儿，我就跟到哪儿。"完全不理会他那一套，这事也就不了了之。但他还是经常提这个话题，很烦人。这样来回折腾，胃病又犯了，只能卧床休息。于是，笼罩在我家的乌云也自然而然消逝。可以说，他的胃病似乎是神经衰弱的救星。

虽然这一时期的神经衰弱也很严重，但与刚从国外回来那时相比，还是平稳许多，持续的时间也比较短。后来，他去世那年又发作了一次，但比这段时间要平静得多。一直到他去世之前，此病还是时不时发作，就像是他自己想要发作似的。

前文也说过，他的神经衰弱一发作，就会画画。这段时间也画了很多。他这个病一犯，我们这些他身边的人，虽然也很难受，但最痛苦的，应该还是他自己吧。所以我觉得，画画一定是他逃避痛苦的一个方法。因此，一看便知，他画的并不是写生风格的画，而是将脑子里的东西随手画出来而已。他的画，不管是风景还是人物，全是远离现实、超脱世俗的作品。

　　这一时期，他常画的画既不像日本画，也不像水彩画，就是在水彩纸上画些奇怪的东西。我虽然不大清楚，但知道他用的颜料似乎是水彩。他还用日本毛笔画一些类似日本画的线条，而且非常耐心地画了很多张。记得他在神经衰弱快要恢复时，曾对笔子说："这些画给你们了，你给大家拿去吧。但不要送给别人哦。"说完，就把画给了笔子。孩子们高兴地将画拿到他们六叠大小的房间，用大头针在三面的楣窗上钉成一排装饰起来。后来，家里的亲戚呀，孩子们的表兄弟来玩时，都觉得那些画有趣，央求着想要。孩子们觉得少一张两张也不会被发现的，就送给了别人。如此一来，那些画越来越少。有一天，夏目走进孩子们的房间，一看很多画都没了，就生气地问："为什么给人了？"接着，把余下的画全部从楣窗揭下来，撕掉一张，再揭下来，再撕掉一张，最后全部揉成一团扔进了废纸篓。

　　那幅巨大的南画风格的屏风，就是他从这一年的年末开始画的。

　　画好一张画后，他要用大头针固定在宣纸上整整一个月，每天都看看改改，听从旁人的评价进行润色。如此这般还看不厌的话，才拿到裱画店，让人装裱起来。因此，他的画每天都会变样子。昨天还是一片松林，今天就变成了山脉。本来是一座座小山峰，不知何时变成了一座大山，还多出很多鸟儿。原本是一只貌似天鹅的大鸟，第二天又变成了家里养的鸭子模样。他的画，画完之前千变万化，因此，画成之后仔细一看，就会发现画纸上留有许多不必要的线条，纵横交错，十分凌乱，有很多貌似山腰的形状。他就是这样，不画到满意的程度，誓不罢休。也有人不留情面地评论道："真是惨不忍睹啊！"对此，他才不轻易服输。但是，对于懂绘画的人或者自成一派的画家的评论，他却坦率地主动听取，之后进行修改完善。不仅仅是画画，对于任何事情，他都是这个态度。

五十二　醉汉与女客

在夏目神经衰弱最严重的二三月份，森田草平在夏目会客日的晚上，第一次带着小栗风叶①先生来了。不知怎么回事，那天小栗风叶先生酩酊大醉。夏目和小栗先生是初次见面，本来就不熟悉，陌生人突然来访，他原本就很奇怪，再加上对方醉醺醺的，他就更不高兴了。这时，小栗风叶先生竟然还借着酒劲说了些什么。我当时没和他们在一个房间，不清楚具体情况，夏目好像相当恼火，最后忍无可忍地大吼一声："滚！"听到他的声音，我大吃一惊，知道此事非同小可。过去一看，只见森田先生和同伴一起，慌里慌张地回去了。但形势依然严峻，夏目仍然怒气未消地说："特意带着那家伙来，就为了让他说那种话吗？森田这小子岂有此理！"因为夏目大发雷霆，之后一段时间，森田先生也不敢来我家了。我劝慰他说：

---

① 小栗风叶（1875—1926）：小说家。生于爱知县。作为尾崎红叶的优秀门生活跃于明治30年代。后受自然主义兴起的影响，离开文坛。代表作《龟甲鹤》《青春》等。

"也是因为这段时间，他的神经衰弱严重，如果现在冒冒失失地跟他道歉，反而会自寻烦恼。请再忍一忍吧，不久他的心情就会好的。"总之，森田先生当时非常苦恼。

小栗先生很早之前就拜托过森田，让他带自己见一下夏目。那天正好是夏目的会客日周四，森田先生就和小栗先生一起出了门。半路上，打算在榎町的鳗鱼屋吃了饭再走，吃饭就不能不喝点酒，喝了一两瓶后，小栗先生就变得不拘小节。森田先生担心地想，这下可麻烦。但事到如今也不能走回头路了，没准见到夏目，反而会老实了呢。于是，就拽着他一起来了。结果，小栗先生根本不在乎那是第一次见面，一进夏目的书房，就神气十足地站得笔直，还没开口打招呼，就借着酒劲儿，好像是出于真心，也似乎是想要表现得很豪放，十分亲热地对夏目说："喂！夏目君！"见小栗先生这副模样，一旁的森田先生等人都提心吊胆。可小栗先生却不管不顾，还喋喋不休地说了些无聊透顶的话。若是平常，夏目可能也不会在乎，随便应付一下就行了。但那时正是他神经衰弱厉害的时候，他可受不了。终于大吼一声把人家撵了出去。毕竟人是自己带来的，森田先生才是遭遇了意外灾难。

过了一段时间，五六月份时，夏目的神经衰弱稍微缓和了一些。记得也是周四会客日的晚上，森田先生不敢从正门进来，就悄悄从厨房那边的门进来，问我今天夏目的情绪如何。我说："现在情绪已经好多了，他要是发火，你就让他发，到时候我会负责调停的。你也不用郑重其事地打招呼，直接坐到大家中间去好了。"

森田先生照我所说，进了夏目书房，和大家坐到了一起。既没道歉说"前些日子是我不好，对不起"，也没和夏目郑重地打招呼，只是和大家一起说说笑笑。夏目也没说"你来干什么？不像话的家伙"这样粗暴的言辞，这件事也就稀里糊涂地过去了。

那段时间还有不少女性来访。我在这里说说两三位奇特之人。

夏目在《玻璃门内》中也曾写到，那时有位口口声声要自杀的年轻女子经常来我家。她住在附近喜久町的旅馆里，每天早晨临出门都会和老板娘说："今天我可能会去死，所以可能不会回来了。如果我没回来，就麻烦你料理一下后事。"每次都如此这般地说一番才出门，性格非常奇怪。她经常跟夏目说自己的身世。夏目本来就同情心强，听别人说起不得不自杀之类的不幸之事，他就更加同情。待她走后，还一直担心地说"好可怜啊，不会有什么意外吧"。后来，等夏目的情绪稍微好一些，再说起这个话题时，我就说："你不觉得有点奇怪吗？哪里有人天天广告似地说要去死要去死，也没人会跟别人商量说'我要去死，怎么样。'那么想死，快点去死就好了。可到现在，也没见她有要去死的劲头，也没听说她已经死了呀，太奇怪了。"不久，我在一本什么杂志的第六号里，看到了有关这个女子的事。当然，这个六号活字栏搜罗的都是传闻闲话，真假难辨，并不可靠。不过，据说这女子相当不好对付，因为千方百计地去欺骗夏目未能得手，最近又换了地方，经常去佐藤红绿①先生那里。于是，我对夏目说："你看看，真是个骗子吧。"夏目一脸厌恶，默

---

① 佐藤红绿（1874—1949）：剧作家，小说家。初为正冈子规门下的俳句诗人，后转为创作大众小说。著作有《啊，玉杯生花》《英雄进行曲》等少年小说。

不作声。

　　还有一个女大学生经常来找他，跟他说"下次就我和老师两个人，一起去杂司谷散步吧"，还说"老师您躺下，我来帮您按摩吧"。夏目一下子就心生厌恶，心想"我又不是单身，你说什么呢"，气得差点说出口。

　　还有一个研究数学的女人来，也说要和他一起散步。夏目一筹莫展，不高兴地发牢骚："她们当我是老头子吗，怎么总有些怪女人找上门来啊。"

　　从大正元年（1912）开始，我经人介绍，跟随当时非常受欢迎的冈田先生，开始了"冈田式静坐法"。我自己觉得对身体非常好，冈田先生也说，对夏目一定有效。但是，夏目自己并不想做。不过，他的个性不喜欢干涉别人的事情，只要我觉得好，他就完全由着我的性子。

五十三 自费出版

岩波先生①开始经营出版社大概也是这个时候。现如今，岩波书店是众所周知、天下闻名的堂堂大出版社，但在创业之初，我这样说有点失礼，它还十分微不足道，经常因为资金问题来找我们帮忙。

一次，岩波先生来找夏目，两人谈论着什么事情。一会儿，夏目把我叫到书房，突然让我拿出三千块的股票借给岩波，让我摸不着头脑。我实在不知到底是怎么回事，就问他为什么要借股票给岩波先生。夏目嫌麻烦地说："我知道就行了。"我说："那可不行，我必须先问问清楚。"因此，夏目才告诉我具体情况。

事情是这样的。当时，岩波先生一手承担了某大型图书馆的订单，要将大批各类图书备齐收藏。这是一笔相当有赚头的可靠买卖，

① 岩波茂雄（1881—1946）：出版人。生于长野县，东京大学毕业。1913年（大正2年）在东京神田神保町创立岩波书店。

但是，他却没有最重要的资金。于是，他拜托夏目说："这笔生意稳赚不赔，能不能请你暂时借三千元给我？"夏目回答："既然如此，我可以借钱给你。不过家里没现金，可以借给你一点股票，你可以到银行担保来筹措资金。"

本来，当时我们已经从长期的贫困中稍微解脱了出来，但那几年运气不好，夏目大病不断，加上那么多孩子都一下子长大了，各种开销很多。不过，好歹也一点点攒了些钱，当然也不是什么大数目。虽然当时夏目的书销量很好，但没有现在的大量出版这般风光，这是不言而喻的。不过，我们觉得攒下的那点钱，就那样存进银行也没什么意思。因此，当有人告诉我们说"稍微买些靠得住的公司的股票，自然就能钱生钱"时，原本对这些一无所知的我们也深感确实如此。正好小宫先生的舅舅，也就是夏目在伦敦认识的犬塚先生，当时担任银行董事，他说帮我们照应着。借此机会，我们攒下些钱就送到犬塚先生那里，请他帮我们购买股票。我们家里没有保险箱，也不知道银行可以代为保管，所以就把股票放在家中小柜橱的抽屉里。

因此，在了解岩波先生的情况后，我拿出股票，当着岩波先生的面，郑重其事地说："我们可以借给您，但毕竟三千元对我们来说是个大数目。的确，夏目和岩波先生作为当事人，你们双方都认可的话，应该没有问题。但我们都是凡人，谁都不能保证以后会怎样，万一到时候出现什么不愉快，大家都为难。因此，至少拟定一个第三方也了解的协议。"岩波先生一听，十分惊讶，大概因为我的做法完全出乎他的意料吧。在金钱方面，夏目一向漫不经心，见我如此较真，可能也觉得有点对不住我吧，就暂且听从了我的想法。他对岩波先生说："我并不是怀疑你，她既然这么说，咱们就签个协议吧。"于是在岩波先生履行手续后，我把股票交给了他。

有此先例后，当有大笔订单需要资金时，岩波先生就经常来找我们，说明情况后，借一笔钱回去。一次，也是因为这种情况，岩波先生在借款到期时，归还了一张支票，记得是三千元。我收下后就直接放进了小柜橱，那一直是我放钱的地方。不久我有事外出，几个大点的女儿也不在家，正好有个年轻人过来，夏目想筹点钱给他，却发现自己钱包里没钱。我回家后，夏目说他刚刚需要钱用，从小柜橱里拿了些钱。听完，我发现房间的地炉旁有一张小纸片。心想是什么呢？捡起来一看，这不是岩波先生刚刚还给我们的三千元支票吗？我吃惊地问夏目怎么回事，他说，因为大家都不在，他不知道钱放在哪里，就问最小的女儿爱子，爱子说在那个小柜橱里，他就拿了需要的金额。他不知道家里有支票，而且就算掉在地上，他也认为只不过是一张没用的小纸片。就是这样，他对钱完全是马马虎虎，幸好我发现捡了起来，如果掉进地炉里烧掉了，家里又要不太平了。

总之，就像之前说过的，他对钱不大在意。我经常往他放在桌边的钱包里放些钱，一旦攒多了些，基本都会被别人借走。其中有两三个脸皮相当厚，反复借，而且手法卑劣，终于惹恼了夏目，渐渐不再来往。因此，夏目有时发牢骚说："身边尽是些此类人物，我就是高枕也不能无忧啊！"他还曾经记过账，认真地写着借给谁多少钱，现在那个账本还留着。虽然记的只是短时间内的一小部分而已，但看一下便知，他当时确实借出去不少钱。因此，请客聚餐时，他经常提议各自严格分摊。也因为这个原因，他想如果自己身上带着钱，难免就想买点什么，所以，除了我给他钱包里放的零用钱之外，他身上从不带多余的钱。如果他要买必要的，而且比较贵的东西时，都会事先和我报备说，这是零用钱之外的开销。

如前所述，他对钱几乎无感，所以，在筹钱给岩波先生这件事上，也十分随便。有时一点点定期存款，还没到期时就会取出来借给岩波先生。中途取出来会有什么损失，他根本不知道。我跟他大致说明过，他也是听得心不在焉。

正因为与岩波先生交往密切，记得是大正三年（1914）夏天，以前打交道的几家出版社提议出版《心》这部小说，岩波书店也有此意愿。夏目就决定自费出版，由岩波书店发行。在此之前，一切出版事宜都是出版社来做的，而这次虽说也是全权委托岩波书店，但当时的岩波先生，还是刚刚创业的外行，凡事必须一一商量确认，十分劳神费力。并且岩波先生还是位理想主义者，无论什么都要用最好的，一心想出很棒的书。用好东西当然是好事，但这样一来，书的定价就贵，卖不出去的话就会亏损。因此，夏目对岩波先生唠叨说："像你这样，什么都想用最好的，很不合算。如果封面用好纸，里面的纸可以差一些；纸张用好的，书的封套就要稍微节俭一点，就应该这样想方设法省着用钱来出书。只是往里花本钱，一点也不考虑书是要卖的，到头来，不是根本赚不了钱吗？"但是，不管夏目说什么，岩波先生还是一心想着要做最漂亮的书。两人每次见面，夏目都会牢骚一番。

尽管如此，因为夏目说《心》的装帧他要自己做，因此，封面和封二都是按照他的想法设计的。封面取自桥口贡先生送给他的中国古代石鼓文拓本。他去世后，要出版他的全集时，大家反复商谈后决定，全集的封面最好原样借用夏目自己设计的《心》的装帧。因此，以前的全集和这次的普及版，都是按照《心》的装帧设计的。后来的《玻璃门内》的装帧，也是他从印花布花样中获得灵感，自己设计的。

之前，与岩波书店的协议是，因为是自费出版，最初的费用全部由我们自己承担。等到岩波书店渐渐盈利后，再将费用返还给我们。每年分两期结算，每半年将盈利的一半分给我们，这种复杂的方法一直延续到夏目去世。因为实在太麻烦，夏目去世之后，就变为普通出版的方式了。

应该就是在那个时候，岩波先生可能觉得夏目对他帮助很大，在盂兰盆节还是年末时，送来了一张长宽约一米的方桌。夏目觉得不雅致，大概心想，既然要给我，索性慷慨解囊送张紫檀木桌多好。于是，就毫不客气地说桌子这不好那不好。岩波先生听完，淡淡地说："既然先生这么不喜欢，我还是拿回去吧。虽然是好不容易搬过来的。"夏目可能想，不要就亏了，便装作若无其事地说："别，那倒也不至于。"大家一听，都笑了起来。

五十四　戏剧与相扑

　　大正三年（1914）夏目有段时间经常去看戏。因为有人建议他
试着写写剧本，他自己大概也想写写看，或者也许另有打算，这些
我不得而知。总之，他经常去看戏。而且去的时候，常说一个人去
不好意思，经常叫上我或者小宫先生同去。不过，他似乎对戏剧本
身没什么兴趣，经常说："喂！快看！那边座席上的小艺妓，正吃生
鱼片呢。"我说："能不能别看那个？"他答："可是，从这里不经意
间就看得见啊，那怎么办？"他这么一耍贫嘴，小宫先生也不甘示弱
地说："老师，您看那边有个漂亮艺妓吧，她是时藏①的老相识，她
的名字是一个'鱼（uo）'字，却让人读作'拓拓子（totoko）'。"
夏目一听，打趣道："哪有这种荒唐事，照这样，名字是'米
（kome）'字，难道要人读作'麻麻子（mamako）②'不成？"如此这

---

　　① 中村时藏，日本歌舞伎演员。艺名今传至五代。此为三代（1895—1959），擅演旦
角。擅长表演江户时代的世态剧。
　　② 此处"鱼"和"米"分别读作"toto"和"mama"，都是日语里的幼儿读音。

般，他对戏剧本身倒是一副无所谓的样子。但是，每次回家还都要抱怨说，旧剧太不合情理。

一次，回到高田老家的森成医生时隔很久来到东京，我对夏目说，你找个晚上带他一起看场戏吧，他就亲自去买了戏票。他去买票当然好，谁知当天到剧场一看，才发现在二楼很靠后，离舞台很远的座位，根本看不清楚。我问他："为什么买这么靠后的座位啊，是没有其他空位了吗？"他回答说："不是的，靠前的座位有很多呀，可我是老花眼，坐这里才正好看得清舞台。"

那次的演出正好是《千代萩》①，回到家后，夏目愤愤地说："我讨厌这种戏，小孩子假装老成地尖声说话，都切腹了还要跳舞，一切都那么不自然！"森成医生不愧是当医生的，接着说道："的确如此，那种情况下，毫无疑问，应该注射盐水才是啊！"听他这么一说，夏目才终于笑出声来，一肚子气也烟消云散。他看戏就是这个样子。

菊五郎和吉右卫门先后来访，大概也是这段时间。菊五郎好像是长谷川时雨女士带来的，他们邀夏目做狂言座的顾问，还请他写剧本。他好像不愿意做顾问，当场拒绝了。

吉右卫门是小宫先生带来的。当时的小宫先生，不知是对吉右卫门偏爱还是崇拜，觉得吉右卫门很了不起，迷恋得片刻不能离开。小宫先生认为，演戏的人大都没文化，什么都不懂，如果总在戏剧

---

① 全称《伽罗先代萩》，歌舞伎狂言剧目之一，历史剧。奈何龟辅创作，1777 年在大阪中剧院首演。根据伊达骚动事件改编，描写乳母政冈的忠义事迹。

圈子里混，难得的名角也会浪费。必须带一个过来，让大家对他进行新式教育。他就是以这种热情带吉右卫门过来的。当时，吉右卫门正值年轻气盛，他想，聚拢到夏目这儿的人，如果也年纪轻轻不懂事，可能比较麻烦。于是，小宫先生自吹自擂地说："带吉右卫门来的时候，不要让那些碍事的家伙来，我打算就由我、森田或者铃木，对他进行新式教育。"夏目讨厌把人区分高低优劣，对小宫先生大喝道："什么呀，了不起的又不只是你们这帮家伙！"根本不吃小宫先生那一套。

不过，菊五郎也好，吉右卫门也罢，因为夏目对戏剧不怎么感兴趣，之后他们就没再来过。

戏剧就是这样，可能还是不合他的个性，最终他好像也没能真正喜欢上。但是，一旦有相扑的正式比赛，他经常去看。他觉得戏剧就是谎话连篇，但是，相扑除了那种事先定好胜负的假比赛，都是用尽自己的力气在拼搏。相扑这种毫无虚假的，可以说是单纯地道、货真价实的地方，令人看了心情愉快。因此，他经常去看相扑比赛。

当时，中村是公先生正好预定了相扑的座位，邀他同去，他经常沾光去看。因为是人家预定的位子，他从不会带家人同去，都是自己一个人悄悄出门。回来后，我们不问，他也不主动说，从来不谈相扑比赛的情况。第二天再接着去看，似乎非常喜欢。因此，我们完全不知道他看相扑时的表情。反而是看了冈本一平先生发表在《朝日新闻》的漫画，才略知一二。

因为是别人订的座席，他就连孩子也绝不会带着同去，这种耿直自律就是夏目的典型个性。可以说是严守礼节，也可以说是拘谨客气，或者是小心谨慎。总之他认真得近乎死板，一定要严格区分。

就在这一年，即大正三年（1914）十月，他的胃病又犯了，卧床静养了一个月左右。幸好没出什么大问题。那段时间，他每年至少卧床休养一次，这已成惯例。还好他自己也清楚这一点，非常小心，情况并不十分严重。自从修善寺那次大病之后，他一年到头都要吃药。

从这一年到之后的第二年，他作品的缩印版大量发行。最先出版的是大仓书店版的《我是猫》。这部小说原本是三册一套的菊型开本①，但这种样式销路不佳，大仓书店就想出了这个新方案，改版为能放进口袋的便携式版本。结果销路不错，之后很多作品都陆续改成了缩印版。对此，夏目说："我这是接连出丑啊，既然有了第一次，以后就只好视而不见啦。"因此，一旦出版社请求改版，他也同意，很多作品都变成了缩印版。众所周知，与现在盛行的四六开本②不同，当时夏目的书，除了《玻璃门内》和《切拔帖》，其余的最初版本都是大本的菊型开本。这种大开本突然变成了可以放进口袋的缩印版，当然大受欢迎。因为那个时期，也正是袖珍读本在一般读者中流行之时。

---

① 日语写"菊判"。书籍的开本类型之一。把菊型全张纸的长边短边都裁成四分之一大小，差不多纵向218mm，横向152mm。略大于A5开本。

② 书籍开本规格之一。宽为188mm，长为127mm，接近于B6规格。

五十五　京都之行

　　这段时间，他的画有点像水彩画和日本画的混血儿，还勤奋地完成了大幅南画。他似乎还想尝试油画，买来颜料盒，练习写生。写生练习的尺寸和画板差不多，他大都放在画板上画。开始看起来像一片蓝色雾霭，之后各种颜料混杂在一起，根本看不出到底画的什么。待他耐心地画了四五张后，就能看清楚所画物体的轮廓了。与他切磋绘画的是津田青枫先生，两人经常一起练习静物写生。但是，夏目画的其他画还好，唯独油画，连外行都觉得不怎么样，他自己也感觉画得不顺畅，终于不成功，颜料还没怎么好好用就放弃了。可能油画还是不合乎他的性情吧。

　　夏目和津田先生很早就认识，从热衷画画起，夏目对他就更加亲近，缩印版的装帧也大都请他帮忙。而且，夏目对津田先生的欣赏并不仅限于绘画，他那不经意间突然出现，又少言寡语的模样，大概也深得夏目喜爱吧。

　　大概就是那段时间的事情。一天，津田先生来访，我告诉他，夏目在书房，他就熟门熟路地进去了。可是，过了好一段时间，我也没听到他们打招呼和说话的声音。觉得奇怪，我就过去悄悄看了一眼，只见夏目跟平常一样，舒服地躺着，枕着坐垫在午睡。津田先生则端端正正地坐在旁边，百无聊赖地等着夏目醒来。这样随便躺着睡午觉，是夏目一直以来的习惯。不管在书房还是檐廊，只要一躺下，很快就能迷迷糊糊地睡着。

夏目醒后，一看到津田先生的脸，说了下面这番奇谈怪论："咦？原来是你呀，刚才听到有脚步声，还以为我老婆又有什么事呢。于是就假装睡觉，结果却舒舒服服地睡着了。早知道是你，我当时就起来了，失敬啦。"他这么一说，津田先生也就不会拘谨和过于紧张了吧。这段时间，夏目经常画南画。津田先生也不只是画西洋画，还和夏目一样开始画日本画。因此，夏目画完都要给津田先生看看，请他点评。津田先生也会给夏目看他的画。

不知何故，津田先生在大正四年（1915）初春，搬到了京都桃山一个偏僻地方。在津田先生离开东京之前，我再三拜托他："近几年夏目一直生病，而且，神经衰弱让他的头脑有时不太清醒。因此，您到了京都后，邀他旅行一次，让他到京都去玩玩吧。换个环境散散心，肯定对他的身体和大脑都有好处。请您一定带他去。"津田先生说："好吧，等我在京都安定下来，就邀他过去。"

果然，津田先生发来了邀请。夏目自己也萌生了想去的心思，我也劝他去。他说，去倒是好事，只是做准备太麻烦了，又用老一套说辞打退堂鼓。不过，他还是终于下定了决心，春分之后，从东京出发了。此次去京都并无任何目的，完全是悠闲的游玩，因此，并没有告知京都大学的熟人和当地《朝日新闻》的同人。而且他说，想住在不为人知的安静旅馆。碰巧，经津田先生的哥哥西川一草亭①先生介绍，他住进了一个刚刚开业不久的旅馆，位于木屋町御池，名为"北之大嘉"。这次去京都，他本来就是想去游玩的，在津田和西川先生的陪同下，去观看了祇园一力亭的大石忌②，还参观了各位朋友的别墅。下雨天就待在旅馆里，和大家在同一张纸上写字绘画，非常快活。从东京出发之前，芝川照吉先生（如今已经仙逝）告诉他，京都祇园有位名叫多佳的文学艺妓，非常有名，现在是大友茶屋老板娘，建议他一定见一见。夏目自己也很感兴趣，到了京都，就跟西川先生说起此事。西川先生一听，说道："马上就喊她过来吧。她一定很高兴。"就带多佳过来了。多佳谈吐风趣，特别擅长一中调③。于是，有空的时候，夏目经常请她来玩，听她聊天，唱一中调。当时应该是很好的玩伴吧。

接着，与多佳要好的阿君和金之助两位艺妓，听说大人物"夏目先生"来了，就非常想见一面，哪怕只看一眼也好。如果不能见面，隔着拉门，只听听声音也行。她们把师姐多佳叫到大嘉旅馆门口，如此这般拜托了一番。于是，三个人就进行了一番京都式的复杂争论。一方说，此事自己做不了主，另一方就说，请一定想想办

---

① 西川一草亭（1878—1938），文人插花"去风流"的掌门人。生于京都。经弟弟津田青枫介绍，浅井忠、幸田露伴、夏目漱石等成为其门人。1930 年创办杂志《瓶史》，论述插花和传统文化，形成了文化研究沙龙。
② 3 月 20 日，在京都祇园一力亭举行的纪念大石良雄的法会。
③ 日语为"一中节"，净琉璃流派之一，由京都的都太夫说唱而创立。元禄、宝永年间流行于京都、大阪。后一时衰落，江户末期复兴至今。

法。接着又说，实在不行也没办法，我们带来了诗笺，能否请夏目先生写点什么呢。一番交锋后，最终多佳一方认输，就说先去请求一下夏目先生。多佳回到二楼说明原委，夏目非常爽快地说，请她们上来吧。两位艺妓说，再也没有比这更高兴的事了。夏目的玩伴从一人增加到三人，之后更是热闹非凡。

特别是三位艺妓中的金之助，直爽幽默，很善于活跃气氛，所以更加热闹几分。阿君则与金之助相反，话很少，属于贵妇型。阿君是金光教的虔诚信徒，曾经依靠虔诚的信仰挽救了自己的性命，据说当时连医生都放弃了。正因为如此，她有一种沉稳凛然的气质。三位女子三个样，都与东京女子不同，是类型各异的京都女子。夏目经常请她们过来，十分轻松愉快。

如此这般，在京都玩了一周左右，夏目的胃又不舒服了。因此，他取消了和津田先生一起去奈良观光的行程，一心想趁着胃病还不严重时，赶紧回东京。不巧，就在那时，嫁到高田家的姐姐（夏目的姐姐）不幸突发脑溢血去世。我通知了夏目，但他当时回不来，我只能过去帮忙操持一切。葬礼结束后，京都那边又发来了"急病速来"的电报。我又马上赶到了京都。

在给我发电报之前，夏目心想，自己即将告别京都，一直承蒙西川先生等诸位关照，作为感谢，想请大家吃个晚饭。最终，决定在多佳家中设宴，请舞伎跳舞助兴。但是，发现请客的钱似乎不大够，就让我汇过去一百元。他的胃病就是在那一晚的宴会上突然严重起来的。从旅馆所在的木屋町御池到祇园的新桥，可以坐人力车，但他想离得比较近，就走着去了。不久，他的肚子疼起来了，一开始他还强忍着，最后实在受不了，只好躺下来。多佳等人从未遇到过这种情况，都很惊慌，盯着夏目躺下来的样子，觉得他实在可怜。因为他看起来十分难受，不想说话，一言不发，额头满是汗珠，痛苦得似乎连呼吸都停止了。大家担心地想，他是不是已经断气了？就一直那么观察守护着他。看他的情况，大家感觉不只是没有好转，似乎越来越不妙，就商量是不是通知我到京都来。结果，夏目无意间听到了，就阻止说："还用不着叫我妻子过来。"问他为什么，他说，如果我过去，肯定会说"胃又不好了吗"之类的，他光是想想就觉得麻烦，受不了。但是，他的情况很不好，并不像他说的那样轻松。大家就想，如果不通知家人，万一有什么意外呢？于是，津田先生说："夏目生气就生气吧，责任由我来负。"就给我发了电报。

我到京都时，夏目已经从大友茶屋（多佳的家）回到旅馆，卧床休息。见他还是犯了平时的老毛病，没什么大碍，我也就暂时松了口气。后来，大家也经常过来，顺便探望他，每天都很热闹。

他这个病，仍然和往常一样，只要慢慢静养就会慢慢好起来。后来他一直都在床上躺着或坐着，等待身体自然康复。他也不看什么难懂的书，心情也优哉游哉的，感觉稍好一点，就坐在床上画画，在诗笺上写俳句。他床边放着很多画画用的簿子，空闲时就随手涂抹几张。

那段时间，西川一草亭先生每次来探病时，都会赠送他拿手的插花，各种各样，新奇独特。还带来绘画用的画册和光绫①，经常让夏目画画写字。据说，以前西川先生去浅井忠②先生那里时，他一直没有这种强烈的欲望，心里只是轻松地想，以后找时间请浅井给自己画一幅画，谁知，就在自己这样不急不慌之中，浅井忠先生突然去世了。他手头没能留下浅井先生的作品，非常遗憾。因此，他觉得夏目因病静养是个好机会，想趁着能请夏目写的时候，赶紧让他写，就不断让夏目写了很多。受西川先生的影响，多佳、阿君和金之助，也都请夏目帮她们写了字画了画。我一直陪在他身边，但自己并没这个念头，而且觉得任何时候想请他写都可以拿到。别人也这么说，所以就连他画给我的扇面，也被人要走了。结果，我只能眼睁睁看着别人得了他的字画，自己却什么也没让他画。虽然，如今想来十分可惜，但当时从未想过，经常生病的他会那么快离我而去，反倒一直宽心地认为，他会一直活着。现在想来，人的心情是多么虚无缥缈、不可思议啊。

离开京都之前，他画了那么多的画，大家还送了三四本画帖让他带回来。他一边说喜欢写字画画，一边耐心地在画帖上画好花卉或风景，写上诗歌或俳句，给大家寄过去。他那段时间的字画，可能因为静心养病的关系，显得悠闲自在，不惜花费心思，我们也都觉得十分有趣。

---

① 绸布的一种，质地薄而光滑，有光泽。桃山时代从中国传入京都西阵。经精练、背面上浆后，用于日本画等。

② 浅井忠（1856—1907），西洋画画家。生于江户，号默语、木鱼。师从冯·塔内基，确立富于诗情的写实画风。1889年参与创设明治美术会。为关西勃兴期西洋画的发展做出贡献，并培养许多人才。代表作《收获》《春垄》。

每次请多佳来唱一中调时，我也一起听。不知何故，夏目尤其喜欢听私奔戏①，只要问他想听什么，他就说私奔戏。因为他总让人家唱私奔戏，我就说："不要再听私奔戏了，很不吉利，你别是自己也想私奔了吧。"我说过后，他当时是不听了，但之后很快又要听。

　　那位多佳艺妓不停地说俏皮话，夏目亦非常擅长此道，也不服输地说笑话。两人你一句我一句地，说得很热闹。我曾经笑着说，旁边的人都听不下去了啊。据说，我去京都前，夏目对这位女段子手多佳说："我妻子很讨厌开玩笑的，你要是说太多俏皮话，她会生气的。"在家时，我也经常被他这一手捉弄，我明明在认真听，他却来一句"没什么呀"，实在气人。比如，夏目说起旅行的话题时，我说："我还没去过伊势和高野呢，你什么时候带我去吧。"他就会说："你现在不行呀，要不等纯一（大儿子）长大后，让他带你去吧。"我较真地问为什么，是不是我会妨碍他什么呀？他就打岔说："不是有句话说'绀屋的明后天'（约定的日期不可信）吗?"②

　　还有，夏目在修善寺大病之时，他的姐姐（现已去世）曾向深川的不动明王许愿，保佑夏目早日痊愈。并说，如果病好了，即使夏目本人不能来，他的妻子或家人也一定会前来致谢还愿。因此，我对姐姐说，我会去致谢的，而夏目却随便敷衍说"算了吧，算了

---

　　① 日语为"道行"，日本净琉璃、歌舞伎中用舞蹈表现殉情、私奔的场景。
　　② 此处漱石先生也说了诙谐之语，即日语的"駄洒落"，利用日语的同音异义词来达到诙谐效果。夫人在此说了地名"高野"，日语发音是"kouya"。漱石先生回了一句"绀屋の明後日"，这里的"绀屋"发音也是"kouya"，而且这个惯用语的意思是"约定的日期不可信"。

吧。"我说："人家可是许了愿约定好的。夏目调侃说："既然如此，那就寄张明信片代为致谢吧。"他心情好的时候，总是俏皮话连篇。

他的胃疼好些之后，一天，西川先生带我们去南禅寺那边参观别墅。让夏目坐上人力车，我和津田先生也一起去了。看了一两处后，西川先生说：还有一处很不错的，怎么样？还去吗？我说，夏目看起来很累，今天还是到此为止吧。如果告诉他还有一处，他肯定要去看，我担心会影响他的身体。于是，大家就商量之后，决定先回旅馆。回去的路上，津田先生和我商定，反正回到旅馆后时间还早，晚上不如一起去看戏。

但是，回到旅馆后，津田先生不知何故，一不小心竟然说漏了嘴，说还有一处很不错的别墅。夏目一听，马上就不高兴了，生气地问，怎么回事？这样一来，虽然刚才有约在先，而且看戏的时间也快到了，但是，我和津田先生觉得很尴尬，不好意思动身出发。于是我试探着问夏目，要不你也一起去看戏吧？结果，我反而自找苦吃，被他数落一通。最终，那天不知究竟该如何，大家都不知所措。

还有一个关于别墅的故事。大阪的实业家加贺正太郎先生要在离京都两站路，靠近大阪的山崎建别墅，他看好了位置，设计也基本完工了，想请夏目和多佳一起去看一下，给别墅取个名字，于是不断地邀请。询问后得知，别墅在很高的山上，夏目自己说身体不好，难以成行，我们也很担心，就婉言谢绝了。加贺先生那边有多佳等人帮忙出主意，又说："您说的也对，不过，请您一定继续留在京都，直到康复为止。病好之后，请您一定来看一下，我们开车送您到山脚下，上山时可以坐轿子。"因此，在回东京的两三天前，夏目、我、西川先生、津田先生和多佳小姐都一起去了。从山崎的停车场爬了五六百米的陡坡才到别墅，那里是天王山的半山腰。

别墅正准备动工，此处风景绝佳，山上还零星开着晚开的山樱花。我们在山上品尝了做好带来的关东煮，悠闲地玩了半日。别墅所在地的背后，有一座古老的三重塔。有人就说起了"宝寺"① 的故事，这座三重塔就是宝寺之塔。据说，这座塔原来在深山里，是丰臣秀吉在一夜之间按原样将其完整地搬到了现在的地方，在山崎之战②时把它作为瞭望台使用。

宝寺里有著名的福神和如意小宝槌。据说，如果在寺里领一个姜黄色钱袋，请僧人祈祷并用小宝槌敲打，然后一言不发地捧着钱袋一直走出寺院大门，就能成为大富翁。因此，京都大阪一带自不必说，很多人千里迢迢过来领那个黄色钱袋。但是，据说领了钱袋后，在走出寺院大门前哪怕只说一句话，也会不灵验的。我们都觉得很有意思，于是夏目对我说，你也去领一个钱袋吧。可我觉得一个人去不好意思，他就让多佳和我一起去。两人领了钱袋，请僧人祈祷并敲了小宝槌。然后，我们就开始"无言修行"。我俩觉得十分怪异，心里痒痒的想笑，但只能拼命地忍住，一脸严肃地走到了大门。西川先生和津田先生在那里等候着，最后，我俩实在忍不住了，

---

① 宝积寺，京都府大山崎町的真言宗智山派寺庙。727 年，圣武天皇敕愿建造。后称山崎寺，858 年起称宝积寺。通称"宝寺"。

② 1582 年 6 月，得知本能寺之变后，从备中返回的羽柴秀吉（丰臣秀吉）在大城国大山崎打败明智光秀的战役。此次胜利为秀吉统治天下奠定了基础。

一出山门，大家笑成一团。

回到东京后，夏目想了很多别墅的名称告诉对方，但对方似乎并不满意，没有从中选取。夏目觉得这样很没意思，曾说："觉得不好就直说呗，就说不大喜欢这个，请再想个别的，不就行了吗?"后来，别墅主人想送他刻图章用的印材致谢，夏目说无功不受禄，最终并没接受。不过，我却因此和宝寺结缘，自那以后，几乎每年都要去京都，每次都会去宝寺，从本堂到山门进行"无言修行"。

那次是我第一次去京都，因此游览了很多地方。后来，眼见着夏目身体恢复得不错，应该可以坐火车了，我们便回到了东京。他在京都恰好待了一个月左右。

五十六　孩子的教育

　　从京都回来后不久，大概是六月份，夏目开始在《朝日新闻》连载《路边草》。这篇小说主要取材于我们住在千驮木时发生的一些小事，还加上了他自己对过去的一些回忆，可以说是自传式小说，我和一些亲戚都出现在这部小说里。而且，他的前一部作品《玻璃门内》，也写了很多过去的事情，自然会给他住在矢来的哥哥带来不便。记得他哥哥曾经跟我抱怨说："虽然可以那样写，但是，现在孩子都已经长大了，过去的事情都被一五一十地写出来，在孩们面前总归不好意思。"我把哥哥的不满告诉夏目，并跟他说："我们已经被你在《我是猫》里面写得很多了，你就别再写了，我不愿意你写太多家事和熟人的事。"夏目说，你说什么呀，你们不是靠我写东西，才能过活吗？他说的也对，我也只好认输。

　　矢来哥哥说的话，四女儿爱子可能有点一知半解，一天，当时十岁还是十一岁的她对夏目说："爸爸呀，您别总是写伯父和熟人的事情啊，再稍微多动动脑筋吧。"夏目一边笑，一边逗她说："这小家伙，还真敢说话啊，你要这样说，下次就写你了！"爱子一听，尖叫道："哎呀，不行！"《玻璃门内》的结尾部分，他就写了孩子们一起烧落叶点篝火的事情。

爱子很心疼爸爸。夏目经常吃零食，因为对他的胃不好，我就藏了起来。一天，他在书房忙完，可能想出来吃一块羊羹，就在碗橱里找，却怎么也找不到。小孩子眼尖，而且爱子对我藏零食的地方一清二楚，她大概觉得爸爸可怜，就把零食拿了出来，对夏目说："爸爸，在这儿呢！"夏目意味深长地笑着说："噢，好孩子，真是个孝顺孩子！"一边抓起点心，大口吃起来。明明胃不好，吃零食却毫不在乎。

虽说都是女儿，但最大的两个女儿，因为在他神经衰弱发作时深受其苦，自然和他不太亲近。不过，他却经常和两个小女儿玩相扑或者逗趣。然而第二年，夏目就去世了。直到现在，两个小女儿还经常遗憾地说："爸爸活着的时候，我们如果不光和他玩相扑，在他空闲时，也请他给我们写写画画该多好啊。"

既然说起孩子，我也说说孩子们学校的事情吧。

对于女孩，夏目好像是放任主义，从来不闻不问。我觉得女子大学的附属学校不错，就让两个大女儿去了那里。轮到三女儿时，我又觉得女子大学附属学校不太好，就把她们送进了双叶女子学校。对这些，夏目没发表任何意见。只是当初女儿们开始学琴时，他在学钢琴还是小提琴更好的问题上时常改变想法。但是，对女儿的教育，他并不太关心。但也并非不让女儿做学问，只是不喜欢女孩被教育得骄傲自大、洋气时髦。如果本人愿意做学问，因为是孩子自己喜欢的道路，夏目是不会阻止的。

但是，家里的男孩要上小学的时候，他却很有想法地说："九段上的'晓星'挺好，那里的学生看起来有教养，从小学开始就教外语（法语），制服也好看。"他还特意去学校拿来规章指南，后来让孩子进了这个学校。看得出，他想让孩子好好学习外语。

他想先让儿子在小学阶段学法语，上初中再加上一门英语。但因为这所学校的初中与其他学校相比，英文水平较低，儿子进初中后，他想自己也教孩子英语。上高中后，儿子可以再学一门德语。这样等到上大学时，儿子就能懂英法德三国语言了。实际上，他自己也很努力，英语是他最拿手的，还一直阅读法语杂志和书籍，虽说德语忘得差不多了，却也曾请小宫先生给他读德语书来学习。因此，虽然我不明其中缘由，他确实一直在很认真地学外语。由此可见，他很关心男孩的学习。

因此，儿子开始学法语后，每天从学校回到家，他就将孩子叫到书房继续教。我在隔壁房间一听，他不停地在骂"笨蛋，笨蛋"，最后儿子哭着走出了书房。他哪里是在教法语，明明就是在骂孩子笨。我实在看不下去，对他说："我在旁边听到了，你哪里是在教孩子啊，不就是在骂他吗？迄今为止，你也在很多学校当过老师，难道也是那样冲着学生不停地骂'笨蛋'吗？"

夏目说："是这孩子太笨了。基本上，不管在哪个学校，学得不好的学生都把我当敌人，相反，学得好的学生都非常欢迎我。"我接着说："不过，儿子现在不还是个孩子吗？你有功夫总是那么骂他'笨蛋笨蛋'，就不能在他不会时，好好地手把手教教他吗？"

听我这么说，他又唠叨了几句"这小子真笨"之类的。但是，后来就不再"笨蛋笨蛋"地骂了。他个性如此，哪怕是一点点小事，当时会唠唠叨叨，但一旦意识到自己不对，马上就会改正。也是在这段时间，经常有陌生人来到家门口，拜托夏目在诗笺上写东西。夏目只要高兴，就会立刻走到门口写给他们。但是，有时即使人家到客厅来拜托他，他也会拒绝。于是，我对他说："首先你这样做不公平，其次，如果成了惯例，你就必须要一直在家门口写了，那怎么受得了？"他说："这要看我的心情，我愿意写就写，不愿意写就不写。"不过，自那以后，他突然就不再那样做了。

　　这一年十一月，应中村是公先生之邀，他去汤河原待了一周左右。回来后，他说坐登山轿翻越了箱根山。

　　这段时间，除了以前经常来的所谓漱石门生之外，很多年轻人也经常来我家。曾一度有些冷落的书房，又变得非常热闹。和辻哲郎、太宰施门、江口涣、内田百闲、冈荣一郎等诸位先生，虽不是一直来，也经常出现。其中，最爱说爱笑的是赤木桁平先生。他声音高亢，极具穿透力，响彻家里每个角落，就他一个人说话也好像在吵架一样。很久以后，我才见到赤木先生本人，当初是只闻其声，我曾经问夏目"那是谁的声音？"夏目说："是赤木桁平，你要是把桁平读作 ketahei①，他会生气的。"我仔细听过赤木先生在说什么，曾经有一次在讲这样的笑话："所谓'单面街'，后面就是田野呗。"还有一位是中央公论社的泷田樗阴先生，他每次来就像做生意一样，

───────────────

　　①　赤木桁平的名字日语发音为"Akagi Kouhei"。这里的桁，日语也可念作"keta"。

总是让夏目写字作画，也是位与众不同的常客。稍后，芥川龙之介先生、久米正雄先生、松冈让等，还有其他一些年轻人也经常来。不过，这些人中的一大半，我都只是听说过名字或者传闻，或者在隔壁房间听到过他们的声音。夏目去世之后，才真正与他们见面相识。

五十七　糖尿病

　　大正五年（1916）新年，夏目迎来了虚岁五十岁。自从修善寺那场大病后，因为年年生病，此时，他已经显得非常苍老，头发和胡子白了很多。

　　在每年元旦的当天，从傍晚到晚上，家里都会来许多年轻人。夏目也会加入到他们当中，听着大家借屠苏酒的酒劲儿高谈阔论。这一年，他也非常愉快地加入其中。大家回去后，记得只有小宫先生还在，夏目和他一起去了主屋旁边的另一栋小房子，和孩子们一起玩纸牌。当时，我们住的房子又狭窄，房间又少，就将同一宅基地的另外一栋小房子也租了下来，让孩子们在那里学习。夏目很多年都没进过这间小房子，可那天却不知何故，非常高兴地在那儿和孩子们玩到很晚。可是，他根本抢不到牌，小宫先生也只稍微抢到几张，后来也抢不到了。即使在这么笨拙的队友面前，他也总是指手画脚地说"那个，在那里"等等，结果却完全抢不到，特别滑稽可笑。他把"天津风"的牌都摆到眼前了，却眼睁睁地被孩子们抽走，输得一败涂地。

新年期间，他说一只手很疼。我帮他按摩，试着浸在热水中，但还是一样疼，没什么好转。感觉像是神经痛或是风湿病之类的，虽说并不是疼得受不了，但总归心里在意，感觉不便。因此，我劝他去泡泡温泉，他就去了汤河原温泉。再说，因为感到疼的，是他用得最灵便的那只手，这样一来，他可能做什么都感觉不便。在他去温泉之前，我说："最好是我能跟你一起去，但又不可能只把孩子们留在家里，要不你就带个护士去吧。"他想了想说，还是算了吧。问他为什么，他说，反正一男一女同去是不行的。我说那就尽量带个年龄大点的护士去。他说，我自己认为，我这个老头是不会犯错误的，但是，人有时会冲动，没准什么时候就会做出不好的事情来。因此，他最终还是一个人去了。

夏目去世后，不知怎么提起来的，我和森田草平先生说起过这件事。森田先生深有感触地说："老师一直如此，凡事高瞻远瞩，小心谨慎。老师自己也说过，这真是怪脾气。还说过，不能随心所欲，实在可惜。不过，老师说得真好，冲动十分可怕。实际上，男女之间的事情，有时就是因为一时冲动啊。"

夏目去温泉，大概是在一月二十号之后，到了二月份，我担心他手臂疼痛的情况，就过去探望他。心想他一个人可能会寂寞吧，可是一到汤河原天野屋大门口，旅馆的掌柜就问我："现在，夏目先生和中村先生等人在一起，没关系吗？"我这才知道，中村是公先生也来了。掌柜带我走进房间时，他们正好在一起吃午饭。除了夏目和中村先生外，还有一个和他们年龄相仿的男人，此外还有一个之前中村先生也曾经带来的新桥一带的娇媚女子。原来如此！我这才明白掌柜那句"和大家在一起，没关系吗？"到底是什么意思。我一进房间，中村先生就打招呼说，是夫人吧。但是，就在中村先生和我打招呼时，另一个男人和那女子突然起身离开了。问后才知，有可能是夏目自己觉得寂寞，就把中村先生叫过来了，也可能是中村先生来探望夏目，顺便玩玩。总之，两人已经在这里待了一段时间。另一位是满铁的田中先生。夏目说，田中这家伙跑哪儿去了？饭吃得到处都是。后来，中村先生去找躲到其他房间的田中先生，问他怎么回事。田中先生说："早知是夏目的妻子，我就不躲了，你既然认识，当场介绍一下不就行了？因为我听说又来了一位'阿福'①小姐，以为是哪一家的老板娘，心想再待下去就不方便了。"听中村先生说明缘由，我心想，原来如此。夏目真沉得住气，像个世外高人一样，也不跟人家说一声"这是我妻子"，所以，田中先生根本不知道我是何许人也。那位女子是田中先生带过来的。

因为他是去汤河原疗养的，每天都很悠闲。不管走到哪儿，都有人请他写字画画，二月中旬左右才回家。回家前，他还在中村先生位于镰仓的别墅住了两晚。

本来，他年轻时并没有神经痛或风湿病之类的，因此，觉得按摩让人浑身发痒，也讨厌按摩。最主要的是，他几乎从来不知道脑袋和身体的沉重感。和他相反，我反倒一年到头总是肩酸头疼，一

---

① 此处应该是田中先生听错而造成的误会。日语里"奥"（意为夫人）的发音为"oku"，而"阿福"的发音为"ofuku"。所以中村先生说"夫人来了"时，田中先生听成了"阿福小姐来了"。

到换季，还会犯神经痛。但是，从这一年开始，夏目也罕见地开始这里那里不舒服了。后来才知道，那时他已经得了糖尿病。

大约在四月初，他的胃又不舒服了。还好没什么大问题，很快就不用卧床休息了。当时给他看病的须贺医生，以前曾经在胃肠医院工作。夏目一直请他开药，稍微有点不舒服，须贺医生立刻就会登门问诊。可是就在四月份，须贺医生突然患病，仅仅十天左右就去世了。虽然夏目的胃药可以请其他医生开，但他的胃不知什么时候就会出问题，突然失去了这样一位了解他病情、让他放心的医生，我们深感困惑和不安。

须贺医生去世前后，夏目见到了东京大学理疗科的真锅嘉一郎先生（东大医学部教授）。夏目在松山中学教英语时，他们就相识，这次是偶然重逢。夏目对真锅先生说起自己的健康状况，真锅先生就说给他检查一下。做了尿检后，确诊夏目患有糖尿病。自那之后，他一直坚持做尿检，还接受了专门的饮食指导，一直坚持糖尿病的治疗。随着糖分摄取量的日渐减少，他的手自然就不疼了。

此后，他也一直听从真锅先生的医嘱，定期到大学理疗科进行尿检。在治病这件事情上，他十分较真，甚至曾说，自己是为了生病才生于此世的。不管是饭前饭后的服药还是食疗，以及其他各种需要注意的，他都不厌其烦地认真坚持。

正因为他的坚持，糖尿病症状大有好转，他十分高兴。可是，他的胃没准什么时候又会出问题，而且一直给他看病的医生又去世了。我不由暗自担心，万一出了什么状况该怎么办？每年一到夏天，他肯定会卧病在床，没想到，唯独这一年夏天非常幸运，他极为健康，直到秋天都平安无事。记不清是春末还是夏初了，女儿们正在另一栋小房子里学习，忽然有人在房前嚷嚷说，有鬼火从那间房子的屋顶窜了出来。当时女儿们很害怕，我也觉得很不舒服。可现在看来，他的身体状态反而变好了，原来忐忑不安的我，反倒加倍放心了。心想，从他现在的情况看，我们将家里收拾一下，出门一周或者十天也应该没关系。到了十一月，我们还可以去一趟心心念念的伊势神宫。于是，我给名古屋的妹妹写信，把这个计划告诉了她。这一年二月，夏目在汤河原温泉疗养时，我这个妹妹的大女儿突患恶性伤寒去世。这个女儿正好与我大女儿同岁，两人非常要好。妹妹失去女儿十分伤心，我正好可以去安慰陪伴她，也顺便请她带我们去伊势神宫。但是事与愿违，十一月二十二日，夏目卧床不起，十二月猝然离世。此事后面再叙。

之后回想起来，总体上感觉，从这个夏天开始，夏目就似乎没什么活力。背上好像长了痱子，每次他洗好澡，我都给他搓揉后背，涂痱子粉。给他擦背时，也可能是我神经过敏，总觉得他后背的肉在一天天减少。最初我并没有特别在意，但等到我反应过来，还以为是错觉，发现他消瘦得十分厉害，用手指尖都能感觉到他在一天天瘦下去。我心想，他是不是苦夏，或者是糖尿病的食疗导致他明显消瘦？不管怎样，我总觉得很不放心。正因为我自己十分担心，反而没和夏目说起过。但是，到了十一月，他更是明显消瘦，软弱无力。如今想来，大概从秋天开始，他的生命之火就在逐渐熄灭了。

但是，他的身体明明在日渐衰弱，创作却越发干劲十足。六月左右，他开始给《朝日新闻》写长篇小说《明暗》，每天上午一定写完连载一次的篇幅，自己去投到邮筒里。他还说，一直写小说，脑子会变得庸俗不堪，所以写完小说后的下午到晚上，他就写汉诗。从这一年夏天开始，他每天如此。虽然他没跟我们说起过，但是跟年轻的门生们这样说过。"我以前在大学教书时讲的《文学论》，没什么价值，现在我才终于有了自己的文学观，我想以此恢复以前的名誉，重站登上讲台。"他对《明暗》的社会评价毫不在意，曾以自信的口吻说："等我写完再说吧。"还经常说"则天去私""悟""道"等等，兴致很高。之后，我将很多事情联系起来一想，才发现很多早就出现的迹象。

他新作的那些诗，大概也是想等《明暗》写完之后，再慢慢誊写一遍吧，因此经常在写坏了的稿纸上练习书写那些新诗。他还说过，写完小说后，打算画三幅和作品成套的大幅画作。但是，在写《明暗》时，他虽然跃跃欲试想画这些画，但可能觉得影响小说写作，就一直没画。正因为如此，可能他对《明暗》这篇小说过于投入，以致写到一半就猝然离世了，实在遗憾之至。想必他自己也对此牵挂不已吧。

五十八　晚年的书画

　　从夏目去世往前算正好一年的时间，大概是从前一年十一月开始，一到每周的周四例会那天，中午刚过，《中央公论》的泷田樗阴先生就坐着人力车来了。他抱着很多纸进来，自己研好墨汁，铺上毛毡，展开纸张，做好一切准备后，对夏目说："好了，老师请写吧。"几乎是抓着夏目的手，让他写字画画。这是因为，如果稍晚些来，大批年轻人就会陆续过来，谈天说地，影响夏目书写。于是，泷田先生都是很早过来，趁着大家还没来时行动。他来到家门口时，样子像极了胖胖的金太郎，抱着纸张、毛毡、笔洗走进房门。之后的两三个小时，他都在让夏目写字画画，几乎一刻不停。

　　这位泷田先生，个性大大咧咧，不大体谅别人，似乎也不在乎给别人添麻烦。一旦来了，就抓住夏目不放，根本不理会之后还有客人来，只是不停地按自己的计划行事。因此，大家不满地说："泷田这家伙太无礼，毫不客气地独占老师。"可他对这种事情都能灵活应对，不管别人说什么，他都能顺利地完成自己的计划。

至于让夏目写什么，泷田先生每次都有自己的要求。比如说"请写一下《我是猫》"或者"请写'子规啼声哳，如厕不能寻'"。他还会说，这个做屏风用，这里要这样写，请给这幅画题诗等等，要求颇多，不一而足。对于这些，不好伺候的夏目却毫无怨言，全部照办。只能说泷田先生很有诀窍吧。有位年轻人见此情形，生气地说："老师太老实了，泷田真是粗暴无礼！"但是，这正是泷田先生的聪明之处。当天让夏目写好的字画，他会赶紧在下一个周四前，请人装裱好带过来，请夏目在上面题字，然后一一放入盒中收藏。这种做法，写的人也会欣慰吧。夏目虽然嘴上说："我画的这么糟糕的东西，竟然有人一幅幅地装裱起来，真是浪费啊！"同时，他大概也在想，既然他会收藏，似乎也不是全都不好吧。再说，反正周四这一天是会客日，不用写作。人家连纸带墨，所有东西都带来了，我就权当习字练画吧。因此，他就真的以练习的心情，不断地写写画画。夏目对书画十分感兴趣，他那么干劲十足，大概是想通过多多练习，期待有一天能专心致志地创作好作品吧。

　　但是，不管他如何以练习的心情写写画画，但毕竟是送人的东西，也不想把太差劲的作品送给别人。但是，他如果事先不说，就会有人把写坏的作品也拿走。因此他说，写得不好的，或者自己不满意的东西，绝对不给人。于是，他在完成这种作品后，还没等别人看到，就自己撕毁了。而且，毕竟是业余爱好，他画画也是凭着一时兴趣。可是，画着画着就觉得这不行那不行，想画得更好一些，改来改去，最后不满意了，就刺啦刺啦地撕掉。因此，当他差不多画到一半，快要成形时，请他作画的人就会提心吊胆地说："啊，有意思，画得真好！这样就行了。"心里盼着他赶紧停笔。但夏目却不会善罢甘休，不画到自己满意，绝不会送人。所以，很多画还是惨遭被撕毁的下场。

大概因为泷田先生不管什么都带回家吧，夏目就说他是捡破烂的。捡破烂的也有捡漏的东西，到了年末的二十八、二十九号，夏目将那些捡剩下的字画归拢到一处，放到院子里，让我弟弟和花匠点了把火烧掉了。看着被烧毁的字画，我真想留下一幅，但夏目一直在旁边监视着，一点办法也没有。他去世时，正好接近年末，书房里还有一批他写坏了的字画，逃过了被烧毁的命运。事先有准备的人另当别论，但谁都不会想到他会突然去世，因此，很多人都认为可以随时让他写一幅字，结果却什么都没让他写。因此，作为一种纪念，我把这些书画送给了这些朋友。当然，如果他活着，这些并不是值得公布于世的东西。

当时，泷田先生总是让夏目又写又画，而且书画也都是他独占，因此成了众矢之的。但是，如今想来，不管他当时出于何种动机，如果没有泷田先生这样热情的有志者，夏目是怎么也不可能留下那么多字画的。从这点来看，我对泷田先生感激不尽。尤其是，曾经对泷田先生愤愤不平的各位，他们当时得到的一两件夏目作品，所用的纸张也大都是泷田先生带来的。那些夏目写坏或画毁的，现在大家作为纪念品的遗墨，可以说，也大都是沾了泷田先生的光。夏目生前，一旦有人对泷田先生流露不满，他就会说："你们这些家伙，明明自己从来不带东西过来，还说人家！"脱离"谁带了什么"这种细微的想法，从大局来看，在某种意义上，或者可以说，泷田先生是一位恩人。在泷田先生之前，曾经有一位森次太郎先生，他虽然不像泷田先生那样毫不顾忌，却从很早开始就让夏目给他写字了。

总之，这一年夏目创作的书画达到了很大的数量。大正九年（1920），在举办漱石遗墨展览会时，泷田先生提供的展品中，单单挂轴就有五十幅左右，此外还有屏风，彩纸诗笺等都做成了折页。除此之外，泷田先生似乎还收藏了很多，数量相当可观。两三年前，泷田先生去世后，这些收藏被拿到日本桥俱乐部竞标，此后就散落各处了。不过，这么多作品中，除了《归去来辞》书法全卷是全长为二十四尺的横幅巨作外，余下的多为半幅纸的作品。画作中也没有他之前所画的精细南画风格的作品，全都是即兴之作。有在简单的水墨画上题诗的，也有清爽的淡彩画。有些精雕细琢的作品，画好后他舍不得送人，就自己请人去装裱起来，自己收藏。

泷田先生让夏目作了那么多字画，也花了不少本钱。他每次来都带东西，所以只要他一进门，夏目就会看着他的腋下，笑着说："今天带什么来了？"不过，泷田先生也是颇费了一番心思的。他带着墨和砚过来时，因为墨是要请夏目给他写字用的，他就会带非常高级的墨汁。但是，砚台是要留在夏目这里的，他就买不太高级的便宜货。夏目一眼便能看穿，心想这小子真是贪得无厌。于是，问他砚台在哪儿买的。一听说是芝区的晚翠轩，夏目就打电话到晚翠轩，对着话筒说："泷田先生买来的砚台不好，你们送个稍微好点的过来，余下的钱我来付。"就是这样，从前一年的十一月左右开始，一直到他去世那年的十一月，泷田先生一直坚持每周四过来，让夏目写字作画。

　　夏目有个亲戚叫田中，在牛込开当铺，他想让夏目写幅字，就送了两张纸过来。不久，夏目写好一张送了过去。可对方既不说收到了，也没说感谢。某一天，夏目说："田中这家伙真不懂事，请人家给他写字，连一句感谢都不说。"夏目这话传到了矢来的哥哥那里，哥哥似乎又告诉了田中。于是，田中这个生意人就说："我明明给了两张纸，却只收到一幅字。想说过些日子应该会收到第二幅吧，到那时再感谢不迟，只收到一幅字就感谢，岂不亏了。"夏目知道事情原委后，说道："想让人写一幅字，拿两张纸才是礼貌的做法，其中一张就是我应该收下的。对这种不明事理的贪心之徒，实在没办法。"

　　不管别人拜托他写多少，他都会写，可我还从未让他写过什么。因此，我就拜托他说："也给我写一张什么吧"。他问，你要写什么呀？我说，以后要是咱们建了新房子，我准备把它挂在自己房间里，你就给我写一张吧。他虽然嘴上说，新房子何时建呀？但还是给我写了一张。我看都没看，就直接把卷轴放进了柜橱。

　　结果，就在他卧床不起的几天前，他说："把我不久前给你的那幅字拿出来吧，那个写得不好，我再重新给你写一张。"可是，如果我拿出来，肯定会被他当场撕毁，就拒绝说："不行，拿出来会被你毁掉的。"他说："没关系的，我保证一定不撕，马上重新给你写好。"没办法，我只好拿出来给他。他拿去后马上就重新写了一张，我拿到后，还是就直接放进了原来的柜橱里。他去世后，我想起来展开一看，本以为只有一张，才发现竟然有两张。他给我写的是自己的诗，用的是整张大纸。

　　也是这段时间的事情，这大概就是所谓的预感吧。同样，中村是公先生突然也收到了他写的字，而且事先并没有拜托他写。中村先生对夫人说："夏目这家伙怎么回事？我让他写的时候，他不愿意写。我不问他要时，他却心血来潮地特意送来，还说什么'写好了，送给你'。他这是怎么了？"当时，正好有人想要夏目的字，看到那幅字，就反复说想要。中村先生心想，反正夏目的字，我随时可以让他写。于是马上就送给了别人。不管是夏目重新给我写字，还是特意给中村先生送了一幅字，将这些联系起来一想，真有些不可思议。

五十九　两位云水僧[①]

　　大约从两年前开始，神户的禅宗寺院祥福寺里一位叫作鬼村的云水僧，经常给夏目寄信来。大概他很单纯认真，让夏目很开心吧，夏目每次收到来信，都会回信，两人保持着通信往来。后来，鬼村的朋友富泽也给夏目写信，他也是一位云水僧。这样一来，夏目每次会收到来自同一寺院的两位云水僧来信。他们两人中，鬼村年纪小些，记得应该是接受征兵体检的年龄。他还是狂热的漱石崇拜者，经常躲在寺院后面的竹林中埋头读《我是猫》，还用猫的口气写他姐姐的坏话给夏目看，非常可爱。夏目的大脑早已厌倦了絮叨的小说和无聊的读物，所以，似乎非常喜欢看鬼村的来信。对方虽然囊中羞涩，却时常寄来当地特产。夏目也会给他寄去自己的新书，以及僧人们可能想读的哲学书籍。

　　这一年十月，两人来信说想到东京玩一玩，了却多年夙愿。信

---

　　①　也称行脚僧。徒步云游各地的僧人。

中说"身为云水僧，我们当然不可能有钱，能否在您家借宿呢?"夏目给我看了信，问："怎么样，能让他们住吗?"我说："他们难得来，也应该不会添什么麻烦，我想想办法吧。如果实在不方便，附近也有一座同样是临济宗的大寺院，总会有办法的。"因此，我们决定让两位在家住宿。将孩子们用来学习的那所小房子腾出来，请两位住在那里。

接着，两位年轻的云水僧来了。身穿云水僧衣，脚踩磨破了的木屐，脑袋剃得溜圆。孩子们见了，都嗤嗤地笑起来。但两人都是好脾气，一点也不在意。而且，与那些经常出入夏目书房、想成为小说家的年轻人相比，与其说他们不一样，不如说是完全相反，一副大智若愚的模样。他们看起来可能有点恍惚或者呆板，但一点也不拘束，而且不急不躁。夏目非常喜欢他俩的性格，虽然自己不能陪他们玩，但每天都会建议他们当天去哪里好，一一告知地点和电车线路。等两人回来后，还会询问一天的行程，与他们开怀大笑。总之，两人每天早上问好路线出门，傍晚飘然而归。问他们午饭吃了什么，回答说，进荞麦面馆吃了笼屉荞麦面。夏目知道他们饭量比较大，就问，每人吃了几份? 回答说，各吃了八份，可是东京的笼屉分量少，觉得还没吃饱。而且，他们觉得一次点八份不好意思，只好一份一份地点，每次都是一转眼就吃光了。夏目闻言又和他们一起哈哈大笑。

夏目说想带两人看看戏，我们就带他们去了一次歌舞伎座，还去帝国剧场看了一次电影。在西餐厅一起吃饭时，其中一位将半块牛排掉到了餐桌下面。然后，他理所当然、一脸平静地捡起来，毫不在意地吃掉了。而且，不管在哪儿吃饭，他们都要双手合十行礼。从不挑食，无论吃什么，都高兴地吃很多。这种不虚伪不客套，单纯中带有礼貌和感恩的心，让夏目佩服不已。

去帝国剧场时，电车十分拥挤。我们在车厢的中央部位，其中一位僧人站在车门边。一位妇人也同样站在车门边，不知为何手里抱着一个布娃娃，她忽然看到了僧人，也不知怎么想的，将布娃娃递给僧人说："能帮我抱一下吗？"僧人想，既然人家说了，就替她抱着布娃娃。过了一会儿，那位夫人到站了，跟僧人道谢后，取回布娃娃下了车。僧人对此一头雾水，回家后说起此事，感慨道："难道东京的女人都是那样的吗？"他们这种呆头呆脑的性格，夏目也非常喜欢。原本在很早以前，夏目就十分憧憬这种单纯的生活，年轻时甚至还在镰仓圆觉寺坐禅。而现在，不必特意去禅宗寺院，在自己家就能亲眼看到僧人的一举一动，因此，就更加喜欢僧人们的生活态度了。当两位僧人说起他们在寺院的实际情况时，他兴趣盎然。他们说了很多天真有趣、滑稽可笑的事情。比如"腊八接心"① 后，会招待僧人们喝甜酒，但只能喝一杯，因此他们决定特意去买一只大海碗；又如泡澡的时候，五人左右围成一圈，轮流互相搓背等等。一位僧人说，自己所有东西都是自己洗的，另一位反驳道，你那脏兮兮的兜裆布，不是攒了一大堆吗？有个僧人明明只会做极简单的加法，毫无数字概念，却担任着寺院的会计。听了这些，夏目十分愉快，并产生一种类似尊敬之情。

---

① 禅宗修行。从 12 月 1 日至 8 日早晨，片刻不休的坐禅修行。

亲眼看到两位僧人的质朴生活，开始让夏目思考自己身边年轻人的生活。虽然大家都是各自领域的优秀人才，但总是听他们说一些纠缠不清的琐事，谁怎么样啦，他这样啦。一年到头听到的事情，基本没有令人愉快的，更没有值得尊敬的。而且，大家都非常敏感急躁，只有大脑发达，麻烦事却一大堆。将僧人和身边人的两种生活进行比较后，夏目深有感触。两位云水僧回到神户后，夏目在给他们的信中流露了一番感慨："你们比聚在我身边的年轻人要尊贵得多，十分难得。他们之所以聚在我身边，大概也只是想，只要我更加伟大，他们就能如何如何……"看来，云水僧的到来让他感慨颇深。

我们出旅费让两位云水僧去日光旅行，之后他们回到了神户。回去后也经常给夏目写信。他们回去之前，夏目分别赠画留念。给其中一位画了松树水墨画并题诗，给另一位画了墨竹并题诗。之后，他也经常给他们回信，看得出非常喜欢他们。他去世后，我在他书桌边的文件箱里看到很多书信，都是两位云水僧的来信，他是特意存放起来的。

两位僧人回去不到一个月，夏目就卧床不起了。他病危时，正是禅宗重要的"腊八接心"时期。一旦静心坐禅，是不能看报纸的，因此两人对夏目病危一无所知。等到八号那天，"腊八接心"结束，晚上照例有甜酒招待，那位年轻的云水僧满怀期待，赶紧到神户街上去买大海碗。在街上偶然看到报纸，才得知夏目病危。他大吃一惊，对甜酒的期待荡然无存，抱着大海碗，流着大滴大滴的泪珠，漫无目的地在神户街头走来走去。第二天的九号，夏目去世。两人立刻发来了唁电。一位写的是"始随芳草去，又逐落花回"。另一位写的是"野花烧不尽，春风吹又生"①。前面一首，是夏目非常喜欢，经常书写的句子，这更令我感慨万千。

① 此处原文确实为"野花"，不知是笔误还是僧人特意为之。

六十　病床之上

十一月二十日之前，山田三良先生的夫人过来说，过几天的二十一日，她妹妹即将与辰野隆先生结婚，婚宴设在筑地的精养轩，诚邀我们出席。并说辰野先生也让她转告，希望我们一定参加。但是，和以前一样，除非是无法回避的人情，其他场合，夏目是一概不去的。而且，他说婚宴这种场合实在麻烦，就谢绝了。山田夫人见此情景，流着泪恳求道："您说的也是。可我特意前来相邀，您就不要说那么无情的话了，请您一定来。"夏目也被说动了，叫我过去，问我怎么办。于是，我设身处地为山田夫人想了想，就劝夏目说："既然夫人这么说了，也是难得，你就去吧？"但又忽然转念一想，再问他一次："你无论如何都不想去吗？"夏目照例模棱两可地回答："那倒也不至于，就是太麻烦了。"于是，我们就商定，如果当天去不了，另当别论。现在就先答应下来。这样一来，山田夫人也十分高兴地回去了。

虽说答应下来了，可是，等山田夫人回去后，仔细一想，才发现我没礼服穿。这样说有点像骗人，很不像样，实际上，我只有一件礼服，还是很多年前妹妹结婚时定做的。而且，这几年我胖了很多，根本穿不了。实在不知如何是好，就告诉了夏目，他说："那就再做一件好了。"定做的话，不知道三天是否来得及，如果来不及，就只能不去参加婚礼了。总之，我马上去了三越还是白木屋。到那之后，发现不管是鞋子寄存牌，还是接单定做的掌柜编号，全都是"四十二"之类讨厌的数字，真不吉利，不由皱起眉头。

到了婚礼当天的二十一日，担心来不及做好的家徽礼服非常顺利地做好了。试穿后才发现，从内衣到腰带，里里外外都是新的，心里感觉有点不自在。但是，马上要出发了，就去书房叫夏目。夏目说胃疼，在那呆坐着，脸色很不好。我心想，不能勉强带他过去，否则严重了恐怕又要卧床不起，就问他："那怎么办？就不去了吧？"夏目说："也不是去不了，还是去吧。"然后，十分吃力地做出门准备。

到精养轩餐厅一看，婚宴的座位是男女分开的。出门时他说胃疼，我就一直暗自担心，偏偏餐桌上还有花生豆。这个对胃不好，我如果坐他边上，就可以不让他吃。这下，趁着没人管他，万一他吃了怎么办？之所以这么担心，是因为他特别喜欢吃花生豆。出门散步时，只要看到，肯定会买一袋糖衣花生豆回来，放在书桌边上，一个人嘎嘣嘎嘣地吃。有时还对孩子们说"给你们点好吃的"，跟孩子们一起吃。我想，他胃不好，还是尽量别吃这种东西，所以，一见到就没收。婚宴当天，我远远地看到他好像在吃，不由暗自担心，一会儿千万别不舒服啊。

因为我一直担心着，一起回去时，就问他："你吃了花生豆没?"他说吃了。我说："你刚才还说胃疼呢，真不小心啊。"他淡定地说："说什么呀，胃早就不疼了。"看起来和出门时确实不一样，心情也很不错。当晚一切正常，他睡得也很好。

但是，第二天他就说："便秘了，肚子不舒服，给我灌肠吧。"他经常如此，我就给他灌了肠。过了一会儿，问他通便了没有，他含糊地答了句"嗯"。之后就进了书房，一声不响。因为他每天上午都要写《明暗》连载一次的篇幅，我就以为他一定在写小说。接近午饭时分，女佣去给他送饭前服用的药，回来对我说："老爷趴在书桌上，好像很难受的样子。"我吃惊地过去一看，只见他趴在只写了小说连载次数"189"的稿纸上，一个字也没写，看起来十分难受。我说："你从刚才就一直这样吗? 不舒服的话，我来铺床，躺下来吧。"他说："嗯。"接着又突然说："人也就是那么回事啊，死也没什么大不了的。虽然我现在很难受，也想了一首绝命诗呢。"我心想，真不吉利，就没接茬，马上铺好被褥让他躺下。他就穿着原来的一身衣服躺下了，那之后，就再也没机会换睡衣。

晚上，他说想吃点什么，我给他切了三片薄吐司。他任性地说："你耍滑头，这么薄怎么行啊。"我说："不行啊，你这么不听话，会更不舒服的。"他说："什么呀，我不会死的，没关系。"但我知道，还是谨慎为妙，就一直小心留意他的情况。一会儿，他就把吐司吐出来了。看来病情不容乐观。

我想必须要叫医生了，但不知道应该叫谁。山田先生认识一位学医的，住在我家附近，就请他过来了。夏目的呕吐物中好像夹杂着红色的东西，我想大概是吐血了，但因为这位医生不了解他以前的病情，就说也有可能是咽喉部位出的血。我听后觉得很不放心。正不知如何是好，夏目说："叫真锅医生来。我和他约好了，感觉不舒服，就找他。"

后来，真锅医生天天都来，但病情仍不乐观。而且，真锅医生在大学和传染病研究所都有工作，非常忙。因此，他就带了一位在牛込开诊所的安倍医生过来，将他介绍给我们。这时，山田先生的太太惊闻夏目的情况，特地前来探望，后来山田先生也来了，还带来了以前在胃肠医院工作的杉本博士。可是，医生太多也不知如何是好，就决定请真锅医生做夏目的主治医生。

二十二日到二十七日，他的胃部倒没有像针扎似地疼，也没有其他特别严重的症状，但还是看起来很不舒服，白天晚上都睡不安稳。一开始，我担心有什么意外，就在旁边守着，为了以防万一，还请我弟弟和侄子晚上轮班看护。可时间一长，我也很累，病情也总是令人不安，就请了一位护士。来的是位年轻护士，一边给病人按摩后背，一边迷迷糊糊打起盹来。而且，夏目一生病就不爱说话，有什么事就只稍微抬抬下巴示意，不熟悉他的人，根本不知道该做什么。我只要稍微看一眼就知道，这次是想要水，接着是想要纸，这下是要帮他把毛毯盖盖好，一件件都要随机应变，除了我，谁能领会他的意思呢？所以，虽然请了护士，我还是无法休息。一次，我给他按摩后背，他终于睡熟了。我心想这下好了，就打算趁机也休息一会儿。可我刚一放手，他就忽然睁开了眼睛。我问，难受吗？他说，不难受。"那，疼吗？""不，也不疼。"说完又迷迷糊糊睡着了。情况实在不妙，一旁的真锅医生也绞尽脑汁。

虽然如此，他还不断地想吃东西。自从发病以来，他几乎没吃过像样的食物，想吃东西理所当然。虽说如此，也不能他想吃什么就给什么。和医生商量后，我按照自己的想法，把药、冰激凌、果汁等放在一起，每隔二十分钟让他吃一样，每次吃一点。如此这般，虽然每次只喂他一小勺，也能稍微给他解解馋。

可是，二十七日那天，他越发想吃东西了。二十分钟一次，变成了十五分钟一次、十分钟一次，不断地想吃。于是，进食时间提前，一天要吃的食物总量，早于预定时间就吃完了。可他还要吃。我说："不行，已经十点了，睡觉吧。"但他不听，还强词夺理说："食物不能吃，吃药可以吧。"我说："明天再给你准备啊。"但是，我待在他身边，他总是讨吃的，我就只好暂时出去一会儿。过了一阵儿，看他好像放弃了，要睡着的样子，我心想看样子今晚没问题了，就让护士去睡，让女佣们也早点休息，打算一个人值夜班，就坐在书房的桌子上轻轻地翻看杂志。一切顺利，夏目睡得很香，家人也似乎都睡了，十分安静。

可是，大约半夜十二点左右，一直熟睡的夏目忽然一下子从床上坐了起来。我吃惊地问，怎么了？没等我说完，他就挠着头哼哼着催促我："脑袋不舒服，快往这里喷，快喷水！"看来情况不妙。听他不断喊"脑袋、脑袋"，我就想起他神经衰弱的老毛病发作时的样子，心想不会是气血上涌吧。这可不行，我赶紧让他躺下，他躺下后只说了一声"嗯"就开始两眼翻白。我大吃一惊，这可不得了！赶紧叫护士、喊女佣，叫醒睡在隔壁房间的女儿们。但大家好像刚睡着，谁都没醒。我心急如焚，可没人帮忙，什么也干不了。总之，必须要叫医生来。我也顾不上病人了，跑出去叫醒护士，又叫醒暂住在我家的花匠，让他去请医生，再叫醒女佣让她们烧水端过来，接着赶紧跑回病人身边。夏目还在双眼翻白，先来点水吧，我从旁边的水壶里倒些水，含在嘴里，嘴对嘴地喂给他喝，一边叫他："快醒醒！快醒醒！"还好，他慢慢睁开了眼睛，这下我也有了信心，就像往花盆里浇水一样，朝他头上啪啪地喷水。

接着，我给医生们打电话，拿来热水，用热毛巾给他擦身保暖。把了把脉，脉搏还不到平常的一半。无论如何也不能耽搁了，可是一个医生也没来。不能再这样傻等了。我知道前面有个开诊所的中山医生，就自己跑过去叫，可医生不在。没办法，我问见习医生，有没有强心剂注射器，他说有。我打算让护士帮忙注射，于是拿起注射器就跑回了家。还好，这时中山医生赶了过来，正准备注射时，夏目看着注射器说："我没必要用这种东西。"我心想，事到如今，你就别再让人为难了。幸好医生说："不过，这也没什么坏处，我觉得还是先打一针为好。""是吗？那就……"夏目一边说一边伸出手臂，自始至终十分冷静。这时，真锅医生来了。安部医生也来了。他打完针后，大家一直在旁边观察。不知怎样了？我忐忑不安。这一晚大家都没合眼，不知不觉间过了一夜。

第二天早晨，我借着晨光一看，病人的胃肿胀得像个葫芦。后来才知道，是出现了大量的内出血。他的病情越来越险恶，真锅医生说想请他的前辈，同样是胃肠专业的医生过来一起商量。于是便请来了宫本博士、南博士。各位在场的医生都对内出血的诊断没有异议，但是，如何将淤积在体内的血排出来却是个难题。

大家都焦急万分，可病人本人却很平静，还总想从床上起来，很棘手。不让他说话，还非要不停地说话。

"你刚才朝我脸上喷水了吧。"

"是你自己说要喷的呀……"

"是吗？很舒服啊。"他竟然这样说。接着又说："真锅在学校不是有事吗？怎么不去呀？""你昨晚好像没睡，去睡吧。"都是些不必要的操心。然后又对我说："连载在报纸上的《明暗》，你把剪下来的部分，贴在剪报本上。"这个倒是事出有因。一直以来，都是他自己剪下来，亲手贴上去的。我曾经帮他贴过一段时间，但我贴的时候是把一整面涂上糨糊，然后再贴上去，所以皱巴巴的。他嫌我弄得太不像样子，后来就一直自己贴。他这次卧病之后，我只是每天把连载部分从报纸上剪下来，夹到剪报本里。看来他是惦记着这件事，才特意嘱咐我。

还有，他似乎十分牵挂正在执笔的《明暗》。他说："我已经事先写好二十次的连载寄过去了。但是，已经躺了一个星期了，一直没写。你去叫坂崎过来，跟他说，我现在生病卧床，但是，小说还有二十天的连载量，过些日子等我好起来就继续写。反正，你先这样提醒他一下吧。只是医生不让我写罢了，其实现在我想写也能写。"他要现在写，那还了得。于是我说："既然已经攒了那么多，没问题的。等你好了，再慢慢写吧。"他再三嘱咐说："反正，你一定先转告坂崎啊。"坂崎先生，就是美术评论家坂崎坦，当时任职朝日新闻社，和我们住得比较近，所以，经常拜托他给报社带口信什么的。本来，在夏目二十七号内出血之前，我们没有对外告知他生病的事情，怕会有很多人来探望，不利于治疗。但是，他现在的病情不容乐观，再也不能隐瞒了，就决定公开他的病情。之后，朝日新闻社的人来探望了，森田先生和小宫先生也来了，我就将夏目的情况告诉了大家。从二十八日开始，夏目的各位门生开始轮流值夜班，医生也变成了三位，在夏目身边轮换看护。

之前请的年轻护士派不上用场，又请来了老早相熟的更有经验的护士。这位护士对我说："好奇怪啊，和之前在修善寺生病时很不一样。"一到晚上，他的体温就一直在 36 度以下，无法安睡。服用安眠药、灌肠都没有效果。呼吸也不同寻常，感觉不妙。但是，病人每次睁开眼见医生在，就好像特别想说话，总要主动搭话，医生也很为难，有时只好暂时走开。他似乎完全不知道自己病得多重。

还有，他的耳朵特别灵，我们决不能漫不经心地说话。于是，就把电话移到了隔壁房间，所有人在家里都是低声细语。但是，一天晚上，正好是铃木三重吉先生值夜班，铃木先生说："想喝点酒啊，还是'樱正宗'好喝。"夏目全都听得一清二楚，突然"喂！喂！"地喊我过去，对我说："大家都在呢，你怎么不拿出酒来呀？"我敷衍道："没问题呀。"当时算是这样搪塞过去了。他凡事都这么操心，替别人着想。尤其特别在意真锅医生的出现，很多次都反复说，学校那边有事情，真锅在这儿干什么呢？

　　真锅医生跟大学的学生们说，现在夏目漱石病重，我必须到他那里去，因此我的课要暂时停课。学生们说，为了夏目先生，我们停课多久都没关系，请您一定要治好夏目先生。我在旁边亲眼见到，真锅医生真是尽心竭力，辛苦得连自己都消瘦了。正因如此，当病人稍好一点，他就面露喜悦；病人情况不好，他则表情严峻。看他那敏感多变的表情，我反倒有点害怕。

　　就这样，到了十二月。

　　十二月一日晚，夏目叫我过去，让我在他枕边焚香。我就拿出香炉，点上一支梅香。他双手合十放在胸前，闭着双眼，好像在专心默诵什么，闻香良久。见此情景，我不禁黯然神伤。但是，在他消瘦得令人心痛的脸上，确实流露着安详和宁静，就那样久久地一动不动。

　　之前在修善寺，病得那么严重，他都不肯用便盆，曾经让我们很为难。但这次，他从一开始就用便盆了。十二月二日那天，正好真锅医生在，他坐在便盆上，憋足劲发出了"嗯"的一声，真锅先生一看，大吃一惊，正要阻止他时，他又一次双眼翻白，陷入了昏睡状态。就因为他太使劲了，又导致了第二次大量内出血。医生们赶紧给他注射，一时手忙脚乱。但是，这次情况几乎是致命的。之后，每两天都给他注射一次盐水。为了让他的胃粘膜能够粘连起来，还注射了明胶。因为出血严重，如果不进食，可以让胃粘膜粘连得快一些。但这样一来，就无法补充营养，补充营养又对胃不好。一给他灌肠就便血。

尽管如此，他自己却非常清醒，每次注射盐水，都紧盯着注射针头。如果护士挡住他，他就说："喂，你，让开点！"。他一定要盯着扎进自己肉体的针头，或者安静地看着像章鱼一样奇怪的仪器里液体逐渐减少。

除了注射盐水，还要注射大量明胶。他问医生，为什么要注射这么多？医生回答说，没办法呀，为了让您的血管变结实。他接着说，这种像糨糊一样的东西，打进去好几支，血管大概会黏糊糊的吧。因为谢绝探视，除医生之外，不管谁来都不能见面。因此，他可能不知道自己的病已经严重到濒临死亡了吧。但是，好像就是在谢绝探视期间，中村是公先生来了，说他一定要见一见夏目。于是，我拜托中村先生说，您如果现在见他，不能保证他不兴奋，因此，就请您远远地，稍微看一眼他的脸吧。当时，夏目的双腿已经瘦得皮包骨头，让人看了揪心难受。

有时，夏目还会问，今晚谁住在这儿？我回答说，野上先生，他就说，想见一见啊。

就这样，一天天过去了。记得是六号左右，我走进病房，仔细看了看夏目的脸。感觉他在急剧衰弱，怎么说呢？可以说是临死前的面容吧，就是出现了那种感觉。让我不禁意识到，看来已经毫无回天之力，只能放弃了。我把自己的想法告诉真锅医生，拜托他说："如果实在无力回天，让他这样饿着等死，实在太可怜了，能不能给他吃点什么？"当时，真锅医生表情复杂。之后，似乎改变了想法。

他在给夏目喂冰激凌和果汁时，比以前稍微增加了一些分量。在喂这些东西或者像水一样稀的葛汤时，医生们都聚在一起先试吃，大家一致同意后，再给夏目吃。真的非常辛苦。夏目说："真锅给我吃的东西，都这么不好吃。"我不知如何回答，只好说："等你好了，就慢慢觉得好吃了。"

就在我开始放弃，觉得他快不行了时，不知道孩子们从哪儿听说的，说只要给濒死之人拍照，就能救活，非要让我请人拍。我不相信这种方法能治好他的病，但是心里想，这样也好，如果他即将离我们而去，拍张照片也是个很好的纪念。正好有一位《朝日新闻》摄影组的先生来了，我就拜托了他。当时在场的，也有人说："现在不用拍吧，等病好了再拍，不是更好吗?"我说，还是现在拍吧。于是，摄影组的人从隔壁房间把镜头对准他拍了一张。当然，既不能打闪光灯，也不能拿着照相机走到他面前去，只能在他本人不知道的情况下，悄悄地拍下来。本来担心光线暗，照片不清晰，后来一看拍得很好。这是他去世当天或者前一天的事。

六十一 临终

　　探视的人来得愈加频繁，夏目的病情也越发不容乐观。当时住在鹄沼的和辻哲郎先生也来了。他说，前些日子，因为他岳父患癌症，自己很绝望，家人也都放弃了。但是，偶然经人介绍接受了"气息术"，没想到，一直不能进食的岳父又开始吃东西了，状态不错。一开始听说这种方法时，和辻先生说他自己也不自信，甚至是持反对态度的，但是，当亲眼看到奇迹发生后，就不再怀疑了。当然，他们并不认为癌症已经治好了，但哪怕是一时的好转，也再好不过了。和辻先生不断地劝我说："即使现代医学也不是万能的，虽然这个可能是骗人的，您不妨也试试看啊。"还强调说，因为自己亲眼所见，才有信心。

　　但是，虽然听他这样说，我觉得，大多数病人在临终之前都会稍有好转。见此情形，家人刚刚松口气，但是病人马上会骤然离去，也就是所谓的回光返照。因此我认为，和辻先生岳父的奇迹，大概也是如此吧。而且，对于夏目的病，医生们已经竭尽全力，还是回天无力。精神方面的疾病另当并论，对这种病，"气息术"不可能有效。而且，如果只是顺便在隔壁房间祈祷一下，有效无效倒也没有关系。但是，若非要接触病人的身体来施行"气息术"，如今在情理上也不允许，否则就是不把医生们放在眼里。而且，从病人平常的处事方式来推测，他也会讨厌这类做法的。因此，我不能违背他本人的意愿。虽然深知和辻先生是一番好心，也了解他令人感激的深情厚谊，但是对于这种做法，连我这个极为迷信的人都难以信服，实在很难同意和辻先生的建议。但是，因为夏目正处于生死关头，听了这个方法后，也有人建议说"既然如此，不妨试试看"，情况于是变得很复杂。

因此，我说："大家的好意很难得，但这次，我想按自己的想法办。"最终拒绝了和辻先生的建议。我之所以这样说，是因为以前曾经有过这样一件事。一天，不知什么缘故（当时夏目还没有卧病不起），我对夏目说："本来家里就有很多你的门生，而且还都是凡事爱插嘴的人。你健康的时候当然不会有事，但是，如果你万一有什么情况，我和他们可能因书房什么的产生矛盾，那样会很麻烦。而且，很难保证不发生这种事情。因此，你应该趁着现在好好说清楚，以后即使你不在了，大家也知道该怎么做。"夏目说："这个你不用担心呀，万一我有什么，之后的一切都听你的，不就行了吗。"因此，此时情况复杂，我就拿出了这个挡箭牌，没有听从其他人的建议。

不久，和辻先生收到了电报，是他岳父的病危通知，他大惊失色地赶紧回去了。后来他给我写信说，当时实在对不起。

除了这件事，还发生了护士之间彼此反目的事。而且，天气突然变冷，夏目已经衰弱不堪，如果再得肺炎更不得了，我赶忙给窗户挂上了厚布帘。但是，这样做也毫无意义，虽然没有引起并发症。到了八号晚上，连真锅医生也说，看来不行了。我们也只能死心了。不过，当天晚上倒没什么异常，一直到九号早晨。

一早，孩子们要去学校，我问医生，怎么办？要让孩子们请假吗？医生说，反正是星期六，没关系吧。孩子们就出发去学校了。但是，中午之前，我们就赶紧分头去接他们回家。二女儿也和大女儿一起，在女子大学附属女子学校读书，一早，她虽然去学校了，但总是忐忑不安、心神不宁。在教室里实在坐不下去，就提前回家了。后来，二女儿和在附近上小学的四女儿，就一起去病房看了夏目。看到父亲面容憔悴得几乎判若两人，孩子们伤心不已，四女儿爱子忍不住哭了起来。我安慰她说，不能在这儿哭啊。夏目好像听到了，闭着眼说："没关系没关系，哭吧。"

后来，去接大女儿的人力车在半路上翻车了，大女儿从车里爬了出来，幸好没受伤。她马上在附近找到人力车铺的账房，换了一辆人力车，赶回了家。男孩子们也回来了。既然已经无力回天，也没必要再通过注射勉强维持，以免他长时间受苦。于是我请求医生，希望能让他舒服地离开。真锅医生他们也表示同意，就停止了注射。孩子们都到齐了，中午前后一起去跟他告别。穿着校服的大儿子纯一，啪嗒一声坐到了他枕边。夏目突然睁开了双眼，看了看孩子的脸，微微一笑。

一会儿，中村是公先生来了，说一定要见见夏目。事到如今，也只好如此了。我将中村先生领到夏目床前，对他说："这位是中村先生哦。"他似乎连睁眼的力气都没有了，闭着眼问："中村是谁？"我再次告诉他："是中村是公先生啊。"他只说了一句"啊，好的好的"。

这时，宫本博士也来了。他说："不能现在就绝望地放弃，他之前患那场大病时，也是靠注射救活的。作为医生，只要病人还活着，就要再努力一次，除非实在不行了，才能放弃。"于是，大家重新振作起来，又给他注射了盐水，他坚持到了傍晚六点左右。

傍晚时分，他看起来十分难受，在我稍微走开时，他把胸前的被子敞开，说"往这儿喷水"。护士就给他喷了水雾，他好像说了句"死了就麻烦了"还是什么，眼睛一下子翻白，失去了意识。听到情况危急，我马上奔了过去。等候在餐厅以及别栋里的各位，也都跟着跑了过来。夏目已经完全是死亡状态了。我拿着水笔，挨个递给前来惜别的各位。看着大家和孩子们的脸，都是一副马上要哭出来的样子。我心想，我可不能在这儿哭，一定要保持清醒。于是，我像石头一样一动不动地盯着远处，谁也不看。津田青枫先生用水笔沾湿嘴唇后，一下子哭倒在夏目枕边。劝慰了津田先生，我将一块白布盖在夏目脸上，轻轻抚摩，让他安心闭上眼睛。天黑后不久，他停止了呼吸。时间是大正五年（1916）十二月九日下午近七点。

大约在他停止呼吸前一个小时左右，高浜虚子先生来到病床前，叫他"夏目先生"，他回答"是"。高浜先生有了信心，接着说"我是高浜啊……"夏目说"谢谢"。直到前一刻，他都基本是昏睡状态，听到高浜先生的声音，却异常清醒起来。

夏目临终时来了很多人，我忙乱之际没能一一记住。有狩野先生、大塚先生、中村先生、菅先生等朋友，还有《朝日新闻》的各位同人，以及他的门生们。在大家的守护中，夏目走完了他正好五十年的人生。

　　他停止呼吸后，我请其他人暂时回避，对真锅医生说："承蒙您不辞辛劳，尽心尽力，但事已至此，想必您也非常遗憾。如果这是他命中注定，无论如何也是没办法的。各位医生都如此竭尽全力，感谢之情无以言表。在此，我有一事相求。并非别的，就算是为了表达我们的感激之情，我想将夏目的遗体交给您，能不能请您在大学为他做解剖呢？"

　　真锅医生深感意外，但也未能完全隐藏住喜悦，马上问我："您能这样做，是我们求之不得的荣幸。既可以作为学术上的参考，我自己也想弄清楚原因。毕竟我们想尽了办法，但却未能挽救先生。您真的允许我们解剖吗？"

　　我想起了雏子夭折时，我和夏目两人的对话，认为这也是夏目本人的遗愿。于是，我自己基本已经下定这个决心。正好松根东洋城先生也在场，我问他："松根先生，刚刚你也听到了吧，我打算请医生解剖遗体，怎么样？你觉得残忍吗？从夏目平时的想法推测，能成为研究资料，他本人也会很高兴吧。"松根先生说："没人会觉得残忍吧。只要夫人您同意，当然没问题。我们没有异议。"因此，作为夏目门生的代表，既然松根先生这样说，解剖一事当场就定下来了。

夏目去世当晚，记得是森田先生提议说，要做一个遗容石膏像。于是麻烦大塚先生的朋友、新海竹太郎先生取了脸部模型。当时已是深夜时分。

六十二 解剖

因为第二天就要进行解剖，夏目的遗体被抬上卧铺车，在吊唁人群的目送下，前往医科大学。在解剖现场的人有，我的代理人——我弟弟中根伦；矢来的夏目哥哥代理人——他的大儿子小一郎，还有夏目门生的总代表小宫先生。当然，夏目的主治医生真锅医生也在场，此外还有杉本博士。

不久，卧铺车就将遗体送回来了，比想象的快。真锅医生对这次解剖深感欣慰、满怀感激。在他的建议下，我们将夏目的大脑和胃捐献给了东京大学。

关于这次解剖，一周之后，主刀医生长与博士发表了一次演讲。当时，有人建议我们也去听一听，但最终我还是没去。当时的演讲笔记以增刊的形式发表在《日本消化器病学会杂志》上。现借录于此。长与博士从专业角度详细说明了夏目生病的过程，极具参考价值。

夏目漱石氏解剖检查（标本供览）

长与又郎博士述

因漱石夏目金之助先生遗属慈善捐献，本月十日于东京大学病理教室，我对夏目先生的遗体进行了解剖。此次解剖的目的之一是研究夏目先生的脑部，另一个目的是检查最令先生苦恼并导致其死亡的消化系统。因此，解剖仅限于脑部与腹部，不涉及胸部和其他部位。

今天我带来了夏目先生的脑。先生的脑重量要高于普通人脑的平均值。根据田口博士调查大量资料得出的结论，日本男性的脑，大脑小脑平均重量共计 1350 克，而夏目先生的脑重量有 1425 克，稍重于平均重量。那么，脑重量超过普通人意味着什么呢？虽然并非绝对，但大体而言，说明脑力优于普通人。有些人生前表现出脑力远远优于普通人，在对这些人脑进行解剖后发现，虽然日本相关例子很少，但国外例子相当多，在大约七八十位名人的病例中，除了比普通人脑略轻的七八例以外，其余大多数都重于普通人脑的平均重量，其中还有重量极为显著的。目前，解剖学认为，脑部的重量比较重可以作为脑力强的一个标志。那么是不是只要脑部重，脑力就强呢？不能一概而论。也有脑部特别重，但生前却相当低能的人。迄今为止脑重量的最高纪录为柏林的拉斯坦，重量为两千几百克，而他是一个傻子。我留意到东京也有脑重达 2700 克的，他是东京市养育院收留的一个病倒在路边的流浪汉，应该不是了不起的人物吧。像这两种情况，并非其脑质中起作用的部分重，而是脑里的胶质多而已。虽有这些例外，但一般而言，脑力优秀的伟人天才，他们的脑要重于普通人。

在解剖学上除了重量之外，判断脑力的另一重要标志是脑环路。众所周知，脑表面有复杂的环路，环路越复杂，脑力越好。比如，在解剖学上，如果大脑中的手中枢神经发达，此人生前就是手巧之人。因为运动神经是左右交叉的，调查显示右侧中枢非常发达的人，有人生前是左撇子。音乐家的耳中枢发达，画家的手中枢发达。夏目先生的脑，虽然重量并未显著超过平均值，但脑环路极其发达，尤其是左右的前额叶与颅顶部发达，右侧极其复杂。也就是傅莱契[①]所说的联合中枢"Assosiatische Sphare"非常发达。至今唯有这一点可以明确说明。不过，关于脑环路的详细研究非常困难，今后仍需时日进行研究，这也并非我今天要说的重点。而且，从本学会的性质而言，我也不打算详细讲解脑的问题。因为诸位看到了夏目先生的脑，我就在此顺便讲述大致解剖所见。接下来我想说说消化系统的问题。

在说明解剖所见之前，先说明一下病历。我想大致讲一下，如何能从解剖所见说明临床应状。病历有两份，一份是胃肠医院保存的，另一份是真锅君好意借给我的。

先谈谈病症。今年夏目先生去世，正好五十岁，自明治三十七年（1904）、三十八年（1905）开始，他的胃就出现了问题，是胃酸

---

① Paul Flechsig（1847—1929），德国神经解剖学家，精神病学家和神经病理学家。

过多症。明治四十三年（1910）六月，他接受了杉本医生的治疗，之后住进胃肠医院。当时除胃酸过多症之外，还疑似患有胃溃疡。胃部有疼痛感、饱胀感，空腹时疼痛加剧，痛感波及背部。七月二十八日，曾检验胃液一次，结果为残渣60、黏液少量、总酸度66、盐酸0.1679％。之后在胃肠医院接受了补碱疗法，又接受了硝酸银疗法、热溃疡疗法，症状慢慢减轻，于七月三十日出院。之后前往伊豆修善寺疗养，其间于旅馆发病。八月九日仅少量吐血，从十四日吐血约100克开始，十九日吐血280克、二十四日发展为约500克的大量吐血，且于最后这次500克大量吐血后，陷入不省人事的状态。之后回到东京再次住院，治疗方法基本同前，一直住院到次年二月。出院时胃部已基本无不适症状。即，明治四十三年（1910）第二次住院时，开始并未吐血，症状为胃酸过多症，并疑似患有胃溃疡。但是，修善寺发病时，已完全患上胃溃疡，到治愈为止花了很长时间，但可视为完全康复后出院。不过，当时已经发现值得注意的问题，就是先生的尿液中含有少量糖分，说明他当时已经患有轻度糖尿病。

据真锅君所述，明治三十八年（1905）、三十九年（1906）前后，他确诊夏目先生患上了糖尿病。那之后，先生胃部时有不适时，多为不久前去世的须贺君给予治疗，并无出血或溃疡症状。但是，在此期间糖尿病症状却严重起来。特别是从今年春季，神经衰弱症状严重，工作热情显著下降，还曾说"怎么也写不出，很苦恼"之类的话。同时，开始出现右上臂强烈神经痛和右上臂局部麻痹。对此使用了各种药物治疗和按摩疗法，均无效果。安部君和真锅君认为必须进行基于糖尿病的治疗，开始实施糖尿病食疗法。减少碳水化合物，相对增加肉类摄入。此疗法始于今年五月，持续过程中，上述病症得到很大改善，至七月末，上臂神经痛症状几乎完全消失，局部麻痹停止，神经衰弱症状减轻，先生非常高兴。之前的尿糖较高，今年春季为 $1‰\sim1.5‰$，但后来即使吃下125克面包，也未检出尿糖，说明糖尿病症状大有好转。以上为先生的既往病症。

　　以下讲述此次症状的开端。此次完全是胃部症状。发病始于十一月十六日晚食用了酒糟腌制的斑鸫。从当晚开始，先生感觉胃部饱胀感并疼痛，胃部情况不容乐观。二十一日，先生参加婚宴时吃了西餐，当晚开始胃部越发不适，次日二十二日愈加严重，并伴有呕吐。呕吐物仅限于所吃食物，并无血液，但胃部剧痛。二十三日，医生让其服用少量碱片和颠茄片，二十三日下午一点和四点分别呕吐一次。第一次无丝毫血液混杂，第二次混有少量血丝。其后胃痛逐步加剧并伴有呕吐，再次卧床，几近绝食状态。只将微量碱片以各种方式给先生服用。从二十四日至二十七日，病情逐渐好转。二十八日白天心情极好并食用少量流食。但是，当晚十一点半，突然从床上坐起，"啊"地大叫一声，陷入人事不省状态。此时脉搏几近全无，以冷水拍面后恢复意识，但脉搏极微，张力弱心跳快。体温低至35.8摄氏度左右。此时虽未出现吐血或便血，但确诊为胃或十二指肠溃疡性出血，也即内出血。注射了明胶，且注射了数日盐水。二十九日、三十日都注射盐水进行滋养灌肠。之后症状逐步好转，脉搏恢复，体温上升，情况有极大好转。十二月一日开始摄取少量流食。一日、二日分别排便三次，均有血便，证明之前诊断内出血无误。但是，十二月二日下午三点半左右排便时，自行尝试腹部运气，瞬间猝倒，不省人事！此后伴有极度恶寒与疼痛、脉搏微弱，心跳130～134。再次诊断为内出血，并数次注射明胶、镇痛剂、强心剂等。次日注入或注射盐水、明胶、镇痛剂等，此后四日、五日、六日，病情逐步好转，体温脉搏稍有好转。为何好转呢？按照真锅君的想法，大概因为注射了镇痛剂。但是，腹部开始极度膨胀，完全无排便。只能采取他动方式助其排便，均为血便。此时右季肋下部沿肠道处有痉挛式疼痛，患者说此痛感与胃溃疡不同。自从出现前述的第二次大出血后，医生采取了多种疗法，病情再次好转，六日恢复到可摄取极少量流食的状态。但从七号开始，心跳无力，脉搏变弱且频度高。到了八号，脉搏情况更加不容乐观，多次注射强心剂也无效果。九号早晨，注射强心剂完全无效，情况危急。脉搏120，体温35度，腹部肿胀状如大鼓。当天下午六点在失血状态下去世。

考虑以上临床症状，夏目先生患有两种重病。一是糖尿病，患病于很早以前，近来日益加重。一是胃病，大概是胃溃疡。但是，上个月二十八号的大出血以及本月二号的大出血，均无吐血症状。以前在修善寺胃溃疡出血时，曾经有过吐血症状，但这次均为便血。因此，医生们怀疑很可能不是胃溃疡，而是十二指肠溃疡。但导致死亡的直接原因，毫无疑问是这两次大出血。

解剖发现如下情况。腹部的紧张肿胀，并非因为充满了气体，而是因为肠道被填满了。胃肠里满是黑色和红色的东西。就是说，可以通过极薄的胃壁或者肠壁看到里面有血液，这就清楚地证明了之前曾经出现大出血。此外，以阑尾为中心，从上行结肠到肝脏和横隔膜之间，有极明显的粘连。此解剖结果可以证明，自第二次大出血后，肠道里就充满了东西。此处之所以有抽筋式痛感，就因为这个粘连的牵引使腹膜处于被刺激的状态，因此感觉特别疼痛。此粘连来自何处？因为阑尾已完全变形（出示解剖图）。一般情况，阑尾朝向内下方，但夏目先生的阑尾则像钩子一样弯向外上方，与腹壁完全粘连。阑尾弯曲如此严重，说明患者以前患过阑尾炎。阿孝夫[①]也曾经如是说。毫无疑问夏目先生也是这种情况。即从上行结肠到肝脏表面的某处陈旧粘连，因为之前患了阑尾炎，就从周围渐渐蔓延到了肝脏，其痕迹现在以粘连的形式残留下来。因此我们推测夏目先生此前一定患过阑尾炎，并进行了这方面的查证。据夏目先生的老朋友中村是公先生说，夏目先生在二十岁时曾患严重的腹膜炎，胃肠医院过去的病床日志中对此也稍有记载。也就是说，夏目先生的病根可以追溯到三十年前。从解剖结果我们还可以了解另一种情况，临床出现的横隔膜下脓肿溃疡的主要原因之一就是阑尾炎或者阑尾周围炎症。可以明确断定，当时的陈旧粘连顺着这一路径，即从阑尾炎及周围炎症开始，由下至上最终到达横隔膜下方。（演说之后，宫本博士来信告知我，夏目先生的《满韩处处》中写有患过阑尾炎的内容。）

接下来，将肠子从下方渐次剖开检查，发现肠内到处充满着像

---

① Aschoff（1866 年 1 月 10 日—1942 年 6 月 24 日）德国医生和病理学家。被认为是20 世纪早期最有影响力的病理学家之一。

"煤焦油"一样的黑色血液。但是，大肠和小肠粘膜等部位都未见出血，只是肠内充满血液，一部分被肠吸收，且肠系膜淋巴腺内也出现相同的血液被吸收的情况。因怀疑可能是十二指肠溃疡，特意剖开十二指肠检查，也并未发现溃疡和出血的原因。因此是源于胃部的大型特殊溃疡，此点可参见这个标本（展示标本）。沿小弯的正中线，距离幽门轮5厘米处，有一个长5厘米、宽1.2至1.5厘米大小的椭圆形呈横向延伸的溃疡。此溃疡中暴露着很多血管，右侧即胃后壁的血管为白色血栓，完全堵塞，左侧即前栓方由两三个极新的红色血栓堵塞的腔内部位可见血管。因前面的白色血栓已完全堵塞腔内，此为很早断裂的血管，极有可能就是第一次大出血的部位。前壁暴露的断裂血管，推测应该是十二月二日破裂的血管。此外胃部显示有极强的死后消化状况，胃体部明显软化，某些部位已被血液浸染粘膜鲜红，即夏日先生直至临终前都患有严重的胃酸过多症。因此从胃溃疡底部的血管产生了两次大出血。那么很早以前在修善寺发病时的胃溃疡痕迹在何处？虽然无法断定，但正好在幽门处有三个小瘢痕，其中靠近前壁的最为坚硬且痕壁厚，此处已形成了结缔组织，在微镜下也可清晰地证明瘢痕的存在。可以想象，明治四十三年（1910）所发生的大出血是源于此处的溃疡。

因为胃部大出血，其他脏器，如肝脏、脾脏，尤其是脾脏，都失去了正常的暗红色，变成了灰白的红色，且稍显肥大，这是因为脾脏能产生血球以补充贫血。简言之，脾出现了特有的续发贫血症状，其他脏器当然也有严重贫血。源于溃疡的贫血并不少见。

此外还有一处应该引起注意的解剖结果是胰脏。夏目先生的胰脏与普通胰脏相比，非常坚硬细小，重量为 60 克，而普通日本人的胰脏重量为 70 克至 75 克。此胰脏是萎缩的，通过显微镜观察可知因糖尿病带来的多次变化。另外，肾脏也因糖尿病发生了特有变化。但是，肾脏里并没有"糖原"。这可能是长时间未摄取食物后病倒的缘故。从其他解剖结果也可知，夏目先生的肾脏是特有的糖尿病型肾脏。

解剖结果大致如上，与临床诊断一致。因此，我认为解剖结果可以充分说明所有的症状。

接着有必要进行附加说明的是，夏目先生具有很多经常在天才身上才会出现的特殊性格，尤其是近年来出现了类似跟踪狂的症状。就是说，他总认为别人在说自己的坏话，因此，夏目先生的家人经常为此感到困扰。关于这个问题，我们也找到了一些线索，想在此做些说明。众所周知，很多实验证明，糖尿病会因各种原因造成神经衰弱，而且由糖尿病引发的各种精神疾病也并不少见，这一点法国学者很早以前就已注意并著述。就是著名的诺尔登所写的 *Die Zucker krankheit*[①] 一书。此书出版于 1912 年，是在调查过四千多名糖尿病患者后写成，积累了丰富的经验。据诺尔登说，神经衰弱还会引发精神损伤症状，比如失去工作的勇气、执着的力量变弱、思考能力减退等。书中写道，除一般症状外，还会引起特有的精神疾病症状，并列举了诸多病例。其中写到跟踪狂也是因糖尿病引起，并写到"抑郁症"会因糖尿病加重，有可能会导致自杀。书中还写

---

① 《疾病因糖而起》。原文直接引用了德语书名。

道，通过治疗糖尿病，一般症状得到改善，尤其是全身的营养状态恢复后，由糖尿病引发的这些精神症状也可以根治。因此，夏目先生也可能属于这个范畴。这只是一种想象，并无学术根据。但可以确定的是，在接受糖尿病治疗后，夏目先生曾说上臂神经病以及局部麻痹症状消失了，感到非常高兴。

在这种情况下，还有一个必须思考的问题。那就是，许多天才都会表现出种种精神症状，或是精神病症状，或者说就是精神病人。这一点在许多书里都有记载。特别是龙勃罗梭①在他的 *Der Geniale Mensch* ②一书中写道，天才无非就是精神病患者的一种变体。在书中，他以很多天才为例，说明他们具有种种精神病症状。夏目先生的脑力显著强于普通人，从这方面考虑，先生很有可能出现类似现象，当然这只是一种"假设"。但是，从夏目先生的情况看，精神疾病出现可能由于他是能力超群的天才，或者不仅如此，还可能与糖尿病相关。虽然不能断言，但综上所述，夏目先生在天赋上远远优于普通人，这一点是毋庸置疑的。

关于脑的研究，现在还没有进行，今后将在详细检查的基础上进行适当报告。夏目先生一直被消化系统的疾病，尤其是胃病所困扰，并最终因此去世。《我是猫》中的主人公就是患有胃病的人。而且，在《杂忆录》中也有在修善寺患胃溃疡之事。夏目先生在著名作品《我是猫》问世之前，就已经患有胃部疾病。先生的很多作品

---

① Cesare Lombroso（1836年—1909年），意大利犯罪学家、精神病学家，刑事人类学派创始人。

② 《独创性天才》。原文直接引用了德语书名。

都是他一直忍受着胃病折磨完成的，可见，先生与消化系统的疾病因缘非浅。因此，对一代文豪夏目先生的消化系统进行临床观察的同时，此次还因夏目先生家人的仁慈，得以将解剖结果刊登于消化器官疾病协会杂志。我相信，此次解剖不仅对夏目先生的个人历史而言不可或缺，在医学方面也极具参考意义。不朽文豪夏目先生始终对科学抱有兴趣和同情，我们对先生一直怀有深深敬意，并对其远逝深表哀悼。因此，今天将解剖结果大致报告如上，并将标本展示给大家。

　　（大正五年〈1916〉十二月十六日讲演）

六十三　葬礼前后

接着，必须要着手准备葬礼了，当时我心中有些顾虑。因为夏目的朋友们，比如中村是公先生等人，率先为此颇费苦心，实在感激不尽。他们就像自己的家人去世一样，都说要出钱出力。如果仅仅是中村是公先生一人倒还好办，有很多平日不是很亲近的人也参与了进来。夏目门下弟子众多，但并没有一个领头的，意见很难统一。这就好比"船老大多，航向出错"，一旦出现问题，大家就众说纷纭，没完没了。我非常明白大家都是为我们着想，但也很清楚这样下去，不是办法。因此，我就想在夏目的朋友和门下弟子之外，选定一个葬礼主事人，请他严格安排。起初，我也曾想将此事全部拜托朝日新闻社，但感觉反而更加难办，就想换个方式，请亲戚来操持。于是，决定麻烦我妹夫铃木祯次先生。

我想，这样办既符合我们的意愿，遇事也方便，应该会比较顺利，就将这个决定告知了大家。中村先生等人似乎有些不满，但我相信，有铃木先生从中调停，一定能将事情办好，也就放心了。

总之，说大家是"一言居士"有些失礼，但每人都有各自的意见，每件事都毫无头绪地讨论不休，若在平时倒也罢了，却并不适合葬礼这种紧要关头。当然，大家的各种意见，都是出于对故人的敬意和深情，但当时大家都还年轻，确实很难胜任这种事情。

　　中村先生一直担心葬礼的费用问题，总说要出钱。虽然平常我们也不富裕，但我不想因为丈夫去世，在葬礼花销和孩子养育费方面麻烦别人。因此，我拒绝中村先生说："首先，万分感谢您的深情厚谊，但如果我接受您的钱，既违背故人意愿，我自己内心也不允许。"这么一说，好像我们有很多钱，实际上，那一年我彻底计算了一下家里的财产。我们曾听从犬塚先生的建议，卖掉了股票，加上卖掉股票的钱，家里的财产总计不到三万元。我把这些钱拿到第一银行存了定期。这就是我们当时的全部财产。在他去世前二十天左右，我觉得这样一直存定期也不是办法，就又拜托犬塚先生，将这笔钱的大部分买了股票。本想将此事告诉夏目，可他却开始吐血直至卧床，也就没说出口。后来，趁他病情稍微稳定时，说起这件事，他也只说了句"哦，这样啊"。

　　如此这般，我手头还是有一些现金的。他去世时，朝日新闻社说，有一笔钱款，是夏目平时分期缴纳的义务费累积下来的，报社另外还出了吊唁金或慰问金，这两项加起来共有八千几百元，接近九千元。我估计，近四万元足够操办一场像样的葬礼。之后，他的书也能有些收入，股票也会有少许分红，照此下去，虽然收入不多，但总归能将孩子们抚养大。实际上，我心里是这样想的，自己丈夫去世，不好意思麻烦外人操办葬礼。最起码这件事，我还是想交给自己最亲近的人，操办一场不生分的葬礼。

总之，我们没有像其他作家的遗属一样，陷入丈夫一去世，马上就无法生活下去，甚至四处索求孩子们学费的窘境。对我们而言，这是最好不过的事情。当时我正好四十岁，大女儿十八岁，大儿子十岁，最小的儿子九岁。

记不清是什么时候了，在为雏子操办葬礼时，夏目曾说，讨厌净土真宗的寺庙，尤其是绝对不去夏目家历代所葬的本法寺。于是我就问他，那怎么办呢？如果你去世了，用哪一家寺庙呢？他当时回答，若是禅宗的经文，还是可以听听的。我又接着问他，宗演禅师怎么样？夏目说，好啊。因此，准备葬礼时，我马上想起了当时的对话。中村是公先生一听，说道："宗演禅师的话，我曾经拜托夏目邀请他到满铁做过演讲，彼此非常熟悉，我马上去镰仓请他过来。"于是，这事就拜托给了中村先生。宗演禅师也欣然同意主持法事，并说想在葬礼前一天，以友人身份在夏目灵前烧香。宗演禅师到达后，在夏目灵牌上写下了法名"文献院古道漱石居士"。之后，关于代办法事的寺庙，宗演禅师说，他来东京都住在小石川荷谷的至道庵德云寺，据说是和白隐禅师颇有因缘的寺庙。于是，经宗演禅师从中说情，我们决定在至道庵举办法事。

前面曾稍有提及，夏目对和服要求非常高。在他这次卧病之前，我给他买了一匹大岛绵绸，打算给他定做两件套叠穿的和服正装。他自己说想做短外褂和外套。于是，我就拿去让人做。衣服恰好在他去世后做好送来了。在他卧病之前，我还给他做过一件绉绸和服长衬衣。我想衬里做暖和一些比较好，就用了薄毛呢料子，可夏目说穿着太沉了，想必他那时已经很衰弱了吧。后来，我把衬里改成了丝绸料子，他特别高兴地说，很不错，穿着真舒服。因此，在他即将入殓时，我想起了这一套和服。给他穿上他喜欢的长衬衣，之后再穿上新做好的大岛绸外衣。此外，他吃药时用来看时间的镍制怀表，还有老花眼镜，我都一起放进了棺材。如今想来有点可惜，但当时觉得，放进去才是对故人的体贴关爱，也就那样做了。他一辈子都只用镍制怀表，也不配表链什么的，就那样摆在书桌上。出门时，轻松地往钱包里一塞，随身带着。

十二日上午十点整，葬礼于青山殡仪馆举行。预定八点出殡，所以打开棺盖进行最后告别时，天还没亮。前一天晚上，因为连日睡眠不足，精神疲惫，我担心自己在第二天葬礼时晕倒，就想稍微休息一下。但又想，这是在夏目灵前守夜的最后一晚，无论如何也要坚持，就在半夜两点左右洗了澡，和大家一起坐在书房的灵前。那天晚上特别冷，寒气仿佛刺透和服一般，寒冷刺骨。

当时的葬礼都是要用马车的，中村先生带头不断地催促说，出殡要早。结果，到了青山之后足足等了一个小时。棺木送出后，中村先生说："啊，这下总算放心了"。可到了殡仪馆，他又急躁起来，操心地说，不能再接受花圈之类的了。铃木说："那么，接下来再有人送花圈，我就真的谢绝了啊。"这时中村先生才留意到，他自己和满铁公司送的花圈还没到。他刚刚才说不收花圈，一下子十分尴尬，有点下不来台，于是就瞪着他那只独眼，一边大声喊："满铁送的花圈呢？怎么回事？"一边走开了。后来，我和铃木还曾笑着说起此事。

葬礼在宗演禅师主持下开始了。从正面可以看到一面幡，上面是菅虎雄先生所写"夏目金之助之柩"。因为连日疲惫，周围静悄悄的，只剩下我一人时，眼睛不由自主地就要合起来，困得不行。尽管我不停地揉眼睛，但上下眼皮还是会马上粘到一起，实在没办法。

　　宗演禅师如雷鸣般的当堂一喝让我惊醒过来。当时，宗演禅师吟诵的是他亲笔所写的"秉炬香语"，后来我一直摆放在家中的夏目灵前。但不知何时被人偷走了，不知去向。后来，津田青枫先生说，他曾在丹波的某个寺院中，看到了这幅字，已经成了该寺引以为傲的收藏。大概在二七祭奠那天，来了个云游僧模样的奇怪和尚，说在夏目生前如何如何，请允许他为夏目祈祷冥福。七七祭奠那天，他还来念了经。没准儿就是这个假和尚干的好事吧。之所以这样说，因为当时，有岛武郎先生的令尊仙逝，听说也有一个来历不明的和尚跟他们说了同样的话，也说在七七祭奠那天要去念经。森田先生写文章提醒说："与之前来老师家的和尚很像，会不会是假和尚？"于是，有岛武郎先生就留了个心眼，那和尚一来，经调查发现，果然如此。立刻给他下了最后通牒。他居然乘人之悲，混入逝者家中，想大捞一笔。大概偷走"秉炬香语"的也是这个假和尚吧。实在不能疏忽大意。

　　之后，我弟弟还经常跟我说，他自己也参加过大大小小各种葬礼，但是，像夏目姐夫这么麻烦的葬礼，可以说绝无仅有。可见，从筹备到结束，夏目的葬礼是相当复杂的。

六十四 之后的事

火葬场在落合，而且，后来我们才注意到，火化炉也是之前火化雏子时的那一个。

接下来的十三号，要去捡骨灰。中村先生、大塚先生，门生森田、小宫、赤木、林原、久米、松冈等各位，还有我和住在矢来的夏目哥哥，大家一起去了。

十四号，《明暗》刊登在《朝日新闻》上。看到报纸，大家更加深感与夏目的离别之痛。到十一月二十一日为止，他一共写了188回的《明暗》连载。本来第二天他还打算继续写的，却只在稿纸右上角写了一个数字——189，那是连载次数的编号，此后就没能再继续写下去。不过，他提早写好并寄到报社的原稿，大约积攒了近一个月的连载量。

当天晚上是头七的前夜，我邀请了为葬礼付出很多辛苦的夏目门生，做了些简单饭菜，聊表谢意。作为奠仪回礼，送给每人一条染有夏目俳句诗笺的方绸巾。俳句如下。

闪电耀夜空，薄粥慰饥肠。　漱石

　　年末的二十八号，举行了骨灰埋葬仪式。地点在杂司谷的旧墓地，是当年雏子去世时，我们买下来的。墓标上的字，也烦请菅虎雄先生书写。

　　两三天后，记得是三十号晚上，夏目的遗容铜像做好了。小宫先生送过来时，夜已经深了。头像做得很好，连夏目鼻头上的麻子都雕出来了，我深感这是个好主意。要说缺点的话，一是头发让额头看起来窄了一些，还有下颚有些松弛，这可能是因为取脸部模型时，夏目已经去世了一段时间。

　　大家也都想要夏目的铜像，但是，因为大量制作难免做不好，最终只做了两个。一个放在家中，一个赠给了朝日新闻社。因为决定不再制作了，既然已经完成了两个青铜头像，我就希望不再保存原始模型。但是，雕塑家说想留作纪念，因此，石膏的原始模型应该还保留着。最初提此建议的是森田先生，最后竟也没分到一个，当时他似乎有点不高兴。

　　大概也在这时，《新小说》出了一期临时增刊，刊名为《文豪夏目漱石》。之后，松根东洋城先生主办的《涩柿》，芥川先生、久米先生和松冈主办的《新思潮》等杂志，也都发行了悼念专辑。夏目作品的销量，也从当时开始，持续不断地增长。

　　大正六年（1917）一月九日，第一次"九日会"在夏目书房举行。可以说，这是夏目生前"周四例会"的变体。即使想延续每周四的聚会，恐怕也难以实现了。因此，大家决定每月一次，在夏目忌日的九号，聚集一堂，吃饭聊天。之后的每月九号，"九日会"都一直坚持举办（房屋修缮或家人生病时，也曾暂时取消），到本月已经130次。

作为参考，在此列出第一次的出席人员。

大塚保治、菅虎雄、畔柳都太郎、真锅嘉二郎、泷田哲太郎、林原耕三、松浦嘉一、阿部次郎、小宫丰隆、岩波茂雄、芥川龙之介、松冈让、久米正雄、前田利镰、江口涣、须川弥作、神田十拳、森田第平、春水桁平、内田百间、津田青枫、安倍能成、野上丰一郎、和辻哲郎、东新、速水滉、石原健生和我。

第一次没来，第二次来的有：中村是公、狩野亨吉、户川秋骨、寺田寅彦、松根东洋城、铃木三重吉等。目前为止，其中有四位已经过世，还有很多搬到仙台或京都生活的，因此，现在能聚在一起的，已经没有那么多人了。

夏目去世后，大家马上就谈到出版全集之事，由门生中的核心人物负责编辑，顺利地开始了准备工作。主要负责的是小宫先生和森田先生等人。不久，《明暗》也在岩波书店出版。

最初，夏目的骨灰埋在旧墓地正中央，位置不怎么好，想给他建个墓，地方又太小。正不知如何是好时，赶上十月份墓地重新扩建，就赶紧买了现在这块新墓地。要如何修墓，这事若和大家商量，一定会众说纷纭难有结论，恐怕赶不上夏目的一周年忌。幸亏妹夫铃木是建筑师，我就把设计事宜全权委托给了他。铃木说，想设计一个既非西洋式样，也非日本式样的，形状像安乐椅一样的墓。我就全部拜托铃木去办，完成后就是现在的样子。

开始修墓时，距离一周年忌的时间有限，所以相当紧张。墓碑上并列刻着夏目和我的法名，字是请菅虎雄先生写的。埋在下面装有夏目骨灰的石制骨灰盒，也是劳烦菅先生写的字。

大正七年（1918），我请求原来的房主将房子和土地全部转让给我。土地大约有340坪①，我看房子已经很旧，恐怕不能长期居住，但这里毕竟是夏目临终之所，出于这一点考虑也想把它买下来。但是，如果把书房和客厅这两间作为他的纪念室保存，其他房间几乎都破旧得不能用，而且非常狭窄。从前孩子们小，可以几个人住一间，但孩子长大后就不行了。于是，我决定只将书房和客厅留下，书籍和装饰品都按夏目生前的样子保存，其余房间全部拆掉，另外再建一处我们住的地方。

直到现在，纪念室仍然远离主屋，位于宅地一角。在我活着时，就这样保持现状吧。但是，从纪念室的性质而言，长远来看，它并不应该只属于我们一家所有，而应该有更加合适的保存途径。不过，现在时机未到，还不能运作。实际上，我一直担心的是，纪念室位于拥挤的住宅区，万一发生火灾怎么办？不过现在也没别的办法。目前看来，虽然有些东西被老鼠咬坏了，也曾因之前的地震受了些损坏，但基本上都按他生前的样子保存着。如我之前所说，因为纪念室位于自家宅地一角，无法面向大众开放，我常常为此深感遗憾。

大正八年（1919），夏目全集加附录，共计出版十四册。

———————————

① 坪，土地或建筑物面积单位。一坪约为3.306㎡。

大正九年秋，东京、京都、大阪举办漱石遗墨展览会。共展出书画原稿等约三百件。

如今回想过去，只觉时光飞逝，今年十二月就要举办他的十三年忌了。今后，我还能操办几次他的忌日，直到擦去我自己墓上的红字呢？不管怎样，每次给他办忌日，我都是当成最后一回来操办的。他去世时，我们最小的儿子只有九岁，现在他已是二十一岁的青年。大一些的女儿们也都有了孩子，我也变成了慈祥的外婆。蒙您所愿，我絮絮叨叨说了这么漫长的往事，也只不过就是一个老人的车轱辘话吧。恐怕夏目在九泉之下也在苦笑着说"你真啰嗦"。但是，就算是絮叨，也讲述了夏目不为人知的日常生活，从这一点上看，如果能让读者有所收获，我将无比荣幸。总之，我将所知所忆都尽可能诚实、真实地说了出来，对此心满意足。

（昭和三年〈1928〉十月九日）

漱石年谱

庆应三年 (1867) 一岁

一月五日出生于东京市牛込区（现东京都新宿区）喜久井町一番地。是牛込马场下名主夏目小兵卫直克与妻子干枝的四儿子。当时父亲直克 54 岁。出生后不久即被送往四谷的一个旧家具店做养子。

明治元年 (1868) 两岁

明治二年 (1869) 三岁

十一月，成为新宿的盐原昌之助养子，改姓盐原。

明治三年 (1870) 四岁

明治四年 (1871) 五岁

养父昌之助成为浅草的户籍长，移居浅草区（现台东区）诹访町。因种痘患天花。

明治五年 (1872) 六岁

明治六年 (1873) 七岁

明治七年（1874）八岁

因养父昌之助与日根野私通，与养母阿安不和，被暂时领回喜久井町的父母家，之后再次回到养父家。养父与养母阿安离婚。秋，进入浅草寿町户田小学。

明治八年（1875）九岁

就读于浅草寿町户田小学。

明治九年（1876）十岁

夏天前后，大哥担心养父让金之助去做工，将他领回喜久井町父母家，并让他转学到牛込市谷柳町市谷小学。同年级学生有岛崎柳坞、山口弘一等。

明治十年（1877）十一岁

十二月，以优等生身份毕业于下等①小学科。

明治十一年（1878）十二岁

10月，毕业于锦华小学的寻常科二级后期。同父异母的姐姐阿泽去世，时年三十三岁。

明治十二年（1879）十三岁

就读于神田一桥府立第一中学。

明治十三年（1880）十四岁

同上。

明治十四年（1881）十五岁

---

① 日本根据1872年（明治5年）的学制设立的小学。学生为六岁至九岁。上等为十岁至十三岁。

一月，生母千枝去世。时年五十三岁。中途从第一中学退学，进入三岛中州的二松学舍学习汉学。

明治十五年 (1881) 十六岁

明治十六年 (1881) 十七岁

约于此年进入骏河台的成立学舍学习。

明治十七年 (1881) 十八岁

租借小石川极乐水旁的寺庙二层，与桥本左五郎一起每天自己烧菜做饭。就读于成立学舍的同时，开始备考东京大学预科。

七月，养父昌之助擅自出售金之助名下的一处小房子，位于下谷区（现台东区）西町四番地。并因未腾出房屋被提起诉讼，要求其立刻搬离。

九月，进入大学预科。与中村是公、芳贺矢一、正木直彦、福原镣二郎等人相识。

入学不久即患盲肠炎。

明治十八年 (1885) 十九岁

与中村是公一起寄宿于猿乐町的末富屋。

明治十九年 (1886) 二十岁

考试不及格。

就读预科的同时，与中村是公一起在江东义塾任私塾老师，赚取学费。（月收入五元）

害沙眼。此后多次患眼疾。

大学预科改名为第一高等中学。

明治二十年 (1887) 二十一岁

三月，大哥大助去世，时年三十一岁。

之后二哥荣之助去世。与同住的中村是公等共七人，赴江之岛远足。

明治二十一年 (1888) 二十二岁

一月，从盐原家回到原籍，改回本姓夏目。

七月，第一高等中学预科毕业，升入本科。

明治二十二年 (1889) 二十三岁

年初开始与正冈子规成为朋友。当时的同年级同学有山田美妙，上一届的有川上眉山、尾崎红叶、石桥思案等。

七月，与幺哥赴兴津游玩约半个月。

八月，赴房总半岛旅行。归来写汉诗游记《木屑录》。

明治二十三年 (1890) 二十四岁

七月，毕业于第一高等中学本科第一部。

同月，进入帝国大学，专攻英国文学。

九月，赴箱根游玩。作汉诗十余首。

明治二十四年 (1891) 二十五岁

夏，与中村是公、山川信次郎登富士山。

夏，嫂子（幺哥直矩之妻）去世。

九月，探望在大宫公园万松楼疗养的子规。

十二月，将《方丈记》译成英文。

明治二十五年 (1892) 二十六岁

四月，分家。因征兵原因，户籍转入北海道后志国岩内郡吹上町十七番地，成为北海道平民。

六月，撰写《老子的哲学》（文科大学东洋哲学论文）。

七月，被选为特优生。

七月至八月，游冈山，遇洪水。之后拜访回到伊予松山老家的子规。在子规处初见高浜虚子。

在此前后为筹学费，在早稻田专门学校任教。

七月，与藤代祯辅、立花铣三郎、松本文三郎、大岛义脩等诸友一起成为《哲学杂志》编辑。

十月，经好友米山保三郎（天然居士）推荐，在《哲学杂志》刊登《文坛平等主义代表沃尔特·惠特曼的诗歌》。

十二月，撰写《中学改良策略》（文科大学教育学论文）。

与大塚保治相识。

明治二十六年（1893）二十七岁

一月，在文学谈话会上，发表题为《英国诗人的天地山川观念》的讲演。三月至六月，此演讲文稿在《哲学杂志》连载。

七月，东京帝国大学英文科毕业。继续进入研究生院学习。

同月，与菊地谦二郎、米山保三郎同游日光地区数日。

是受菅虎雄之邀，前往镰仓圆觉寺塔头归源院，与释宗演相识，并在其指导下参禅。

十月，担任东京高等师范学校的英语特约教授。（年收入450元）。

明治二十七年（1894）二十八岁

春，疑患肺病（两位兄长均因肺病去世），专心疗养，勤练弓箭。

八月，游松岛，访瑞严寺，归来后为疗养身体前往湘南游玩。

十月，寄宿于小石川传通院旁的法藏院。

明治二十八年（1895）二十九岁

四月，突然辞去高等师范学校职务，赴伊予松山中学任教（月薪80元）。

所教学生有真锅嘉一郎、松根东洋城等人。

经一两次迁居，搬入二番町的上野老夫妇家。

夏，作为日清战役（甲午战争）从军记者的子规，因在归途中咯血，在神户、须磨疗养后，回到故乡松山。与子规同住约两个月。

十一月，在《保惠会双志》（松山中学校友会刊）发表《愚见数则》。

十二月，利用假期回东京，与时任贵族院书记长官中根重一的长女镜子相亲。

从这一年开始专心创作俳句，写好诗句寄给子规，寻求子规点评，成为惯例。逐渐在俳坛占有一席之地。

明治二十九年（1896）三十岁

一月，返校。

四月，辞去松山中学职务。

同月，作为第五高等学校教授，赴任熊本。（月薪100元）。偶遇高浜虚子返乡松山，相携同游宫岛。

最初与同事菅虎雄同住，之后在市内光琳寺町自立门户。

六月，于新居迎接新婚妻子。

九月，携新婚妻子前往筑地太宰府地区旅行。

同月，旅行归来后搬家至市内的合羽町一三七番地。

此后，同事长谷川贞一郎、山川信次郎寄宿夏目家。

十月，在《龙南会杂志》（五高校友会刊）发表《人生》。

明治三十年（1897）三十一岁

一月，《杜鹃》创刊。

六月，父亲直克去世，高寿八十四岁。之后不久，喜久井町的夏目家旧宅转让他人。

七月，夫妻同回东京，住在位于虎之门的贵族院书记长官官舍。

回京不久，夫人流产，赴镰仓疗养。因此夏目多次往返于东京和镰仓。

逗留东京期间多次探望卧病的子规。

九月，留下尚未康复的妻子，独自返回熊本。

同月，搬至市外大江村（现大江町 401）。

十月，夫人返回熊本。

十二月，年末与山川信次郎同往玉名郡小天村的汤之浦温泉，住在前田案山子的别墅并在此跨年。据称之后所写的《草枕》素材源于此地。

明治三十一年（1898）三十二岁

四月，搬家至市内井川渊町八番地。

七月，搬家至市内内坪井町七十八番地。

十一月，在《杜鹃》发表《不言之言》。

当时的五高学生寺田寅彦等人经常来访。

明治三十二年（1899）三十三岁

一月，与同事奥太一郎同游宇佐八幡、耶马溪、丰后日田等地。

自前一年开始练习谣曲。

四月，在《杜鹃》发表《英国文人与报纸杂志》。

五月，长女笔子出生。

八月，在《杜鹃》发表《小说批评》。

九月一日前后，与山川信次郎同登阿苏山。

此年与熊本新俳句团体紫瞑吟社往来。

除俳句外，还创作汉诗。请长尾雨山修改，时有发表。

明治三十三年 (1900) 三十四岁

三月，搬家至市内北千反畑町。

六月，接文部省命令，保留现职，赴英国留学两年进行英语研究（留学金一年 1800 元）。

七月，离开熊本返回东京。

九月，搭乘普鲁士号由横滨起航。同行的留学生有芳贺矢一、藤代祯辅等。

十月，途经巴黎逗留一周。与浅井忠会面，月底抵达伦敦。

十二月，辗转一两次后，搬至 6 Flodden Road, Camberwell New Road, S. E. 的 Mrs. Brett 家寄宿。接受 Dr. Claig 单独授课。

明治三十四年 (1901) 三十五岁

一月，在伦敦期间，妻子在岳父中根重一位于牛込矢来的家中生下二女儿恒子。

同月，维多利亚女王驾崩。当时与长尾半平经常来往。

五月、六月，在《杜鹃》发表伦敦相关信息。

四月，与 Brett 一家移居至 Tooting。七月，搬至 81 The Chase, Clapham Common S. W. 的 Miss

Leale 家。当时与池田菊苗往来。

秋，与土井晚翠往来。

明治三十五年 (1902) 三十六岁

在伦敦重逢旧友中村是公。

九月，正冈子规逝于上根岸家中。

此时开始出现严重的神经衰弱症状，出现夏目发疯的传言。为排解郁闷开始学骑自行车。

十月，游苏格兰。

十二月，踏上归途。

明治三十六年 (1903) 三十七岁

一月，抵达神户。

三月，搬家至本乡区（现文京区）驹达千驮木町五七番地。

同月，获准免去第五高等学校职务。

四月，担任第一高等学校教授（年薪 700 元）。

同月，作为小泉八云的后任，担任东京帝国大学文科大学讲师（年薪 800 元）。

直至六月，讲授《文学形式论》（一周三小时）。

此外还讲解《织工马南》。

此时开始，神经衰弱症状日渐加重，与妻子暂时分居约两个月。

七月，在《杜鹃》发表《自行车日记》。

九月，开始讲授《文学论》（一周三小时，持续两学年）。此外还讲解《莎士比亚》。

十月，三女儿荣子出生。

此时开始经常画画，自制水彩明信片。

明治三十七年（1904）三十八岁

一月，在《帝国文学》发表《关于马克白的幽灵》。

二月，在《英文学会叢志》发表译作《塞尔玛之歌》。

秋，特约在明治大学授课。

十一月、十二月，在《杜鹃》发表与高浜虚子合作的长篇俳句体诗歌《尼》。

十二月，接受高浜虚子建议，与阪本四方太、寒川鼠骨、河东碧梧桐、虚子等，在子规门下的读书会"山会"上朗读作品，为此尝试创作。《我是猫》即出于此。

明治三十八年（1905）三十九岁

一月，在《杜鹃》发表《我是猫》第一回。因此名声大振。

同月，在《帝国文学》发表《伦敦塔》。

同月，在《学灯》发表《卡莱尔博物馆》。

二月，在《杜鹃》发表《我是猫》第二回。

四月，在《杜鹃》发表《我是猫》第三回和《幻影之盾》。

五月，在《七人》发表《琴之幻觉》。

六月，在《杜鹃》发表《我是猫》第四回。

七月，在《杜鹃》发表《我是猫》第五回。

同月，《文学论》讲授完毕。

九月，开讲《十八世纪英国文学》（之后改为《文学评论》出版）。

同月，在《中央公论》发表《一夜》。

同月，在《杜鹃》发表《我是猫》第六回。

十月，《我是猫》上册出版。（开始由服部书店出版，后改由大仓书店出版）。

十一月，在《中央公论》发表《薤露行》。

此年开始，来访者日渐增多，经常举办读书会。前后常来者有：高浜虚子、阪本四方太、篠原温亭、寺田寅彦、野间真纲、野村伝四、森田草平、铃木三重吉、野上丰一郎、中川芳太郎、小宫丰隆、桥口贡、桥口五叶、松根东洋城、坂元雪鸟等人。

十二月，四女儿爱子出生。

明治三十九年 (1906) 四十岁

一月，在《帝国文学》发表《兴趣的遗传》。

同月，在《杜鹃》发表《我是猫》第七、八回。

三月，在《杜鹃》发表《我是猫》第九回。

四月，在《杜鹃》发表《我是猫》第十回、《少爷》。

五月，出版《漾虚集》（大仓书店）。

八月，在《杜鹃》发表《我是猫》第十一回。

九月，在《新小说》发表《草枕》。

同月，岳父中根重一去世。

十月，在《中央公论》发表《二百十日》。

十一月，《我是猫》中册出版（大仓书店）。

十二月，出版《鹑笼》（春阳堂）。

同月，搬家至本乡区（现文京区）西片町十番地七号。

明治四十年（1907）四十一岁

一月，在《杜鹃》发表《寒风》。

三月，赴京都、大阪观光约两周。

四月，辞去所有教职。

同月，在池边三山、鸟居素川等人鼓励下，入职朝日新闻社。

同月，为东京美术学校文学会做题为《文艺的哲学基础》的演讲。

五月三日，在《朝日新闻》发表《入社辞》。

连载《文艺的哲学基础》。

五月，出版《文学论》（大仓书店）。

六月，长子纯一出生。

同月，《我是猫》下册出版（大仓书店）。

六月二十三日至十月二十九日，在《朝日新闻》连载《虞美人草》。

九月，搬家至牛込区（现新宿区）早稻田南町七番地。

秋，跟随宝生新练习谣曲。

此年开始将周四定为会客日。

明治四十一年（1908）四十二岁

一月一日至四月六日，在《朝日新闻》连载《矿工》。

一月，《虞美人草》出版（春阳堂）。

二月，在朝日新闻社主办的演讲会上做题为《创作家的态度》的演讲。

四月，在《杜鹃》发表《创作家的态度》。

六月十三日开始在《大阪朝日新闻》发表《文鸟》。

七月一日开始在《朝日新闻》连载《梦十夜》。

九月一日至十二月二十九日，在《朝日新闻》连载《三四郎》。

九月，《草合》出版（春阳堂）。

同月，猫死去。

十二月，次子伸六出生。

明治四十二年 (1909) 四十三岁

一月十四日至三月十四日，在《大阪朝日新闻》发表《永日小品》中的二十四篇（《东京朝日新闻》只刊登了其中的十六篇）。

三月，《文学评论》出版（春阳堂）。

五月，《三四郎》出版（春阳堂）。

六月二十七日至十月十四日，在《朝日新闻》连载《后来的事》。

八月，老毛病胃病发作。

九月，应南满洲铁道株式会社总裁中村是公之邀，赴满洲和朝鲜旅行。

十月，返回东京。

十月二十一日至十二月三十一日，在《朝日新闻》连载《满韩处处》。

十一月二十五日开始，负责《朝日文艺栏》栏目。

明治四十三年 (1910) 四十四岁

三月一日至六月十二日，在《朝日新闻》连载《门》。

三月，五女儿雏子出生。

六月十八日，因胃溃疡住进内幸町长与胃肠医院。

七月三十一日，出院。

八月六日，前往修善寺温泉菊屋总店疗养。

同月，疗养期间于二十四日大吐血，生命垂危。

据称此次大病成为他本人及艺术的转折点。

十月十一日，逐渐康复回京，马上住进长与胃肠医院。

十月二十九日（住院期间），在《朝日新闻》发表《杂忆录》。

明治四十四年 (1911) 四十五岁

一月《门》出版（春阳堂）。

二月，拒绝接受博士称号。

同月，《杂忆录》连载结束。

二月，出院。

六月，应长野教育会之邀，在夫人陪同下前往长野市演讲。归途顺便到高田、松本、诹访等地旅行。

七月，在《朝日新闻》发表《凯比尔①先生》。

同月，《我是猫》缩印本出版。为缩印本先行者。

同月二十五日至三十一日，在《朝日新闻》连载《信》。

---

① 凯比尔（1848—1923），德国哲学家、音乐家。担任东京大学哲学教师二十一年，传播人文主义教养，其高尚人格倍受尊敬。

八月，《剪报帖》出版（春阳堂）。

同月，应邀出席大阪朝日新闻社主办的讲演会，赴明石、堺、和歌山和大阪。

同月，讲演结束后，在大阪再次胃溃疡发作，住进汤川医院。

九月，出院返回东京。

同月，接受痔疮手术。

十月，《朝日文艺栏》停办。

十一月一日，提交辞呈，十一月二十五日撤回辞呈。

十一月，五女儿雏子夭折。

同月，朝日新闻社的《朝日讲演集》出版。

明治四十五年/大正元年（1912）四十六岁

一月一日至四月二十九日，在《朝日新闻》连载《春分之后》。

二月，池边三山去世。

七月，明治天皇驾崩。改年号。

八月，受中村是公之邀，赴盐原、日光、轻井泽等地游玩半月。

九月，《春分之后》出版（春阳堂）。

同月，在神田佐藤医院接受痔疮手术。

此时开始练习书法绘画，尤其是文人画。

十月十五日至十月二十八日，在《朝日新闻》连载《文展与艺术》。

十二月六日开始在《朝日新闻》连载《行人》。

大正二年（1913）四十七岁

一月以后，数月间出现严重的神经衰弱症状。

二月，讲演集《社会与自己》出版（实业之日本社）。

三月末开始，因胃溃疡卧床。《行人》因此暂时搁笔。

九月十六日开始，《行人》续篇继续连载，至十一月十五日结束。

此年将户籍自北海道迁回东京，重新变为东京府平民。

大正三年 (1914) 四十八岁

一月七日至一月十二日，在《朝日新闻》连载《外行与内行》。

一月，《行人》出版（大仓书店）。

四月二十日至八月十一日，在《朝日新闻》连载《心》。

十月，《心》出版（岩波书店）。

同月，因胃溃疡卧床一个月左右。

大正四年 (1915) 四十九岁

一月十三日至二月二十三日，在《朝日新闻》连载《玻璃门内》。

三月末，前往京都。在西川一草亭、津田青枫等陪同下，游览京都各处。再次因胃溃疡卧床。

同月，同父异母的姐姐高田房去世。

四月，返回东京。

同月，《玻璃门内》出版（岩波书店）。

六月三日至九月十日，在《朝日新闻》连载《路边草》。

十月，《路边草》出版（岩波书店）。

十一月，与中村是公赴汤河原游玩。

大正五年 (1916) 五十岁

一月一日至一月二十一日，在《朝日新闻》连载《点头录》。

一月，疑患风湿，赴汤河原温泉疗养。

四月，经真锅嘉一郎诊断患有糖尿病。

五月二十六日开始，在《朝日新闻》连载《明暗》。

夏天至秋天，执笔小说的同时，经常创作汉诗，练习书画。

十一月二十二日，因胃溃疡卧病不起。

同月二十七日，第一次大出血。

十二月二日，第二次大出血。

十二月九日下午六点五十分，在家人、朋友、门生的守护中离世。

十日，长与又郎在大学病理学教室主刀遗体解剖。

十二日，在青山殡仪馆举办葬礼。释宗演主持法事，法名"文献院古道漱石居士"。于落合火葬场火化。

十四日，正在《朝日新闻》连载的《明暗》，因无后续文稿，成了永久的未完之作。

十二月二十八日，骨灰葬于杂司谷墓地。

编录者的话

迄今为止，有关漱石先生的评传和研究，数量不在少数。若与其同时代的文学家相比，他大概是出类拔萃、无人能及吧。但是，这些研究或是过多着眼于局部，或是有些许速成之感。要让读者全面了解这位明治大正时代的文学巨匠，这些研究可以说不无遗憾。遗憾的原因大概是资料不够完备，或是研究范围有限吧。在国外，经常会有这样的例子。某位文豪去世后，其夫人或子女撰写回忆录形式的传记，能为人们全面了解文豪起到重要的作用。但在日本，这种总结性的题材，几乎可以说没有。这是我们的不幸。

当然，这本《关于漱石的回忆》既非研究也非评传，自然也并非正确的传记。简言之，它是夏目夫人的"回忆"，而且其中一部分只不过是"见闻"。它主要是先生在家庭中的生活记录，因此，有很多基本资料可以佐证先生的作品，也有很多研究资料能了解先生其人。映射在夫人眼中的漱石形象，带着温和而真实的魅力，栩栩如生地呈现在我们面前。若与先生丰富浩大的全集相比，本书不仅性质不同，形式上也只是一本小册子，但是，本书对于全集的重要作用，恐怕谁也无法否认。而且，这种对于文献进行系统化整理的尝试，或许可以说，在日本是绝无仅有的。现举一例，在今春的某一权威学会上，有一位医学学者，从本书中获得启发，进而论证先生是精神异常者。实际上，这种观点可以说提供了某种解决方案，能帮助大家更好地理解先生的作品。今后，对于研究者或评传家而言，本书也会有所贡献吧。换言之，如果将全集比作豪华气派的桃山风格隔扇，本书就是隔扇的拉手，或是阅读全集时的放大镜。总之，全集所欠缺的先生传记，本书也许多少能予以补充，读者应该感到高兴吧。而且，如果本书对于大家理解全集有所帮助，本人作为编录者当然也十分高兴。今天，前一版脱稿已满一年，漱石全集普及版也正好完成，本书也将作为普及版面世，之所以选择这个时间推出普及版，究其意义而言，因为这本书应该得到更加广泛地阅读。

在之前的改造社版本中，我曾这样记录本书完成的过程。

回想起来，我拜托夫人一定要写这样一本书留存下来的想法由来已久，前前后后至少有十年或更长时间。之所以有这个想法，是因为我当时正好读了小泉节子老夫人的《追忆》，是回忆拉夫卡迪奥·赫恩——小泉八云先生的文章。读后深受感动，此为间接原因。当时，漱石先生刚刚去世不久，我们这些门生经常想念和回忆先生，每每听到夫人对先生的片段性回忆，常常感慨至深。当时我就深切地感受到，夫人的这些回忆，如果只是听听就算，岂不可惜？可以趁着夫人还健在，听她讲一些往事，像小泉夫人的《追忆》那样，整理记录下来。这就是我有此想法的开始。于是，我找机会和夫人说了这个想法，夫人也好像颇有此意。但是，无奈当时先生刚刚过世，所有的回忆和记忆都太过逼真，难以客观把握，反而会让夫人更加伤心，所以自然也就没能马上实施这个想法。当时就想，以后再找时间吧，就搁置着没做。不过，心里也很担心，在等待期间，万一夫人有什么意外，先生的家庭生活岂不将永远不为人知？还好一切顺利，明年将迎来先生的十三年忌日。可以说不早也不晚，去年，恰好是先生去世十周年，我请求夫人说，您看现在算不算听您回忆的最好时机呢。夫人也大为所动，看得出非常想一吐为快。我也因此信心倍增，总算可以实现多年夙愿了，于是就开始动笔。当时正值去年盛夏时节。

当时，夫人在日光中禅寺湖畔的旅馆避暑，因此我前往那里聆听讲述，那时记录的是本书开头至结婚的部分。后来发表在《改造》杂志。之后，我每月聆听并写成文字，陆续发表在《改造》上，一直持续十三个月。不过，本书的最后部分，即先生去世后的部分（第六十二章"解剖"以后的部分），此次为第一次发表。

本书的写作步骤如下。首先，我将先生各个年代的书信、日记、俳句、汉诗、随笔等生活记录，事先进行阅读整理，作为基本资料。完成这些准备工作，头脑中有了大致轮廓后，再去聆听夫人讲述。之所以这样做，理由之一是，我想尽可能将聆听的内容按照年代顺序一一记录，另一个理由，是为了让夫人将记不清或已经忘记的事情想起来。因此，在接下来的聆听过程中，夫人自然会说出一些我在准备工作中预料不到的事情。每次听夫人讲述，我都当场把要点记在笔记本上，并在头脑中酝酿两三天，然后再一气呵成地写出来。

一开始怎么也抓不住要领，便煞费苦心地劝自己无视这个困难，结果，反而想自己跳出来自说自话，十分苦恼。不过后来，书中不再有这种生硬死板之处，还是最大限度地传达了夫人的语气。

我将写下来的东西，以原稿的形式请夫人过目，在夫人认可后，每月寄给《改造》杂志社。原稿变成铅字出版后，夫人阅读时，又会想起一些事情，而且因为读的人多了，我自然也会听到一些批评或提醒，因此，在很多地方，我又进行了纠正或添加。单单是以上这些情况，已经使本书的内容远远超过杂志发表的内容，再加上今年五月末，我与夫人一起巡访松山、熊本等旧居遗迹，又增添了很多相关内容。

本书的叙述方式，从性质上而言，大体是以结婚生活为基调的"家庭中的漱石"或"妻子眼中的漱石"。从年代来看，是发生在明治二十八年（1895）末（先生二十九岁、夫人十九岁）以后的事情。此前的事情，可以说是间接听来，很多都承蒙先生的兄长夏目直矩先生提供信息，也就是本书中经常出现的"住在矢来的哥哥"。因此，除去这些，其余都是夫人自己提供的直接资料，可谓二十年婚姻生活的真实记录。不论直接间接、大事小事，只要与先生有关的，夫人都如实按照记忆叙述了出来。所以，当时在杂志发表时，因为有些读者预料不到的事实都被赤裸裸地说了出来，我们听到了不少指责的声音。"说的人敢说，写的人也真敢写，稍微斟酌一下，不是更好吗？"但是，这不正是本书的价值所在么？不过，除了与先生以及夏目一家相关的事情，考虑到可能多少会给如今健在的一些人造成麻烦，出于礼节，我还是顾虑并省略了一些内容。不过，在如今，这也是没有办法的。

改造社发行的前一版里，一共有三十三页，六十多张照片。开始是先生父母兄弟的照片，最后是先生的墓地和遗属。这些照片，一定唤起了读者的浓厚兴趣吧。但是，因为此次出版的是廉价版，很遗憾，只能忍痛割爱。不过，正因为如此，后来我又另外编辑了一本完整的《漱石写真帖》（第一书房发行）。

说"有失必有得"，可能有些不妥。此次的版本虽然没有登载照片，但作为附录，增加了纵览先生整个人生的一览表——《漱石年谱》。迄今为止，先生的年谱也有两三种，但缺点很多，因此我重新制作了一个。我为此费了很多心思，也希望能做到毫无疏漏。但是，毕竟很多是过去的事情，有些连先生自己都会记错年代，或者记忆模糊。另外，与先生深交的各位友人的记述，也曾出现年代上的错误，因此，不是一般的困难。有时会遭遇完全不明白的地方，或者碰到含糊不清的事情，甚至有时不得不根据前后关系进行推测，才总算有了条理。因此，很难做到万无一失。但是，此年谱以一个个可靠的出处为基础，对其准确性，我当然有把握。要说有什么奢望，我希望能制作一个文学年表。以先生的年谱为纵轴，以当时文坛具有划时代意义的事件以及社会大事件为横轴，使之成为以先生为中心的明治大正文学年表。但是，以我如今的带病之身，不能承担这份辛苦，加上时间不够，最终未能实现，遗憾之至。

最后，值此普及版问世之际，深深感谢给予我深情厚谊的改造社，同时，对于大力协助年谱制作的松生幸雄君、年谱校对石原健生君，在此深表谢意。

昭和四年（1929）十月　上浣

松冈让